미노타우로스의 눈

현대문화연구신서_01
미노타우로스의 눈

1판 1쇄 인쇄 | 2006년 4월 10일
1판 1쇄 발행 | 2006년 4월 15일

지은이 | **동국대한국문화연구소 편**
펴낸이 | **김태석**
펴낸곳 | (주)천년의시작
등록번호 | 제300-2006-9호
등록일자 | 2006년 1월 10일

주소 | (우110-872)서울 종로구 내수동 72번지
　　　경희궁의아침 3단지 오피스텔 331호
전화 | 02-723-8668
팩스 | 02-723-8630
홈페이지 | www.poempoem.com
전자우편 | poemsijak@hanmail.net

ⓒ동국대한국문화연구소, 2006. printed in Seoul, Korea
ISBN 89-90235-60-X 04080

값 12,000원

• 잘못된 책은 바꾸어드립니다.
• 지은이와 협의에 의해 인지는 생략합니다.

• 이 책은 동국대학교 교내 특성화사업단 지원비에 의해 제작되었습니다.

미노타우로스의 눈

백해천 | 복도훈 | 박제철 | 신형철 | 김춘식 | 황호덕 | 서동진 | 조형래 | 김지영 | 박애경

푸른나이테
현대문화연구신서 01

천년의시작

차례

1. 테크놀로지의 강철폭풍 — 박해천

우리 파시스트, 테크놀로지의 강철폭풍 7 — 복도훈

정신분석과 환상에 대한 13개의 시퀀스 55 — 박제철

복수의 숭고함과 그 불만들 83
〈복수는 나의 것〉의 윤리적 결과들 — 신형철

오이디푸스 느와르, 혹은 소포클레스를 읽는 박찬욱 113 — 김춘식

은둔자의 피, 벼랑 끝의 불온성 139

2. 불안, 공포, 여성 — 황호덕

벌거벗은 삶과 숭고 165 — 서동진

불안의 시대와 주변의 공포 192 — 조형래

구속과 처벌로서의 신소설 213 — 김지영

연애, 문학, 근대인 242 — 박애경

한국 대중음악에 나타난 대안적 여성성 262

테크놀로지의 강철폭풍

우리 파시스트, 테크놀로지의 강철폭풍
정신분석과 환상에 관한 13개의 시퀀스
복수의 숭고함과 그 불만들: 〈복수는 나의 것〉의 윤리적 결과들
오이디푸스 느와르, 혹은 소포클레스를 읽는 박찬욱
은둔자의 피, 벼랑 끝의 불온성

우리 파시스트, 테크놀로지의 강철폭풍

박해천

> 비관주의라고? 아니다. 비관주의(Pessimismus)와 낙관주의(Optimismus)는 지금 논의되는 영역에서는 매우 불충분한 입장이다. 그리고 무엇보다도 현대의 테크네는 도구가 아니다. 그것은 도구와는 더 이상 상관없는 것이다.
> — 하이데거

> 만약 선의의 천사라는 것이 존재한다면, 나는 그들이 마피아처럼 잘 조직되어 있기를 진정으로 바란다.
> — 커트 보네컷

1

어떤 기호들은 특정한 대상을 지시하는 것에 만족하지 않는다. 그것들은 입 밖으로 발설되자마자, 자신이 머금고 있던 의미들을 일사불란하게 집결시켜 하나의 성운을 만들어 낸다. 그리고 그 성운 속에서 지시 대상 위에 군림하면서, 그 대상의 얼굴에 선명한 표정을 각인한다. 그 표정은 발화자의 음성에 위태롭게 매달린 모호한 감정의 울림을 용납하지 않는다. 거기에는 기호의 마음부림이 오랜 시간동안 연마해 온 감정의 선명한 무늬결들이 켜켜이 쌓여 있기 때문이다. 그 무늬결들은 강렬한 조명 아래 뚜렷하게 의미의 명암을 대비시키기를 갈구한다. 그것은 애정과 경멸, 축복과 저주, 찬양과 증오, 이 양 극단 중의 하나를 선택해, 선택된 의미를 중심으로 자신의 표정을 강렬하게 발광할 뿐이다. 그 표정은 그만큼 자극적이며 선정적이다.

20세기 인간의 역사를 끊임없이 근심하게 만들었던 어떤 정신의 소용돌이, 파시즘 역시 이러한 기호들 중 하나이다. 파시즘이라는 기호에는 모든 판단을 질식시키는 강력한 증오의 표정이 묻어 있고, 도덕의 무게에 짓눌린 경멸의 체취가 스며 있으며, 거칠게 공격성을 드러내는 저주의 몸짓이 반복되고 있으니 말이다. 말하자면, 파시즘은 그 기호의 육신에 커다랗게 낙인찍힌, 도저히 용서받지 못할 급진적인 죄악의 이름이다. 그러나 우리는 역사의 소용돌이 한복판에서 파시즘의 깃발을 치켜든 채, 들리지 않고 보이지 않던 구원의 음성을 가시화하려고 몸부림쳤다. 물론 우리를 옥죄었던 잔인한 운명의 굴레에도 불구하고, 우리에게 붙여진 파시스트라는 명칭으로 인해 아무도 우리를 동정하지 않는다는 사실을 잘 안다. 당신들이 파시즘이라는 기호로 빚어낸 의미의 성운 속에서 우리는 단지, 40데나리온에 신의 아들을 팔아 버린 가룟 유다의 배 다른 형제일 뿐이다. 그런 까닭에 당신들이 우리를 지저분한 범죄자의 소굴로 몰아넣은 뒤 돌팔매질을 해 대는 것도 당연해 보인다.

그런데 이상하게도 우리를 향한 돌팔매질은 노골적으로 적의를 표출하는 것으로만 끝나지 않는다. 적의의 불길이 완전히 연소될 때까지 증오의 격정적인 몸부림은 끊임없이 반복된다. 마치 당신들이 그로부터 야릇한 쾌감이라도 쥐어 짜내려는 듯이 말이다. 그러니 우리가 그 몸부림에서 당신들의 내면 어디에선가 뒤척이고 있는 강박을 발견하더라도 그리 이상할 것은 없다. 도대체 강박의 반복적인 몸부림이 아니라면, 어떻게 타인에 대한 적의만으로 스스로를 탈진시키는 무모함을 내비칠 수 있을까? 결국 시간이 흐르고 난 뒤 모든 것이 분명해진다. 결국 저주의 기운이 완전히 소진되고, 아우성치던 분노, 뜨겁던 증오가 맥없이 잦아들기 시작하자, 강박은 참담한 몰골을 드러내고야 만다. 그것은 바로 파시즘에 매혹되었던 자의 얼굴이다. 당신들은 파시즘에 매혹되었던 것이다. 하지만 당신들은 그 사실을 인정하지 못한다. 파시즘은 최고의 죄악이기 때문이다. 그러니 매혹은 부정되고, 은폐되고, 외면되어야 한다. 하지만 도덕의 힘만으로는 역부족이며, 위선의 가면으로도 턱없다. 따라서 무의식의 힘을 빌려 강박의 몸부림으로 망각하는 수밖에 없다. 따라서 그 거친 호흡을 토해 내던 저주의 말자락들은, 매혹당했으되 매혹당했다고 말할 수 없는 자가 고안해 낸 도피의 알리바이이며, 자기 위안의 수단일 따름이다.

그렇게 얇디얇은 저주의 방어막이 사라지고 당신들을 속박하던 강박의 굴레가 느슨해지자, 이제 적의의 표정을 대신해, 당신들의 두뇌 어디엔가 착지해 있던 순수한 매혹의 결정체가 의식의 수면 위로 떠오르기 시작한다. 그것은 분노와 증오와 저주의 고열 속에서도 끈질기게 살아남아, 오히려 그 열기로 스스로를 정련했던 파시즘의 영혼이다. 저주와 매혹의 거리는 그렇게 가깝고, 파시즘의 영혼은 언제나 그 사이에 존재했다. 저주는 몇 번의 몸부림으로 무기력하게 잦아들 것이므로, 우리는 저주와 매혹이 서로 교차하게 될 지점에서 조용히 숨죽인 채 기다리기만 하면 되는 것이었다. 따라서 오히려 우리가 진정으로 두려워했던 것은 아무도 우리를 저주하지 않는 석연치 않은 상황이었다. 왜냐하면 그것은 파시즘을 불멸의 습속으로 배양해 줄 심리적 조건의 박탈이나 다름없었기 때문이다.

2

그러면 내가 흉흉하게 떠돌던 파시즘에 대한 소문들을 처음 접하던 순간으로부터 이야기를 시작해보도록 하자. 1930년대 초반, 『미노토르(Minotaure)』라는 초현실주의 계열의 잡지는 조르주 바타이유라는 프랑스인의 흥미로운 글을 실었다. 그것은 파시즘의 심리적 구조를 분석한 글이었다. 나는 베를린의 어느 서점에서 초현실주의에 대한 뒤늦은 호기심으로 그 잡지를 집어 들었다. 그 시절 나는 시내의 극장가를 전전하며 파울 베게너(Paul Wegener)의 〈골렘(The Golem)〉 같은 시시한 판타지 영화나 즐기던 변두리 출신의 소심한 대학생에 불과했다. 나는 몰락해 가는 한 시대의 끝자락에서 어슬렁거리며 내 어깨를 짓누르던 젊음의 무게에 극도의 피로감을 느꼈던 듯하다. 아주 오래 전부터 내 심장이 이상을 향해 돌진하는 격정적인 몸부림을 감당할 만큼 강인하지 못하다는 사실을 간파하고 있었다. 한때 내 몸을 뜨겁게 달구었던 열정의 자락들은 점차 사그러들었고, 그 대신 낙오자만이 누릴 수 있는 냉소의 차가운 기운이 내 몸을 점거했다. 그러니 내가 할 수 있는 일은 순응의 처세술을 체득하기 위해 젊음을 탕진하는 일뿐이었다. 극장은 그렇게 연약한 심장을 지닌 부랑아에겐 최상의 피난처였다. 그 곳에서 나는 마치 빛이 들지 않는 공간에 감금된 죄인처럼 허무의 부드러운 손짓에 길들여져 갔다. 백일몽에 취한 듯 나른한 시선만이 나의 자존심을 지켜 주는 유일한 무기였다. 물론 시장에서 승승장구하던 부르주아들은 나를 역겹게 만들었지만, 나는 단지 그들의 시대가 서서히 저물고 있다는 짐작으로 만족할 따름이었다.

그런 나에게 프랑스에서 벌어지던 조그마한 소란, 초현실주의 운동은 무척 흥미로운 것이었다. 그들은 낭만주의 미학의 무기력에 찌들어 있던 독일의 표현주의와는 전혀 달랐다. 그 다름은 무엇보다도 아무런 두려움 없이 예술이라는 제 살마저도 깎아 먹던 그들의 저돌성에서 연유한 것이었다. 하지만 바타이유의 그 글은 저자가 전혀 의도치 않았을 방향으로 나를 변모시켰다. 초현실주의는 내 관심의 지평에서 사라져 버렸고, 그 자리를 파시즘이 차지했다. 모든 것은 우연이었으며, 나는 그런 우연들이 직조하는 피할 길 없는 운명의 그물망에 온몸을 휘감긴 채 파시즘의 진정한 모습에 눈을 뜨게 되었다.

그렇다면 바타이유의 글의 어떤 대목이 나를 파시스트로 거듭나게 만들었던 것일까? 바타이유는 독일 파시즘이 하나의 역사적 사건으로 가능한 것은, '동질적인 것(the homogeneous)'과 '이질적인 것(the heterogeneous)'의 대립에서 비롯된 모더니티의 역동적인 조건 때문이라고 이야기한다. 그에 따르면, 동질적인 것이란 시장에서 교환되는 상품화된 대상을 의미한다. 그것은 교환의 투명한 과정에 임하기 위해 자신을 새롭게 정화한다. 말하자면, 자신의 표피를 둘러싼 신비로운 껍질, 주술성의 감각을 벗겨 내고, 화폐에 표기된 정량적 가치의 문신을 온몸에 새겨 넣는 것이다. 교환의 전제 조건으로서 추상화된 가치의 문신, 이것이 각양각색의 상품들이 공유한 동질성의 근간이다. 하지만 모더니티의 대기를 메운 것은 동질적인 대상만이 아니었다. 교환의 법칙이 완전하게 장악하지 못한 지점들이 엄연히 존재했으며, 그곳에는 광기나 비이성으로 치부되는 바깥의 존재, 순순히 명명되지 않는 얼굴 없는 타자들이 머물고 있었기 때문이다. 바타이유는 화폐의 동질화 과정에 포획되지 않은 이러한 대상들에 '이질적인 것'이라는 범주를 부여한다.

이와 같이 화폐를 매개로 한 상품의 교환 과정은 사회적 지평 내부에 동질적인 것과 이질적인 것의 대립적인 경계를 만들어낸다. 하지만 그 경계는 두 범주에 대한 규정적인 정의처럼 정태적인 것이 아니라 역동적인 것이다. 동질적인 것은 상품화를 통해 자신의 영토를 확장하려고 애쓰는 반면, 이질적인 것은 화폐 가치의 억압에도 불구하고 끊임없이 회귀하며 동질적인 것의 정당성을 지속적으로 위협하기 때문이다. 따라서 만약 이 두 범주가 특정한 계기를 통해 서로 충돌하게 된다면, 그 충돌은 격렬한 파괴력으로 사회 전체를 혼돈의 도가니로 몰아넣을 가능성이 있다. 물론 평상시에는 이러한 충돌은 표면화되지 않는다. 경계 내부에 잠복한 채 암투를 벌일 뿐이다. 바타이유에 따르면 바로 이 두 범주가 만들어 내는 충돌 직전의 팽팽한 긴장이 파시즘이 성장할 수 있었던 물질적인 토대이다. 바타이유는 파시즘이 두 범주 사이에서 균형을 잡으려는 외줄 타기의 곡예를 시도하면서 정치적 수단을 총동원하여 충돌을 지연한다고 지적한다. 그 수단이란 다름 아닌 국가적 차원에서 부활된 권력의 제의이다. 제의는 동질적인 것과 이질적인 것의 긴장을 조율해 자신만의 신화적인 상징 질서로 수렴해 내기 때문이다. 따라서 파시즘에게 강력한 국가 권력은 필수적인데, 그것은 화폐의 사회경제적 기능으로 인해 분열되었던 사회 기관들을 공동체적 유대감 속에서 유기적으로 재결합하는데 있어 압도적인 힘의 원천으로 작동하기 때문이다.[1]

그런데 나에게 이러한 바타이유의 관점은 화폐가 지닌 힘을 지나치게

---

1) George Bataille, "The Psychological Structure of Fascism", trans. Carl R. Lovitt, *The Bataille Reader*, ed. Fred Botting and Scott Wilson, London: Blackwell, 1997, pp. 122-146.

이항대립적 범주로 환원한 결과로 비춰졌다. 물론 동질성과 이질성, 근대성과 전근대성, 합리적 욕망과 비합리적 충동이 빚어내는 긴장의 역학이 파시즘을 하나의 대중운동으로 견인한다는 사실을 부정하기란 쉽지 않다. 특히 독일이나 이탈리아와 같이 유럽 열강들 중에서 상대적으로 발전이 더딘 주변부 국가에서 파시즘이 더 큰 파급력을 불러일으켰다는 사실을 상기해 보면, 이러한 설명은 꽤 설득력이 있다. 주변부일수록 중심부에 비해 동질성과 이질성의 편차가 더욱 현저하게 나타나기 마련이니 말이다. 하지만 바타이유는 이질적인 것을 '당혹스러울 정도로 예측 불가능한 어떤 힘들의 집합체'로 정의해, 충돌의 파괴력을 과장하는 측면이 있다. 실제로 자본주의 경제의 자기장에는 화폐라는 단일 전극밖에 존재하지 않는다는 사실을 상기해 보라. 이런 맥락에서 보자면, 이질적인 것이란 동질적인 것을 위협할 만큼 활기에 넘치는 대상이라기보다는 사방에서 고립된 무기력한 대상에 가깝다. 특히 그것은 화폐가 지닌 동질화의 힘을 경유하지 않고서는 스스로를 정의할 수조차 없다. 이질적인 것은 동질적인 것에 대한 부정성의 형태로, 그리고 동질화 과정의 지리적·시간적 격차를 통해서 자신의 모습을 드러낼 수 있을 뿐이기 때문이다. 동질화의 힘이 존재하지 않으면, 이질적인 것도 존재하지 않는다. 따라서 이 양자의 갈등은 막상막하의 대결이 아니라 일방적인 타격에서 기인할 뿐이다. 그것은 화폐의 동질화 과정이 그려내는 팽창의 궤적 주변에서, 그러니까 확장일로에 있는 시장의 언저리에서 빚어지는 갈등이며, 화폐의 파괴력이 휩쓸고 지나가는 지점에서 마찰 계수로만 존재하는 갈등인 것이다.

따라서 이질적인 것과 동질적인 것의 대립이 전면화되는 상황이 무엇을 의미하는지는 다시 질문되어야만 했다. 바타이유는 파시즘이 지닌 권력의 제의적인 특성을 강조하기 위해, 화폐의 동질화 과정의 결과인 두 범주의 이항대립 관계에 초점을 맞췄다. 그 결과, 그 동질화 과정의 내적 메커니즘을 들여다보지 못했다. 따라서 질문은 그 내적 메커니즘으로 향해야 옳다. 내가 그 메커니즘의 핵심 기제로 주목했던 것은, 마르크스가 "차이화된 존재이면서 동시에 차이 그 자체"라고 지적한 화폐의 기묘한 속성, 즉 자기지시성(self-referentiality)의 패러독스였다. 일반적으로 보자면 화폐는 대상들의 교환을 가능케 하기 위해 모든 가치 형태를 정량적(定量的)인 기준으로 추상화하는 메타 차원의 초월적 기호이다. 하지만 그것만으로 끝나지 않는다. 그것은 동시에 대상 차원으로 하강하여 시장에서 상품들 간의 교환을 매개하는 독특한 상품으로 기능하기 때문이다. 다시 말해 화폐는 차이화된 가치로 상품과 교환되지만, 그 차이를 규정하는 것, 역시 화폐 자신인 것이다. 자기지시성의 패러독스란, 이와 같이 화폐가 동시에 실현해야 하는 초월성과 세속성의 이중인격을 가리키는 것이다. 이러한 특성으로 인해 화폐는 가치 형태의 일반적 기호로 완성되지도 못하고, 상대적 가치들의 무한한 연결 고리로 환원되지도 않는다. 오히려 그것은 메타 차원의 초월성과 대상 차원의 세속성 사이를 아슬아슬하게 진동하면서 화폐의 집적물인 자본을 지속적인 재구조화의 과정으로 몰아 넣는다.[2] 따라서 화폐의 동질화 과정이란 이와 같이 매우 불안정한 재구조화 과정이며, 또한 그 불안정성으로 인해 경험의 차원에서 패러독스를 부인할 수 있는 실재성의 공리계(axiomatic)를 구축해야만 한다.

이러한 측면에서 나에게 대공황이라는 역사적 사건은 파시즘이 전개될

---

2) 가라타니 고진, 『은유로서의 건축』, 김재희 역, 서울: 한나래, 1998, pp. 134-138.

수 있었던 역사적 조건의 내적 역학을 명료하게 보여주는 것 같았다. 일반적으로 볼 때 자본의 순환이 경색되거나 정체되면, 화폐는 메타 차원에서 자신의 초월성에 대한 실증적인 증거를 요구받게 된다. 하지만 화폐는 증거를 내놓지 못한다. 왜냐하면 자본주의 경제 바깥에는 화폐의 기능을 정당화해 줄 그 무엇도 존재하지 않기 때문이다. 화폐에 대한 정당화는 화폐에 의해서만이 가능할 뿐이다. 다시 말하자면, 화폐는 자신이 지닌 패러독스에 대한 무지를 통해서만이 정의될 뿐이다. 화폐에 대한 비지식(non-knowledge)이야말로 화폐의 본질인 셈이다.[3] 따라서 화폐가 대공황과 같은 상황을 통해 자신의 비이성과 마주하게 될 때 교환이라는 화폐의 사회적 기능은 유실되고 만다. 그 이후 교환을 대신해 화폐에게 남겨진 일은 두 가지뿐이다. 그것은 한편으로는 자신이 더 이상 모든 가치에 대한 보편적인 보증인이 되지 못한다는 것을 증언하는 것이며, 다른 한편으로 이러한 보증이 없을 때 자신이 한낱 휴지 조각에 불과하다는 사실을 실토하는 것이다. 대공황은 이와 같은 방식으로 화폐의 패러독스를 전면적으로 노출했으며, 화폐의 동질화 운동이 무기력해지는 상황을 몸소 실현해 보여주었다.

결국 대공황은, 화폐의 동질화 과정이 매끈하게 구축해 가던 실재성의 질서, 상품의 교환을 지탱하던 공리계의 표면이 난도질되는 사태로 이어졌다. 그리고 그 결과로 대공황은 그렇게 난도질당한 공리계의 틈새를 통해 그 이면에 자리 잡은 이질적인 충동의 환부를 들여다볼 수 있는 계기를 제공했다. 물론 그 환부는 근대화 과정이 휩쓸고 간 자리라면 어디든지 퇴

---

3) Slavoj Zizek, *The Sublime object of Ideology* London : verso, 1989, pp. 16-21.

적되었던 것이기도 했다. 그것은 '보이지 않는 손'에 의해 인도되는 정량화, 합리화, 탈신비화의 거센 파도 아래 숨을 죽인 채 침묵하거나, 기괴한 형태로만 자신을 가시화했을 따름이었다. 그런데 대공황과 더불어 한때 전혀 눈에 띄지 않았던 마찰의 흔적이 공리계의 틈새로 비집고 들어와, 그 표면 위에 거품과 같은 잡음을 불러일으키기 시작한 것이다. 이는 유태인 철학자, 에른스트 블로흐(Ernst Bloch)와 바타이유가 비슷한 시기에 정초한 '비동시성(the unsynchronous)'이란 범주를 상기해보면 좀더 명확해질 것이다.[4] 블로흐에게 비동시성이란 상이한 시간성들의 불균일한 혼재를 의미하는 것이었다. 하지만 나의 관점에서 보자면, 그것은 대공황을 통해 화폐의 공리계가 붕괴된 이후 걷잡을 수 없이 부상하던 이질적인 충동의 존재방식을 개념화한 역사적인 범주였다.

이와 같이 바타이유의 에세이는, 나로 하여금 '동질적인 것과 이질적인 것의 대립'에서 '화폐의 패러독스'를 거쳐 '비동시적 시간성'에 이르는 개념들의 인과적인 결합을 추론할 수 있도록 만들었다. 나는 현실의 상황을 추상의 격자로 가늠하면서, 대공황의 역사적 위기를 조망할 수 있는 선명한 인식의 자리를 마련할 수 있었다. 그리고 내가 머물고 있던 시대의 이데올로기적 지반 중 적어도 두 가지는 복구가 불가능할 정도로 심각하게 침식되었음을 깨닫게 되었다. 하나는 진보의 선형적 연속성이라는 부르주아의 역사관이었으며, 다른 하나는 그 역사관의 토대가 되었던 광학적 인식론이었다.

---

4) Ernst Bloch, *Heritage of Our Times*, trans. Neville and Stephen Plaice, Oxford : Polity Press, 1991, p.97.

부르주아들은 사회 전 영역에 걸친 탈신비화 과정을 주도하면서 사회의 진보라는 관념을 발명했다. 이 관념에 따르면 시간은 아무런 질곡 없이 시계태엽의 째깍거리는 소리에 규칙적으로 공명하며, 기계적 질서로 구획된 직선의 궤도 위를 질주해 나간다. 역사의 목적지는 시간이 정지하는 순간에 우리가 당도하게 될 곳으로, 단지 미래라는 이름만이 붙여졌을 뿐 그곳이 어디인지 아무도 알지 못한다. 다만 이 시간의 선형적 궤도에서 우리가 인지할 수 있는 것은 목적지가 아니라 속도일 뿐이다. 얼마나 빨리 궤도의 끝에 당도할 것인가가 문제인 것이다. 이와 같이 역사가 전적으로 선형적 시간성에 의지하게 되자, 진보의 강도를 측정하는 기준으로 등장한 것은 상품 형식으로 등록된 사물들이 생산되고 교환되고 소비되는 순환의 속도였다. 점점 더 가속화되어 나선형 모양으로 급상승하는 상품의 순환. 철로 위를 내달리는 기관차가 진보에 대한 은유로 등장하는 것도 이러한 진보의 관념을 통해서였다. 물론 그 은유에는 자본의 축적 욕망이 스며들어 있었다. 하지만 그 욕망은 역사의 진보라는 보편 명제 뒤에 숨겨졌다. 진보의 이름으로 탈역사화되는 시간의 신화적 질서, 화폐의 집적물인 자본은 이렇게 시간의 질서를 조율함으로써, 묵시적인 형태로 자신을 모든 대상들에 대한 최초이자 최종의 원인으로 제시하는 기적을 일으켰던 것이다. 하지만 어느 순간부터 화폐가 더 이상 교환의 수단이 되지 못한다면, 진보의 기관차는 결국 예정된 궤도에서 탈선하고 마는 것이 아닌가? 아니 보다 엄밀하게 말하자면, 시간의 선형적 궤도는 공중 분해되고 마는 것 아닌가? 바로 그 순간 역사는 불확실성만을 간직한 채 이질적인 시간들의 흐름 속에서 표류할 뿐이다.

다른 한편, 비동시성은 '반영'과 '왜곡'과 같은 광학적 은유로 주체와 대상 세계의 관계에 개입했던 인식론의 시도들도 무의미하게 만들었다. 실재와 이데올로기, 진실과 허위의식, 과학과 사이비 과학이라는 이분법적 개념 구도는 투명성에 의지하는 광학적 인식론의 지위에 의해 보장되었던 것이다. 하지만 이 구도는 화폐가 정상적으로 기능하는 한에서 지탱될 수 있는 것이었다. 왜냐하면 인식의 투명성이란 최종적으로 화폐의 탈신비화가 수행한 조정 기능에 불과하기 때문이다. 일반적으로 보자면 이 분법의 대립 항에서 후자의 것들, 이데올로기, 허위의식, 사이비 과학 등은 인식의 필터가 여과한 불순물들이다. 하지만 그 인식의 필터는 그것이 현실 세계에 대한 판단의 정합성 여부를 객관적으로 검증해 주는 보편적 기준들로 구성된다고 정의될 때조차, 화폐 질서의 실재성의 일부로서 현실 효과를 창출해 내던 재생산의 기제였을 뿐이다. 다시 말해 그것은 화폐가 그토록 갈구했던 동질화된 사회의 불가능성을 과학의 이름으로 누락하기 위해, 따라서 화폐의 패러독스를 감추기 위해 고안된 관념들의 집적물이었던 것이다.[5] 하지만 대공황은 그 패러독스를 유감없이 드러내면서 동질화된 사회의 불가능성을 더 이상 숨기지 못하는 상황을 연출하고 만다. 결국 상이한 시간성들, 이질적인 충동들은 공리계의 파열구로 범람하면서, 과학과 이데올로기의 경계를 구획하던 인식론적 시선의 초점을 흐리게 만들고 만다. 그리하여 이제 "카메라 옵스큐라(Camera obscura)와 같이 망막 위에 뒤집힌 채 반영된 외부 세계"라는 이데올로기에 대한 광학적 은유는 그 유통 기한을 넘기고 마는 것이다. 바로 이러한 이유들로 인해 파시즘이 전체주의의 정치적 이데올로기라는 비판은 별로 설득력 있어 보이지 않았다. 나에게 파시즘은 마비된 대중들의 허위의식도, 선전 조작에 의한 권력

---

5) Slavoj Zizek, *The Sublime Object of Ideology*, p.49.

에의 집단적 광신도 아니었다. 오히려 그것은 그 이상이었다. 파시즘은 바로 화폐 질서의 실재성이 와해되고 인식론의 광학 렌즈가 그 기능을 상실하는 순간, 사회 전 영역을 횡단하는 정치적 대중 운동의 형태로 구성되고 유포되었기 때문이다.

그렇다면, 나를 포함한 독일의 대중들이 자발적으로 파시즘의 격렬한 파동 내부로 흡인되었던 까닭은 무엇이었나? 화폐는 동질화된 세계를 구축하려고 노력하지만, 역으로 착취에 의한 계급 갈등의 단초를 제공한다. 이 갈등을 약화시키기 위해 부르주아 계급은 의회라는 제도적 장치를 마련하고 민주주의라는 정치 이념의 정초에 몰두한다. 그들에게 민주주의란 이해관계의 사소한 차이에서 비롯되는 문제들을 조정하는 의사 결정의 정치적 형식이었다. 그들은 그 형식의 규범을 다양한 입장들이 만들어내는 정치적 지형의 내적 원리에서 추출하고자 했다. 그렇게 해서 탄생한 것이, 정치적 입장들의 집산지인 의회였으며, 그 입장들을 조율하고 소통시키는 원리들인 다수결과 대의제였다. 하지만 부르주아의 민주주의는 일종의 유명론에 불과했을 뿐이다. 다수결은 정치적 판단을 시장 바닥에서 이루어지는 흥정과 협잡의 비천한 행위로 타락시켰으며, 따라서 대의제는 당파의 입장과 유권자의 견해 차이, 즉 기표와 기의의 차이가 빚어내는 의미론적 해석의 말장난에 찌들어갔다. 결국 의회는 부르주아의 헤게모니 아래, 개인과 집단의 대변인임을 자처하는 자들이 노회한 감각으로 연출하는 권모술수의 무대가 되고 말았다.

대중들은 무엇보다도 수치심을 알지 못하는 의회주의의 천박함을 참을 수 없었다. 그리고 정치가 마땅히 지녀야 할 엄숙성을 보존하기 위해 정치적 권력의 질서가 새로운 예술적 행위를 통해 재창조되어야 한다는 인식을 공유했다. 대중들은 주체할 수 없는 열정으로 교환될 수 없는 가치의 교환을 꿈꾸었으며, 화폐 공리계의 표면을 꿰뚫고 융기하는 강력한 권력을 상상했다. 그리고 위기의 순간조차 모든 계급 갈등의 가능성을 원천적으로 봉쇄하는 초월성의 정치적 구현을 꿈꾸었다. 파시즘은 바로 이러한 요구를 충족시켜 주는 듯 보였다. 괴벨스의 지적처럼, 파시즘의 정치학이란 대중이란 원재료를 민족의 확고한 구조로 정제시키는 권력의 연금술이었으니 말이다. 따라서 대중들이 선택해야 할 것은 명확해 보였다. 아니, 보다 정확하게 이야기하자면, 애당초 다른 선택은 불가능했다. 나 또한 마찬가지였다. 나라는 실존적 자아의 허물을 벗어 던지고, 우리, 파시스트의 대열로 합류하는 존재의 이전. 그리하여 나는 우리로 다시 깨어났다. 보르헤스의 표현을 빌리자면, 나는 아무도 아닌 자가 되었으며, 따라서 모든 사람이 되었던 것이다.

우리에게 권력은 더 이상 지배와 복종의 위계 관계로 표면화되지 않았다. 오히려 권력은 중심 없는 수평적 관계의 기능이자, 그것이 만들어 내는 효과에 가까웠다. 근본적으로 권력은 '교환되어야 하는 것'이었다. 우리는 이 교환 과정이 민족 구성원의 자발적 의지에 따라 안정적인 체계로 원활하게 순환되길 원했다. 총통이라는 존재가 예외적인 세계사적 개인으로 등장했던 까닭도 여기에 있다. 그것은 관계의 바깥에서 권력 교환의 체계성을 보장하기 위한 것이었다. 따라서 총통은 권력의 중심도, 지배의 주체도 아니었으며, 심지어는 아돌프 히틀러라는 한 개인의 실존으로 환원될 수도 없었다. 오히려 그는 개인사의 모든 기억을 지워버린 자리에서 게르만이라는 혈연 공동체의 모든 것을 의미하는 동시에, 내부 구성원들 간의 모든 차이를 무화하는 초월성의 인격화된 기호였다. 물론 이때의 초월성은 화폐의 초월성을 압도하는 정치적 권력의 초월성이며, 소외와 불안으로 지쳐 있던 대중들에게 부르주아의 질서와는 전혀 다른 매혹과 쾌락을 제공해 주는 교환의 초월성이었다.[6] 이에 따라 한때 평등과 자유의 사법적 주체, 곧 시민으로 호명되었던 모든 대중들은 민족의 핏줄이 만들어 낸 동일성의 도가니에 융해되어, 공동체적 유대감을 만끽하는 권력의 소비자로 변모할 것이었다. 이제 국왕의 목을 치기 위해 천부 인권이라는 거짓 명제를 고안해 낸 1789년의 프랑스 대반란은 무력으로 진압될 것이며, 화폐의 질서로 인간관계의 질서를 물신화한 죄로 〈사회 계약론〉의 루소는 광장 한가운데에서 화형당할 것이었다. 무솔리니의 말대로, 이제 악취를 풍기는 자유의 시체를 매장해야 할 시간이 온 것이었다.

초월성을 향한 맹목적인 정진, 이로 인해 우리를 편집증 환자로 다루려는 이들이 있다는 것을 알고 있다. 하지만 우리를 불안한 눈으로 응시하는 그들 자신이야말로, 그들이 진단하고자 하는 상황의 일부라는 사실을 잊지 말라.[7] 우리에게 초월성을 의미하는 것이 그들에게는 바로 죽음을 의미할 뿐이다. 정녕 우리를 음산한 기운이 감도는 정신병동에 격리하고자 한다면, 구원의 복음 또한 들려 달라, 모든 견고한 것들이 허공 속으로 사라지던 그 시대가 우리에게 안겨준 좌절감을 견뎌낼 수 있도록! 파시스트 출

---

6) 미셸 푸코는, 판옵티콘과 같은 권력의 역사적 다이어그램들을 실증적으로 그려내면서, 권력은 생산한다는 기능적 명제를 제시한다. 하지만 보드리야르는 이 관점에 이의를 제기하며 권력은 매혹한다는 명제를 제안한다. 그에 따르면, 권력은 일종의 상품으로서 교환되고 소비되는 것이며, 이에 따라 지배와 피지배의 이원적 형식으로 환원되는 것이 아니라, 대중들의 능동적인 참여를 통해 어느 일방에 고정되지 않은 채, 나선형의 형태로 순환하는 것이다. 권력의 정치적 소비에 대해서는 다음을 참조하라. Jean Baudrillard, *Forget Foucault*, New York:Semiotext(e), 1987, pp.43-44. 또한 이러한 권력의 정치적 소비가 이루어지는 스펙터클의 장에 대해서는 3절을 참조하라.

신의 선조를 두었다는 콤플렉스에 평생 시달려야 했던 어느 철학자의 말대로, 맹목은 우리의 눈을 멀게 하지만 그 대신 눈으로는 볼 수 없었던 통찰을 제공한다. 바로 그러한 맹목만이 우리를 숭고한 파국의 장소로 인도해 줄 수 있었다. 그리고 그 곳에서 우리는 선과 악의 구분이 무의미해지는 인식의 힘, 진실과 거짓의 경계가 무기력하게 무너지는 미학의 장관, 그리고 미와 추의 판단에 조소를 던지는 도덕의 경지를 향유하게 될 것이었다. 반(反)-칸트적인 파국의 실현, 그것은 우리를 운명의 길로 인도해 줄 것이었다.

---

7) 이를테면 할 포스터(Hal Foster) 같은 미술 비평가는, 20세기 초의 초현실주의에서 육체에 대한 편집증적 경향성을 발견하고, 이를 파시즘과 연관시키려고 시도한다. 그의 저작인 *Compulsive Beauty*(Cambridge: The MIT Press, 1993) 중 4장 Fatal Attraction에서 지적한 바에 따르면, 파시즘은 일종의 정신병리적 증상의 집단적 발현이며, 그 구체적인 병명은 편집증이다. 하지만 역으로 미국인인 포스터의 세대가 걸어왔던 역사적 시기를 거슬러 올라가 보자. 아마도 그의 어린 시절은, 매카시즘이라고 불리는 빨갱이 사냥, 미소 냉전 상황에서의 핵전쟁에 대한 공포, 이제 막 개막한 소비사회의 달콤한 풍요 논리 등으로 점철되어 있을 것이다. 이런 면에서 보자면, 그는 자신이 어린 시절을 보냈던 1950년대라는 편집증적 시대의 트라우마를 1930년대 유럽의 파시즘으로 전치, 투영하여 이해함으로써, 자신의 정신병리적 징후를 간접적인 방식으로 표명하고 있을 뿐이다. 한편 유년기에 세계 대전을 경험한 이들의 경우, 즉 할 포스터의 앞 세대의 경우, 파시즘을 성적 쾌락의 정치적 모델로 해석하려는 경향을 보여준다. 〈파리에서의 마지막 탱고〉나 〈비엔나의 야간 배달부〉 같은 영화나, 수잔 손탁의 〈매혹하는 파시즘〉이 보여주는 문화정치학적 해석은, 파시즘의 대중 심리학을 새도매저키즘이라는 성적 은유로 이해하려고 시도한다. 이런 관점에서 보자면, 파시즘은 "강간과 같이, 여성화된 대중들에 대한 성적 착취(손탁)"이다. 손탁의 글을 약간 길지만 인용해 보기로 한다. "새도매저키즘과 파시즘 사이에는 자연스러운 연관이 있다. 쥬네가 말한 대로 "파시즘은 극장이다." 또한 새도매저키즘적 섹슈얼리티 역시 그러하다. 새도매저키즘을 실행하는 것은 섹슈얼리티의 무대화에, 성적 극장에 참여하는 것이기 때문이다. ……시민의 일상에 있어서 전쟁이 의미하는 바가 바로 섹스에 있어서 새도매저키즘이 압도적인 경험으로서 의미하는 것이다. ……지배와 순종의 제의가 자주 실행되면 될수록, 예술은 점점 더 그 주제를 강화하는 데 열중하게 된다. 그리고 제의와 예술은, 사람들의 일상생활을 취향으로, 선택 사양으로 변환시키고 그 일상성을 일종의 스타일로 간주하려는 풍요사회의 논리적 확장물이 된다. 이제까지의 모든 사회에서 섹스는, 대부분 스스로를 사유하지 않고 그저 행할 뿐인, 일종의 행위였다. 그러나 섹스가 취향이 되자마자, 그것은 자의식적인 극장의 형태로 돌변하기 시작한다. 이것이, 바로 폭력적인 동시에 간접적인, 그리고 무엇보다도 정신적인 형태의 섹스, 새도매저키즘이 의미하는 모든 것이다(Susan Sontag, Fascinating Fascism, *Under the Sign of Saturn*, London: Vintage, 1980 pp.103-105) 거칠게 정리하자면, 이들의 외디푸스적 강박 관념은 아마도 아버지, 즉 히틀러는 변태였다는 사실로 요약된다. 이와 같은 두 세대 간의 파시즘 담론의 차이를 염두에 본다면, 우리는 이들에게 투영된 파시즘 논리에 대한 징후적 독해를 통해, 외디푸스 컴플렉스의 세대론적 변형과 전개를 조망해 볼 수도 있을 것이다. 그런 의미에서, 수잔 버크-모스의 지적처럼, 파시즘은 깨진 거울을 통해 문득 응시하게 된 바로 우리 자신의 맨 얼굴이다.

3

1901년, 니콜라 테슬라(Nicola Tesla)라는 몽상가는 전 세계를 하나로 묶는 커뮤니케이션 시스템을 건설하려는 계획을 세운다. 그는 북미의 롱아일랜드에 200피트 높이의 와덴클라이페(Wardenclyffe) 타워에 구리 돔을 덧씌울 작정이었다. 하지만 모든 몽상이 그렇듯이 테슬라의 계획은 무산되고 말았다. 실패의 이유는 간단했다. 그것은 몽상이 순수하게 과학적 발명의 외관을 빌릴 때 지니게 되는 한계를 고스란히 답습했기 때문이다. 우리는 이와는 다른 방식으로 접근했다. 테슬라가 실현하려던 편재성과 동시성을 정치학의 차원에서 해결하려 했던 것이다. 우리는 이미 1933년 총선거에서 이와 같은 실험을 실행에 옮겼다. 그것은 정치적인 현대성이란 전적으로 테크놀로지의 편재성을 활용하는 능력에 달려 있다는 믿음의 결과였다. 실제로 괴벨스는 자신의 연설이 담긴 레코드 5만 장을 특정 유권자들에게 우편으로 배송했고, 도시를 순회하는 총통의 선거 유세에는 비행기를 사용하도록 조언했다.[8] 그리고 우리는 그 실험의 결과로 제 1당으로 급부상했다.

하지만 이런 실험들은 선거 승리를 위한 일시적인 방편에 불과했다. 권력 쟁취 이후 우리는 이러한 실험을 다른 방식으로 재개했다. 그 핵심에는 바로 독일 민족의 생활공간(Lebensraum) 확보라는 문제의식이 자리 잡고 있었다. 총통은 한 인터뷰에서 자신의 역할 모델이 모세라고 이야기했다.

---

[8] Jonathan Crary, "Spectacle, Attention, Counter-Memory", *October:The Second Decade, 1986-1996*, ed. Rosalind Krauss et al, Cambridge:The MIT Press, 1997, p.422.

물론 근대 국가의 성립 이후 사방에서 우리를 옥죄어 오던 국경선의 존재를 상기한다면, 약속된 구원의 땅으로 우리를 이끌어줄 모세의 재림을 기대한다는 것은 사실상 불가능했다. 우리는 출애굽의 주인공이 될 수 없으므로, 그 차선책으로 우리가 거하고 있던 영토의 내면을 패전과 공황으로 점철된 굴욕의 역사로부터 단절시키고, 그 미세한 부분까지 새롭게 변모시켜야만 했다. 시급한 것은 집단의식의 심층에 깊숙이 뿌리박힌 패배 의식을 벗어 던지고 새로운 일상의 질서를 보장해 줄 생활공간을 건설하는 것이었다. 하이데거의 말대로 "독일 국민은 역사적 국민으로서" 미래의 자질구레한 해프닝들을 초월하여 "서구의 역사를 존재의 힘이라고 불리는 본질적인 영역으로 이동시켜야" 했다.[9] 즉 우리의 영토는, 모든 역사들이 교차하는 중심으로, 새로운 시대의 영적인 에너지를 발산하는 진원지로 거듭나야 했던 것이다.

이런 측면에서 바이마르 공화국이 남긴 무정부적 잔해들 속에서 가장 시급하게 해결해야 할 문제로 대두되었던 것은 부르주아의 낡은 유산인 밀실과 광장의 구분이었다. 부르주아는 대공황 훨씬 이전부터 계급 혁명의 공포와 테크놀로지의 위협으로부터 자신을 방어하기 위해 안간힘을 썼고, 그것은 사적 공간과 공적 영역의 확고한 경계의 확립으로 이어졌다. 그들은 이 경계를 교묘하게 넘나들면서, 한편에서는 노동 착취를 극대화시켜 줄 프로테스탄트의 금욕적 노동 윤리를 역설하는 반면, 다른 한편에서는 쾌락에 손쉽게 반응하는 나르시시즘의 기술들을 개발해 나갔다. 이 위선적인 이중생활을 통해 부르주아들은 밀실 안에서라면 역사에 대한 아

---

9) David Harvey, *The Condition of Postmodernity*, Oxford : Blackwell, 1989, p.208.

무런 전망 없이 언제나 스스로 보호받고 있다는 환영에 취해 지낼 수 있었
다. 이를 위해 남몰래 밀실에서 즐길 수 있는 자폐적인 욕망의 장치들을
발명했는데, 그것들 중 하나가 갖가지 역사적 스타일들을 기괴하게 결합
한 키치의 장식미학이었다. 키치가 지닌 기형적인 이미지들은 부르주아들
이 끝없이 분출하던 리비도적 에너지의 거울상이었다.

이렇게 밀실이 부르주아의 나르시시즘적 영혼이 기거하는 키치의 박물
관으로 변모하는 동안, 메트로폴리스의 광장은 홉스적 군상들이 맨 몸으
로 뒹구는 정글로 변해갔다. 비록 그 대기 위로 노동 윤리에 대한 계몽주
의적 설교가 간간이 울려 퍼지긴 했으나 약육강식의 생존 논리를 압도하
기에는 역부족이었다. 대중들은 소외와 불안에 찌든 야성의 짐승이 변모
했으며 메트로폴리스의 거리 위에 자신들을 방목하기를 두려워하지 않았
다. 시장으로 흘러나온 수많은 상품들은 대중들의 지각에 끊임없이 마찰
을 일으키며 그들을 감각 과부하의 공간으로 인도할 뿐이었다. 당시 유행
어가 되다시피 한 판타스마고리아(phantasmagoria)는 이러한 마찰의 에너
지가 집결된 메트로폴리스의 상황을 묘사하는 것이었다.[10] 그것은 상품의
전시 가치가 재빠르게 변화하며 다른 것들과 계속해서 뒤섞이며 만들어
내는 일시성과 영원성, 충격과 환영, 파국과 몽상의 광학적 환영을 의미하
는 것으로, 앞서 언급한 비동시성의 시각적 표현 양태이기도 했다.

이와 같이 밀실에서는 쾌락을 좇는 이교도의 언어가 반복되었던 반면,
광장에서는 야수들의 굶주린 비명만이 소란스럽게 메아리칠 뿐이었다. 특

---

10) Jonathan Crary, *Suspension of Perception*, Cambridge : The MIT Press, 1999, p.340에서 재인용.

히 1929년 미국 증권시장의 붕괴로 발화된 세계적 규모의 대공황의 여파가 독일에 당도할 무렵, 그 아우성은 걷잡을 수 없이 증폭되었다. 부르주아의 이중적 도덕률이 지배하던 판타스마고리아의 황량한 대지, 그곳이 바로 우리가 발 딛고 일어서야 할 곳이었다. 일반적으로 생활공간의 질서는 특유의 집합적 리듬을 통해 대중들이 세계를 표현하는 방식을 규정하면서 또한 스스로를 표현한다. 따라서 이러한 질서가 불확실성의 혼돈에 휩싸인 채 대중들을 소외의 나락으로 빠트리는 결과를 초래한다면, 그것은 적자생존의 세계에서 독일 민족의 생존 능력을 스스로 거세해 버리는 것이나 다름없었다. 그러므로 우리는 구시대 부르주아의 잔재를 완전히 청산하고, 타민족과의 생존 경쟁을 위한 전초기지로서 생활공간을 새롭게 확보해야만 했다. 그것은 당시 급격하게 부상하던 테크놀로지의 새로운 질서와 공명할 수 있는 것이어야 했다.

위대한 기술 관료였던 프리츠 토트(Fritz Todt)의 주도 아래 1933년부터 건설되기 시작한 아우토반은 바로 이러한 생활공간의 갱신이라는 긴박한 요구에 상응하는 것이었다. 많은 이들이 지적하듯이 그것은 실업 상태에서 허덕이는 노동자들에게 일거리를 제공함과 동시에 전 영토에 걸쳐 완벽한 교통·물류 체계를 구축하기 위한 것이었다.[11] 집권 초기에 총통은 자동차, 비행기, 확성기가 아니었으면 권력 쟁취가 불가능했을 것이라고 이야기했다. 이러한 지적에 따르면, 우리의 영토는 지리적 공간이라는 자명한 개념에서 벗어나 속도와 네트워크, 커뮤니케이션과 같은 새로운 테

---

11) 아우토반에 대해서는 다음을 참조하라. Edward Dimendberg, "The Will to Motorization-Cinema and the Autobahn", *Speed: Visions of an Accelerated Age*, ed. Jeremy Millar and Michiel Schwarz, London, The Photographers' Gallery and the Whitechapel Art Gallery; 1998, pp.56-72.

크놀로지의 개념들과 접속해야만 했다. 속도는 공간을 끊임없이 수축함으로써 밀실과 광장의 경계가 더 이상 버티지 못하는 지점으로 고립된 개인들을 이끌고 나갈 것이며, 그 지점에서 구축되는 네트워크는 권력과 개인들이 직접 교류하는 커뮤니케이션의 유기적인 통로로 활성화될 것이다. 따라서 우리의 영토는 민족의 피와 흙이라는 영속적인 정체성으로 고정된 것이 아니었다. 오히려 그것은 끊임없는 변환을 통해 테크놀로지의 궤도로 진입해야만 했다. 따라서 총통이 자신의 역할 모델이 모세라고 했을 때, 그 모세는 홍해 앞에서 걸음을 멈춘 채 유일신의 기적을 한없이 기다리는 출애굽의 모세가 아니라, 테크놀로지에서 영토의 형질을 새롭게 변형시켜 줄 기적의 가능성을 발견한 현대판 모세였던 셈이다. 아우토반의 건설은 그 출발점이었다. 그것은 길을 터주기 위해 가파르게 솟아오른 홍해의 물기둥들을 대신해, 쾌속 질주하는 시선을 통해 주체의 지각 내부에 테크놀로지의 경이로운 경관을 탄생시킬 것이었다. 1933년 베를린 모터쇼의 주제이기도 했던 "모터화에의 의지(the will to motorization)"에 의해 구성된 일상성의 시공간, 그것이 우리가 추구하고자 했던 이상이었다. 특히 이 기획이 폴크스바겐 프로젝트와 동시에 진행되었다는 사실에 주목한다면, 아우토반의 건설이 궁극적으로는 민족의 생활공간에 실현될 새로운 일상성의 질서라는 문제와 밀접하게 연관되었음을 인식하기란 그리 어렵지 않다. 테크놀로지의 속도에 조응하기 위해 우리는 현실적으로 당장 실현 가능한 범위 내에서 크게 두 가지 방향으로 전략의 가닥을 잡았다. 포드주의의 대량생산 체계에 상응하는 일상 공간의 심미화와 현대적 매체를 활용한 네트워크화가 그것이었다.

20세기 초 오스트리아의 아돌프 로스라는 건축가는 "장식은 범죄"라는 명제를 내세우며, 부르주아의 밀실 도착증을 단죄하는 도덕의 재판관임을 자처했다. 하지만 물신의 유혹이 인간과 사물의 관계에서 끊임없이 산란하며 그 관계의 형식을 어차피 복원 불가능할 정도로 오염시킨다면, 로스의 입장이란 결국 도덕주의자의 오만에 불과한 것 아닌가. 따라서 우리는 사물에 대한 물신을 부르주아처럼 우상화하거나 로스처럼 전면적으로 부인하는 것이 아니라, 물신을 유포하는 사물들의 생태 질서를 전면적으로 재조정해 줄 형태적 구문법과 합리적 의미론을 정립하려고 힘썼다.

혹자들은 문화적 볼셰비키의 게토나 다름없었던 바우하우스를 강제로 폐쇄했다는 이유로, 우리가 일상의 심미화에 쏟았던 노력들을 역사적 평가에서 종종 누락시키거나 폄하하곤 한다. 바이마르 시절부터 아방가르드랍시고 예술가연 하던 몇몇 디자이너들과 공예가들이 바우하우스에 모여 해댄 짓이라곤, 사회 낙오자들을 불러들여 줄긋기를 연습시키거나 연례행사를 하듯이 '수공예냐, 디자인이냐'는 양자택일의 소모적인 논쟁을 반복하는 것뿐이었는데도 말이다. 그들은 유토피아의 환상에 도취되어 현실에 대한 균형 감각을 상실한 채, 상대방에 대한 우위를 선언하며 배타적인 권리만을 주장했을 뿐이다. 하지만 역사적으로 보자면, 자본주의 경제 체제에서 디자인이나 수공예는 노동 분화의 역사적 과정이 야기한 필연적 결과이자, 산업화된 생산 과정의 부속물에 불과했다. 이런 측면에서 바우하우스는 노동자가 되길 거부한 관념적인 예술가들의 발버둥일 따름이었다. 그것은 세기말의 예술지상주의와 마찬가지로 예술가 집단이 처한 역사적 위기의 징후였던 것이다.[12]

이에 반해 우리는 정책적인 보호 아래 디자인에 예술의 가치와는 거리를 둔 상대적인 자율성의 지위를 부여하려고 노력했다. 디자인은 비록 노동 분화의 결과라고 하더라도, 예술가의 창조성과 엔지니어의 합리성을 결합한 새로운 전문 기술로, 모더니티의 생활영역에 걸맞은 '시대의 형태'를 창조하는 심미적 행위였기 때문이다. 독일공작연맹(Werkbund)의 테크노크라트들은 우리가 이렇게 판단할 수 있도록 도왔다. 바이마르 시대의 산업계는 1924년에서 28년에 이르는 경제 호황을 맞이하여 포드주의의 생산 기반들을 전면적으로 도입했다. "프라이팬에서 산업 장비까지"를 슬로건으로 내건 독일공작연맹의 선구자들은 이러한 물질적 기반을 통해 산업예술가라는 형용 모순의 명칭을 버리고, 기술적 합리성을 갖춘 테크노크라트로 변모했다. 이들의 손을 거친 거의 모든 산업생산물들은 수학적 정교함을 갖춘 경제성의 원리로 사물의 구문법을 실현하고 있었다. 그 구문법은 인간의 변덕스러운 감각보다는 기계의 정밀한 감각에, 자연의 포괄적인 조화로움보다는 테크놀로지의 파편적인 즉각성에 의지하여 물질 표면에 드러난 추상적 구조를 강조하는 것이었다. 그들은 이 심미적 질서에 신즉물주의(Neue Sachlichkeit)라는 명칭을 붙였는데, 이 명칭은 테크노크라트가 지닌 냉정함의 반영물이기도 했다. 우리는 『포름(Die form)』지의 편집자였던 빌헬름 로츠(Wilhelm Lotz)와 같이 공작연맹의 주요 인물들을

---

12) 이런 측면에서, 공작연맹에 참여했던 바우하우스의 몇몇 교수진, 디자이너와 건축가들이 나치의 문화정책에 참여하려고 안간힘을 썼던 것은 그리 이상한 일이 아니다. 이를테면 미스 반 데어 로에는 괴벨스의 선전부에서 관리하는 건축가 협회의 회원으로 1933년부터 38년에 이르는 시기에 정부의 후원금을 받기 위해 절치부심했으며, 헤르베르트 바이어는 파시즘 계몽 전시회였던 "독일(Deutchland Austellung)(1936)"과 "삶의 경이(Wunder des Lebens)(1938)" 등에 적극적으로 참여했다. 이들은 미국으로 떠난 뒤에는, 동물적인 현실감각으로 뉴욕 현대 미술관 MOMA의 전폭적인 지원 아래 자신들의 영향력을 확대해갔다. 물론 독일 제국에서 이들이 벌였던 행적들은 철저하게 은폐되었다. 이런 까닭에 미국에서 벌인 이들의 활동이 CIA의 적극적인 지원을 통해 이루어졌다는 주장까지 나오고 있다. 내 입장에서 무엇보다도 아이러니컬한 것은, 이 음모론의 소문에서 인종주의자로 파시즘에 동조했던 필립 존슨(Philp Johnson)이 MOMA와 CIA 사이의 연결 라인으로 자리잡고 있다는 사실이다. 이에 대해서는 Stevan Kasher, "The Art of Hilter", *October*, no 59, 1992를 참조하라.

포섭해, 일상생활의 심미화를 위한 전략으로 신즉물주의의 원리를 적극적으로 수용했다.[13] 우리는 수많은 디자인 전시회를 통해 대중과 생산자에게 새로운 즉물성의 미학에 대한 다양한 교육과 홍보의 기회를 제공했으며, 실제 활동에 활력을 불어넣기 위한 정책들도 개발했다. AEG의 수많은 가전제품들, 몇몇 전기 회사에서 보급용으로 공동 개발, 판매한 국민 라디오(Volksempfanger), 아들러 자동차와 폴크스바겐 등과 같은 수많은 현대적인 공업 생산물들은 그 결과였다.[14]

이와 함께 1933년 11월에 설치된 '노동의 미를 위한 부서'는 노동자들의 일터인 공장의 환경 개선에 관심을 기울였다. 부르주아들에게 노동력은 일종의 상품이며, 노동자는 착취의 대상일 뿐이었다. 반면 볼셰비키들에게 노동은 인간의 유적 본질이며, 노동자는 임박한 혁명의 주체인 프롤레타리아로 다루어졌다. 우리는 국가의 개입을 통해 극단적 대립 구도 속에서 방황하는 노동자들로 하여금 그들이 당연히 지녀야 할 자부심과 위엄을 회복하도록 독려했다. 총통의 선언대로 독일의 공장에선 더 이상 노동 소외가 존재해서는 안 되었다. 이를 위해 "쾌적한 조명에 쾌적한 노동", "공장에서 따스한 음식을", "깨끗한 공장에서 깨끗한 노동자"와 같은 캠페인들을 통해 실질적으로 노동 현장의 질을 향상시켰으며, 가구와 의

---

13) Anson Rabinbach, "The Aesthetics of Production", *International Fascism: New Thoughts and New Approaches*, London: Sage Publication, 1979, pp. 202-204.
14) 물론 우리가 포드주의의 생산 미학을 강조했다고 해서 수공예를 도외시했던 것은 아니다. 디자인이 민족의 일상을 현대화시켜줄 포드주의의 생산 과정에 조응했다면, 수공예는 독일 민족 특유의 낭만주의적 전통에 바탕을 둔 전원성의 미학과 연관되었기 때문이다. 독일의 소규모 작업장에서 생산된 공예품들은 순수한 자연 재료를 사용하여 숙련된 노동의 흔적을 자신의 표면에 깊숙이 각인하고 있었다. 이 공예품들의 단아한 형태는 신즉물주의가 지닌 기계적인 냉정함에 인간적인 온기를 불어넣는 구실을 한다는 점에서 공업 생산물들이 지닌 단점을 보완해 주었다.

자, 조명과 내구재의 리디자인을 통해 사무실과 공장의 인테리어 환경을 변화시켰다.[15] 20세기 초부터 새롭게 부각된 포드주의[16]와 균형을 이룬 노동 환경에 대한 위생화와 심미화의 노력들로 인해, 볼셰비키들이 종종 악의적으로 묘사하곤 했던 노동 현장의 비참한 상태는 완전히 사라졌다.

이런 사실들로 인해 후대의 한 디자인 역사가는 우리의 디자인 전략을 연구하던 중, "혹시 디자이너의 작업은 사회정치적 맥락에서 완전히 자유로운 것은 아닌가"라고 자문한다. 그리곤 "정치적 혹은 윤리적 가치와 좋은 형태(good form)의 상관관계는 과연 등식화될 수 있는가"라는 의문을 제기한다.[17] 그가 이런 질문을 던지는 이유는 명확하다. 제3제국의 디자인 생산물들이 표준화된 부품의 생산, 합리화된 공정, 단순화된 미적 형태, 순수한 재료의 사용, 대중에 대한 심미적 계몽, 노동 현장의 위생화 등과 같은 심미적 모더니티의 특성들을 당대의 어떤 생산물보다 압축된 모습으로 보여주기 때문이다. 그는 확실히 우리의 미적 성과가 파시즘이라는 사악한 정치적 권력의 지도 아래 성취되었다는 사실에 망연자실하고 있는 것이다.

다른 한편, 우리는 개별 공간에 유리되어 있는 대중들의 삶을 유기적으로 연결해 줄 새로운 테크놀로지를 찾아 나섰다. 우리는 19세기에 발

---

15) Mark Neocleous, *Fascism*, Minesota University Press, 1997, pp. 50-51.
16) 총통은 생산 테크놀로지의 혁명을 성취한 헨리 포드에 찬사를 아끼지 않았다. 히틀러는 공공연하게 자신이 유일하게 존경하는 미국인이 헨리 포드라고 이야기했으며, 포드의 75번째 생일에는 그에게 제국 최고 훈장인 독일 독수리 최고 십자 훈장(The Grand Cross of The German Eagle)을 수여했다. 또한 포드는 1939년 전쟁 발발 이후에도 히틀러에 대한 지지를 포기하지 않았다. 이에 대해서는 Stevan Kasher, The Art of Hitler, p. 70을 참조하라.
17) John Heskett, Modernism and Archaism in Design in the Third Reich, *Block*, no 3, 1980, pp. 23-24.

명된 대중 매체들, 특히 영화와 라디오의 잠재력에 주목했다. 괴벨스는 일찍이 영화가 지니는 프로파간다의 중요성을 강조했다. 그는 에이젠슈타인의 〈전함 포템킨〉을 위대한 작품이라고 평하면서, 이 영화가 위대한 이유는 그것이 대중들과 교류하는 심리적 태도에 있다고 강조했다. 그에 따르면 새로운 방식으로 대중과 호흡하는 뛰어난 프로파간다는 비록 그것이 가장 혐오스러운 볼세비즘의 정치적 입장을 대변한다고 하더라도, 파시스트가 본보기로 삼아야 할 중요한 예술 작품이라는 것이었다. 에이젠슈타인은 즉각 괴벨스의 발언을 파시스트의 오만이라고 비판했지만, 별로 설득력을 지니지 못한 일방적인 야유에 불과했다. 물론 당시에 영화는 모더니티의 첨단을 선도하는 매체이긴 했다. 하지만 그것은 극장의 장소적 제약으로 인해 우리의 웅대한 목표를 실현하기엔 역부족이었다. 다시 말해 영화는 일상의 질서로부터 일탈한 예외적이며 일시적인 사건에 불과했던 것이다. 이런 이유로 우리는 영화를 대중들이 현실의 불만을 해소하기 위한 일시적 탈출구로 활용했을 뿐, 그 역할을 전면화하지는 않았다.[18]

오히려 우리가 새로운 대중매체를 통해 실현해야 할 세계는 천편일률적인 무조음의 현실 세계를 대체할 만한, 이전과는 전혀 다른 새로운 세계였다. 그 세계는 대중의 일상적인 흐름들과 접맥된, 시작도 끝도 없는 연속체의 세계였으며, 국가라는 중추 신경과 개별 공간이라는 말초 신경을 긴밀하게 밀착시키는 일원적 구조의 세계였다. 우리는 이러한 몽상의 실현 가능성을 라디오에서 엿보았다. 라디오가 지닌 전파의 편재성은 일상을

---

18) 이 시기에 만들어진 대부분의 영화들은 미국풍의 뮤지컬이었고, 정책 다큐멘터리나 선전 영화는 기껏해야 5퍼센트에 지나지 않았다.

겹겹이 휘감으면서 공간적 장벽을 일시에 허물어뜨릴 것이며, 동시적인 실시간 감각은 광장의 시계탑처럼 모든 개별 공간들을 시간의 단일한 기준선 앞으로 집결시킬 것이었기 때문이다. 달리 말해 그것은 영토의 지리적 공간에 위상학적인 변환을 가져올 대중매체였다. 그리고 그 변환의 결과로 영토 내부에 지리적으로 분포해 있던 수많은 개별 공간들은 발신지를 중심으로 방사형의 분포도를 그리며 압축될 것이었다. 말하자면, 개별 공간들은 권력의 중심과 동일한 거리를 유지하며 시간의 축 위에서 절대적인 수평 상태에 도달하게 되는 것이다. 따라서 물리적인 거리의 개념은 현저하게 약화되고, 라디오 수신기는 바로 이러한 수평 상태의 공간 배열 내부로 진입하는 입구가 되어줄 것이었다. 그러나 이러한 공간은 라디오의 매체적 속성만으로 성취될 수 있는 것은 아니었다. 괴벨스가 이 매체를 활용하는데 '오케스트라의 원리'가 필수적이라고 주장했던 까닭도 여기에 있다. 프로파간다의 역할은 필수적이었지만, 오락, 대중 예술, 게임, 농담, 음악 등의 프로그램 역시 라디오라는 새로운 매체가 대중들의 일상성에 뿌리내리는 데 무시할 수 없는 요소였다. 여기에 대중들에게 역사적 사건의 현장에 빠르게 참여할 수 있도록 도와줄 신속한 뉴스의 전달이 덧붙여져야 했다. 따라서 괴벨스가 지적한 오케스트라의 원리란, 라디오의 매체적 속성을 극대화하기 위해 바로 다양한 내용적 요소들을 조율할 수 있는 섬세한 감각을 의미하는 것이었다.[19]

신청곡 콘서트(Wunschkonzert)라는 프로그램은 오케스트라의 원리를 온전히 실현한 사례들 중 하나였다. 빈민 복지 기금 마련을 위해 1936년부터

---

19) Joseph Goebbels, "The Radio as the Eight Great Power", 1938.

시작된 이 프로그램은 본래 밤 8시부터 자정까지 청취자들로부터 오페라에서 어린이 동요까지 다양한 신청곡을 받고, 준비된 4개의 악단이 차례대로 그 곡들을 연주하는 방식으로 진행되었다. 이 프로그램의 폭발적인 인기는 방송 시간을 6시간으로 연장하는 상황으로 이어졌고, 1939년까지 목표치를 훨씬 넘어서는 성금을 모금하는 대성공을 거두었다. 그리고 전쟁 발발 이후에는 전투가 벌어지는 최전선의 병사들로부터 사연과 신청곡을 받음으로써 전방과 후방을 직접 연결하는 방식으로 재편성되었다. 결국 1940년에 영화화되어 전쟁 기간 동안 최고의 히트작 중 하나로 기록되기도 했다.[20] 민족 구성원 전체를 라디오 스피커에 귀 기울이게 만들었던 이 생방송은 프로파간다의 이데올로기적 내용을 거의 다루지 않았음에도 불구하고 청취자들을 끈끈한 유대감 속에 하나의 상상적 공동체로 결속해냈다.[21]

이러한 대중적 성공은 우리의 기대를 훨씬 뛰어넘는 것이었다. 그 덕분에 우리는 라디오가 테크놀로지의 주술적인 힘이라고 칭할 만한 능력을 지니고 있음을 깨닫게 되었다. 그것은 청취자의 주의를 한번 사로잡으면 절대로 다시 놓아주지 않는 힘, 일상의 사소한 구석까지도 청각 이미지로

---

20) 신청곡 콘서트에 대해서는 다음을 참조하라. David Bathrick, "Making a National Family with the Radio: The Nazi Wunschkonzert", Modernism/Modernity, vol 4. no 5, 1997, pp.115-127.
21) 물론 편재성을 갖춘 매체에 대한 우리의 열정이 라디오에만 머물렀던 것은 아니다. 우리는 청각에만 의지하는 라디오의 제한적인 감각으로부터 벗어나기 위해 새로운 시청각매체의 개발에 최선을 다했다. 그리고 그 결과로 1936년에는 세계 최초로 베를린을 중심으로 올림픽 폐회식을 중계하는 텔레비전 시험 방송을 시도했으며, 1937년에는 파리 만국 박람회의 독일관에서 새롭게 개발된 비디오폰을 선보였다. 이렇게 편재적 매체들의 개발, 보급, 활용이 하나의 축을 이루었다면, 그 맞은편에는 그 매체들의 이면에서 개인들의 일상 질서를 샅샅이 훑어 그 내면을 비추어 볼 수 있는 내시경적 기관이 요구되었다. 이러한 필요에 상응한 것은 바로 게슈타포였다. 그것은 비록 완벽한 첩보 능력으로 인해 종종 공포의 대상으로 묘사되곤 하지만, 우리에겐 표면 아래 잠복해 있던 현실을 포착하는 해석의 촉수였다.

관여하는 순수한 힘이었다. 한번 라디오에 익숙해진 대중들은 라디오가 꺼진 후의 침묵 상태를 참지 못하고 안절부절하는 금단 현상을 보여주기도 했다. 이와 같이 라디오의 사운드는 대중들의 감각에 밀실 공포증과 같은 심리적 강박을 심어주었다. 이런 측면에서 우리에게 라디오는 대중들의 상상 속에서 비가시적 형태의 광장을 건설한 권력의 사운드 트랙이었다고 할 수 있을 것이다. 라디오의 전파는 심리적인 호소력을 지닌 청각적 기호들을 지속적으로 순환시키며 대중들과의 접촉면을 확대해 나갔다. 그리고 공적·사적 공간에 유연한 탄력을 부여하면서 그 공간의 일상적 질서를 파시즘의 선율로 변주했다. 괴벨스의 지적대로 이러한 세계에서라면 "국가 사회주의는 적어도 지루하지 않을" 것이었다. 이제 총통이 바라보는 대로 독일 민족도 바라보게 된 것이었다.

4

즉물성의 미학과 라디오의 네트워크는 비대칭의 균형을 이루며 테크놀로지와 유착된 권력의 경관을 구축해 갔다. 그것은 마비된 몸에 피를 돌게 하기 위해 인공 모세혈관을 이식하는 작업이었다. 따라서 이와 함께 우리에게 요구되었던 것은, 그 혈관들에 민족의 순수한 피와 초월성에의 의지를 펌프질해줄 심장에 생명력을 불어넣는 작업이었다.

국가 이성의 정점에 서서 신탁의 서명이 각인된 새로운 민족의 육체를 생성하기 위한 정치적 연금술, 그것은 권력의 경관 내부로 진입하는 통과제의의 드라마를 연출하는 예술이었다. 우리는 이 드라마를 추동해 줄 원천으로 판타스마고리아의 에너지에 주목했다. 비록 이 에너지가 화폐의 동질화 과정의 부작용으로 지각의 현기증과 같은 퇴행적인 방식으로 누출되곤 했지만, 그래도 우리는 대공황을 통해 실재성의 붕괴를 목격하면서, 이 에너지가 우리가 미처 경험해보지 못했던 미지의 질서로 부상할 것이라고 확신했다. 따라서 우리는 이 에너지를 이용해 민족의 육체를 생성하는 새로운 질서의 장을 구축해야 했다. 이 야심에 찬 기획을 성취하기 위해 우리는 미학과 정치를 통합하는 테크놀로지의 거푸집을 고안하려고 노력했다. 그 거푸집의 기능은 혼돈의 에너지를 순도 높은 심미적 질서로 정교하게 변환하는 것이었다. 우리는 이 질서가 단순히 자기완결적인 형식 미학에 그치지 않고, 인간의 지각에 직접적으로 호소하는 육체적 경험의 일부가 되길 원했다. 따라서 우리에게 급박하게 요구되었던 것은, 정치적 연금술이라는 명칭에 부응하는 새로운 시각성의 형식이었다.

이를 위해 우리가 제일 먼저 주목했던 것은 15세기에 브루넬레스키가 창안한 퍼스펙티브의 표상 모델이었다. 에르빈 파노프스키(Erwin Panofsky)는 레오나르도 다빈치의 〈최후의 만찬〉을 설명하면서 퍼스펙티브가 이성의 논리를 통해 이전과는 전적으로 다른 새로운 시각성의 세계를 열었다고 이야기한다. 그 이전의 예술에서 초자연적인 사건은 말씀의 형태로 암시되거나, 비가시적 형태로 현현하는 것이었다. 하지만 퍼스펙티브의 발명 이래 시각의 표상은 지각의 영역을 정복한다. 이제 보이지 않는 것은 없다. 단지 표상되지 않는 것이 있을 뿐이다. 그렇다면 이것은 어떻게 얻어지는가? 파노프스키에 따르면 비밀의 열쇠를 쥐고 있는 것은 바로 소실점이다. 이차원의 평면을 입체적으로 작도해 내는 구멍, 그것은 우리가 퍼스펙티브 내부를 응시하자마자, 우리의 감각이 쫓아갈 수 없는 재빠른 속도로 수축하며, 하나의 점으로 수축의 흔적을 화면에 남길 뿐이다. 하지만 이 수축은 구멍의 닫힘이 아니라 중심의 응집으로, 화면의 공간을 기하학적 합리성의 질서로 배치하는 기능을 한다. 수축의 속도는 격렬한 구심력을 불러일으켜서 지각 가능한 모든 대상들을 화면 내부로 빨아들인다. 그리고 수축의 자취는 화면 내부에 무한의 깊이를 불어넣어 표상의 균질적 공간을 완성한다.[22]

하지만 이 공간의 현실성은 우리가 현실에서 경험하는 것과는 다른 현실성이다. 소실점을 응시하는 자는 무한의 깊이를 지각하는 자이며, 무한의 깊이를 지각하는 자는 이미 인간의 육체를 벗어 버린 자이기 때문이다. 여기에서 그는 일시적으로나마 신의 눈을 소유한 자나 다름없다. 이렇게 되자, 퍼스펙티브의 표상은 경험의 차원에서 형이상학의 차원으로 이동한다. 따라서 퍼스펙티브 내부에서라면, 이제 지각 불가능한 대상은 더 이상 존재하지 않는다. 이렇게 소실점의 무한성은 지각의 초월성과 서로 대구를 이루며 가시성의 권능을 실현하는 것이다. 그러나 이와 같은 초월성의 소유는 한낱 가상이며 환영에 불과하다. 파노프스키가 퍼스펙티브를 표상의 상징적 형태로 탈신비화한 것도 바로 그 공간이 허상에 불과함을 보이기 위함이었다. 하지만 파노프스키의 지적처럼, 퍼스펙티브가 그저 소실점의 블랙홀이 만들어 낸 표상의 소우주에 지나지 않았던 것일까? 오히려 우리가 브루넬레스키의 유산에서 주목한 것은 주체로 하여금 특정 유형의 표상 체계와 완전하게 인터랙션하도록 만드는 지각의 조건들이었다.

---

22) Erwin Panofsky, *Perspective as Symbolic Form*, trans. Christopher S. Wood, New York: Zone Books, 1991, p.72.

심약한 딜레당트였던 롤랑 바르트는, 파졸리니의 영화, 〈살로 혹은 소돔의 120일〉을 비평한 "사드-파졸리니"라는 글에서 파시즘을 '구속하는 대상'이라고 정의한다. 바르트에 따르면 그 구속하는 대상은 강요하는 권력이기도 한데, 파시즘은 우리로 하여금 그것을 정확하게, 분석적으로, 정치적으로 생각하도록 강요하기 때문이다. 이 강요하는 권력에 대해 예술은 자신의 표상 원리로 저항하지 못한다. 파시즘에 대해 예술이 할 수 있는 유일한 일은, "파시즘을 믿을 수 있는 것으로 만들어 주는 것, 파시즘이 어디서 왔는가를 증명해 주는 것"일 뿐이다. 말하자면, 파시즘에 관련해서라면 예술은 자신의 내적 원리를 통해 파시즘이 무엇을 닮았는가를 보여 줄 수가 없으며, 그 본질적인 폭압성도 폭로할 수 없다는 것이다. 그것은 예술 자체의 무기력이라기보다는 파시즘이 창출해낸 치명적인 매혹의 공간 때문이다. 그 공간 내부에 있는 한, 예술은 언제나 파시즘의 프로파간다일 수밖에 없다.

그렇다면 바르트로 하여금 이렇게 비관적인 어조로 파시즘과 예술의 관계를 말하도록 만든 매혹의 공간이란 무엇인가? 역사적으로 볼 때 표상은 예술의 근간으로서 원래 종교적 초월성에 의존하는 것이었다. 만약 우리가 종교적 초월성을 정치적 초월성으로 대체하는 데 그쳤더라면, 바르트는 우리의 미학을 그렇게 위험하게 생각하지 않았을 것이다. 하지만 우리는 기존의 표상 체계를 해체하여, 수용자의 지각을 재배열하는 극장의 형식으로 그것을 새롭게 구축해 냈다. 표상의 전복만으로는 도저히 빠져 나올 수 없는 미로와 같은 초월성의 극장, 이것이 바로 바르트가 파시즘을 구속하는 대상으로, 강요하는 권력으로 정의했던 이유였다.

1934년 뉘른베르크의 나치 전당대회는 우리가 최초로 시도한 초월성의 극장이었다. 그것은 우리가 표상의 활주로를 이륙하여 지각의 극장에 이르는 여정 중에 당도한 첫 번째 기착지였다. 전당대회의 형식으로 구현된 이 극장의 설계 도면에서 리펜슈탈의 카메라와 슈페어의 건축물은 새로운 인터랙션의 핵심으로 기능했다. 리펜슈탈의 카메라는 대중들이 초월성의 소실점을 응시하도록 도와줄 권력의 광학이었으며, 슈페어의 건축은 시간의 불순물로부터 우리를 보호해 주는 난공불락의 요새, 초월성의 통과제의가 상연되는 극장의 무대였다.

그렇다면 먼저 권력의 광학에 대해 이야기해 보자. 충분히 귀족적이지 못하다는 이유로 우리를 비난했던 원조 파시스트 이데올로그, 에른스트 윙어는 현대적 인간은 경험의 극한에서 "스스로를 대상으로 볼 수 있는 능력"을 얻게 된다고 이야기했다. 그리고 이 능력이 투명한 망원경적 응시와 같은 특성을 지닌다고 지적하며, 이에 "이차적인, 좀더 냉정한 의식"이라는 이름을 붙였다. 이러한 진술은 제1차 세계대전에서 그가 겪었던 참호전의 혹독한 체험에서 연유한 것이었다. 하지만 윙어는 한 걸음 더 나아가 이것이 새로운 테크놀로지가 현대의 신인류에게 부여하게 될 새로운 감각이라고 주장했다.[23] 우리가 리펜슈탈의 카메라로 의도했던 바가 바로 이러

---

23) 에른스트 윙어는 1920년에 발간된 "강철폭풍(Steel Storms)"에서 제1차 세계대전의 최전선에 참여했던 경험에 대해 다음과 같이 이야기한다: "빗발치는 총탄이 표적으로 삼아 공격한 것은 사람이 아니라 공간이었다. 이 전쟁에서 나는 완전히 나 자신에 대해 낯선 사람으로 변해갔다. ……나는 마치 움직이지 않는 사물들을 솔질하듯이, 조그마한 발사물들이 내 귀를 스쳐지나가며 내는 소리를 들을 수 있었다. ……나는 마치 쌍안경을 통해 나 자신을 바라보고 있는 듯한 착각이 들었다. 전쟁터의 경관은 유리처럼 투명해졌다." Paul Virilio, *War and Cinema: The Logistics of Perception*, p.70에서 재인용.

한 부류의 감각이었다. 30대의 카메라, 90명의 카메라맨, 130명의 기술자, 무한정의 재정 지원을 통해 우리는 리펜슈탈의 카메라들이 대중들의 시지각에 "이차적인, 좀더 냉정한 의식," 망원경적 응시의 장치들을 탑재하길 원했다. 그것은 대중들을 시선의 주체로 위치시킬 뿐만 아니라, 응시의 대상으로 표상 공간 내부로 통합하는 것이었다. 달리 말하자면, 대중들은 리펜슈탈의 카메라의 시선으로 눈앞의 사건들을 바라보는 동시에, 어디에선가 자신을 바라보고 있을 또 다른 카메라의 시선으로, 그 사건의 일부로 편입된 자기 자신을 바라보아야 하는 것이었다.[24] 따라서 우리에게 리펜슈탈의 카메라의 역할은 스펙터클의 현장을 채취하는 기록 장치로 국한되지 않는다. 오히려 그것은, 지각의 한계를 뛰어 넘는 외부로의 확장감을 현장의 대중들에게 제공하는 상상적 응시의 기관과 관련된 것이었다.

총통이 1920년대에는 점성술사 하누센으로부터, 1930년대에는 오페라 가수 파울 데브리엔트로부터 도움을 받아 표정 연기를 연습했던 까닭도 여기에 있다. 총통은 대중들의 상상적 응시와 정교하게 조응할 수 있도록 자신의 이미지를 연출하려고 했다. 그것은 대중들 위에 군림하는 카리스마의 이미지가 아니라, 대중들이 좀더 용이하게 권력의 시선과 일체감을 느끼게 만드는 동일시의 이미지였다. 발터 벤야민은, 뜻밖의 통찰력으로 총통의 이미지가 지닌 교묘한 특성을 찰리 채플린의 여성화된 모습에서

---

24) 이에 대해 토마스 옐세서는 다음과 같이 질문한다. "파시즘이 증여한 쾌감, 그리고 그에 대한 매혹은 SS 간부의 잔인성과 새디즘이었다기보다는 차라리 누군가에게 보여지고 있다는 쾌감, 즉 모든 것을 응시하는 국가의 시선 아래 자신을 노출하는 데서 얻어지는 쾌감이었던 것은 아니었을까? 파시즘은 상호 감시와 고발을 독려했던 만큼, 그 상상계 속에서 비도덕적인 노출증을 부추겼다. 히틀러는 언제나 독일 민족이 '세계의 시선'에 주목받고 있음을 묘사함으로써 민족에 호소했다." Thomas Elsaesser, "Primary Identification and the Historical Subject: Fassbinder and Germany," *Narrative, Apparatus, Ideology*, ed. Philp Rosen, New York: Columbia University Press, 1986, p.545.

발견한 적이 있다. 삼류 희극 배우에 불과했던 채플린은 자신의 연기에서 여성적 요소를 강조함으로써, 가난한 이들의 삶에 배어 있는 우울한 페이소스를 희극적인 모습으로 추출한다. 다시 말해 채플린의 여성성이 표현하는 바는 경제적 빈곤과 사회적 소외가 각인된 대중의 수동적 육체였던 것이다. 이에 반해 총통은 자신의 남성적 면모를 의도적으로 약화시켜 여성적 침착성을 얻어 냈다. 이 여성성은 대중들이 자신과 동일시할 수 있도록 연출된 여성성이었다.[25] 채플린은 총통의 이미지가 지닌 여성성의 코믹한 측면을 보여주지만, 역으로 총통의 여성적 침착성은 남성적 카리스마와 기형적으로 결합됨으로써, "군중 속의 일원에게 자신의 이미지를 되돌려주는 – 조각난 신체의 공포에 맞서 구성된, 손상되지 않은 자아의 – 나르시스적 이미지"[26]로 기능했다. 이렇게 총통의 이미지는 대중의 응시와 권력의 시선을 서로 교환되는 거울상으로 기능하면서, 대중의 자아를 나르시스의 심리적 무대 위로 견인해 냈다. 따라서 그 무대 위에서 광장의 고독과 같은 표현은 부르주아의 사치스러운 말장난에 지나지 않았다.

전당대회의 무대는 이러한 총통과의 동일시를 거치면서, 대중들이 만들어내는 단일한 기계적인 움직임으로 변모해갔다. 그 움직임은 거대한 공동의 정체성 속으로 휘몰아 들어가는 일종의 몰아 지경, 개별 정체성의 무중력 상태에 도달하기 위한 것이었다. 그 내부에서라면 그들은 더 이상 "파괴적인 분출과 폭발이 지배하는 역사의 구름 아래 보잘 것 없고 부서지

---

25) Walter Benjamin, Selected Writings Vol 2/1927-1934, London: Harvard University Press, 1999, pp.792-793.
26) Susan Buck-Morss, "Aesthetics and Anaesthetics: Walter Benjamin's Artwork Essay", October: The Second Decade 1986-1996, Cambridge: The MIT Press, 1997, p.413.

기 쉬운 인간의 육체"[27]가 아니었다. 오히려 그들의 육체는 지그프리트 크라카우어가 '대중 장식(mass ornament)'이라고 부른 것에 가까웠다.[28] 크라카우어에 따르면, 대중 장식은 테일러화된 집단적인 움직임이 만들어 내는 심미적 효과로서, 공장 조립 라인에서의 노동자의 반복적인 움직임을 그 모태로 삼는다. 하지만 우리의 대중 장식은 컨베이어 벨트에서 잉태된 것이 아니었다. 그 화려한 장식의 무늬들은 "흙과 피"의 이념으로 무장된 정신의 갑옷이었으며, 그 자체로 각양각색의 형태로 변형되는 해독 불가능한 상형문자였다. 물론 그 상형문자들이 만들어 낸 말씀은, 우리의 유일한 배후이자 바로 우리 자신이기도 했던 총통을 통해 발화될 것이며, 우리는 권력의 향유자로 충만한 열정을 맛보면서 세계의 주인으로 등극하게 될 것이었다. 벤야민이 우리를 비방하면서도, 우리의 미학이 대중들에게 "스스로를 표현할 수 있는 기회를 제공해 준다"[29]고 지적했던 것은, 그가 이러한 대중 장식의 효과를 눈치 채고 있었기 때문이었다.

이렇게 시지각에 탑재된 냉정한 이차적인 인식, 총통의 나르시스적 이미지, 그리고 대중 장식으로 일체화된 기계적 움직임, 이 삼위일체의 지각효과는, 민족의 육체를 환골탈태하는 생성의 과정을 표현했다. 그 과정에서 대중들의 지각은 두뇌 근육과 감각 세포들이 만들어 내는 격렬하면서도 정교한 기계 체조로 변모해 갔다. 혹시 당신들은 새로운 민족의 육체라는 표현에서 아르노 브레커(Arno Breker) 류의 남성 조각상들을 떠올릴지도

---

27) Walter Benjamin, "Story-teller", *Illuminations*, trans. Harry Zone, London: Random House, 1999, p.84.
28) Siegfried Kracauer, "The Mass Ornament", *The Mass Ornament: Weimar Essays*, trans. Tomas T. Levin, Cambridge: Harvard University Press, 1995, pp.75-88.
29) Walter Benjamin, "The Work of Art in the age of Mechanical Reproduction", *Illuminations*, p.234.

모르겠다. 비록 총통은 그 조각들이 아리안 족의 남성 혈통을 표상하는 것으로 생각했지만, 전당대회에서 우리가 꿈꾸었던 민족의 육체란 브레커보다는 윙어의 그것에 가까운 것이었다. 브레커가 근육질로 과장된 육체에 대한 퇴행적인 집착을 보여준다면, 윙어는 테크놀로지의 새로운 감각들로 무장한 육체의 생성을 예견했기 때문이다.

한편 슈페어의 건축물은 외부의 침입으로부터 민족의 처녀성을 보호하는 굳건한 성채로 기능했다. 슈페어의 논리대로, 그것은 "폐허의 가치 이론"에 따라 로마의 신전들이 그러하듯이 수천 년이 지난 후에도 독일 제국의 영광을 증언해 줄 것이었다.[30] 물론 그것은 게오르크 짐멜이 정의한 폐허와는 거리가 먼 것이었다. 짐멜은 폐허를 과거의 기억들을 불러들이는 특권적 장소로 정의하면서, 이러한 기억이 폐허에 각인된, 미적으로 지각 가능한 현재의 순간들로부터 환기된다고 이야기했다. 이에 반해 신고전주의로 치장된 슈페어의 기념비는 기억의 불순물을 여과하는 웅장한 인공 구조물이었다. 그것은 시간의 급격한 흐름 속에서도 질식하지 않고, 우리가 간직했던 불멸의 지성을 증언하는 물질적인 증거물로 존재할 것이었다. 따라서 그 안에서라면 우리는 세월이 가져다줄 육체적 쇠약과 피로에 대해 무심할 수 있었다. 우리의 육체는 죽음 앞에선 나약했지만, 우리의 정신은 그렇지 않았다. 그런 의미에서 건축의 형태로 물질화된 정신의 불사성은 과거를 증언하는 것이 아니라 미래를 예비하는 것이었다.

1934년의 전당대회가 건축과 광학이 통합된 스펙터클을 완성했다면, 그

---

30) Stevan Kasher, "The Art of Hilter", p.70.

다음해의 전당대회는 거기에 한층 더 고조된 극적인 클라이막스를 첨가했다. 수직으로 쏘아올려져 8000피트 상공에 가 닿은 150개의 대공 탐조등의 극적인 효과가 그것이었다. 이를 연출하였던 슈페어는 다음과 같이 이야기한다. "1935년에 열린 뉘른베르크 전당대회를 위해 나는 150개의 대공 탐조등을 사용했다. 수직으로 하늘을 향해 뻗어 오른 빛줄기들은 어둠 속에 광채를 내는 장방형을 만들어 냈다. 그 벽 내부에서 의식은 진행되었다. 그 벽은 동화 같은 장식이었으며, 중세의 시인이 상상했던 유리성들 중 하나를 떠올리게 했다."[31] 눈을 감고 한번 상상해 보라, 무심하게 뒤바뀌던 구름을 제외하곤 언제나 변함이 없던 하늘 위로, 탐조등이 빛의 기둥을 세우고 현실 세계로부터 격리된 새로운 시공간을 창출해 내는 경이의 순간을! 더 이상 어둠은 배경이 아니었다. 그것은 이제 그 내력을 알 수 없는 신비한 계시의 공간으로, 빛기둥과의 강렬한 대비를 통해 뉘른베르크의 들판 위로 솟아올랐다. 화려한 권력과 그것을 보좌하는 마법의 세계, 극적 긴장감으로 충전된 장엄한 신화적 서사시의 무대, 엄밀하게 연출된 빛의 제의를 창조했던 것이다. 그리고 말씀과 빛의 수신인인 총통의 존재감은 조명 불빛 아래 반사되는 3만 개 이상의 깃발들을 제어되지 않는 흥분 상태로 몰아 넣었다. 만약 조명의 연금술이 창조해낸 이 세계를 감각 지각 바깥의 형이상학적 세계라고 부른다면, 어두운 창공을 향해 솟구쳐 오르던 빛줄기들은 새롭게 창조된 육체에 생명을 불어넣어 줄 절대자의 현현이었으며, 그가 바로 우리의 배후에 존재한다는 사실의 암시였다. 케네스 버크(Keneth Burke)의 표현을 빌리자면, "수많은 빛들 사이로 내비쳐

---

31) Albert Speer, Inside the Third Reich, pp.432-433.
32) Scott Bukatman, "Artifical Infinity", Visual Display, ed. Lynne Cooke and Peter Wellen. Seattle:Bay Press, 1995, p.282.

진 어둠 속에서 신의 옷자락이 나타난"[32] 것이었다. 오직 신만이, 혹은 초월적 자아만이 관객으로 남아 있을 수 있는 권력의 무대, 수많은 특수 효과들이 정교하게 조립된 새로운 건축적 다이어그램, 우리는 답답한 퍼스펙티브의 사각틀에서 벗어나 스펙터클의 바그너적 스타디움을 완성했던 것이다.[33]

신화가 역사의 흐름 속에서 꿈틀거리며 끊임없이 갱신되는 기원의 사건이라고 한다면, 우리는 바로 그러한 신화가 되려고 했다. 우리는 뉘른베르크의 전당대회를 통해 현대적 테크놀로지가 결합된 원형의 사건을 창조했다. 이제 그 사건은 우리가 열어갈 새로운 신화의 시대에 기원으로 자리잡게 될 것이었다. 20세기 초에 들어 수많은 신화의 주인공들이 프로이트와 그 일당에 의해 근친상간과 부친살해라는 비속한 죄악의 멍에를 짊어지고 세속의 땅으로 유배를 당했다. 하지만 우리만큼은 합리성의 경제와 신화

---

33) 바그너적 극장에 대해서는 Jonathan Crary, *Suspension of Perception*, pp. 247-257을 참조하라. 크래리는 근대적 표상 체계, 테크놀로지 장치, 시각에 대한 과학적 담론들이 관객들의 주의를 제어하는 과정에서 어떻게 대중들의 시지각을 담론적·비담론적 형태로 재구성해 왔는지를 밝히고 있다. 그에 따르면, 바그너는 자신이 주장하는 오페라의 총체예술이, 마치 고대 그리스의 축제 극장이 그러했던 것처럼, 지각과 반응의 통일된 형식을 통해 관객 개인들이 공동체로 융합하도록 만들어주는 집단적 문화 체험이 되어야 한다고 믿었다. 이런 관점에서 그는 음악 청취의 형식을 고도로 집중된 형식과 분산된 형식으로 나누고, 전자야말로 순수하며 우월한 지각 참여 형식이라고 지지했다. 이러한 관점에서 19세기 중반의 기존 극장들은 그에게 매우 못마땅한 것이었는데, 왜냐하면 그것은 극 진행 도중 지속적으로 관객들의 주의를 산만하게 만드는 디자인으로 건축되었기 때문이다. 이런 이유로 그는 관객의 주의를 유도하기 위한 극장 디자인에 직접 참여하게 된다. 그가 참여한 바이로이트(Bayreuth) 극장의 건축적 특징은, 점차 폭이 좁아지는 부채꼴 모양의 관객석, 무대와 객석의 완전한 분리, 그 사이에 있던 오케스트라 박스의 재조정과 비가시화 등으로 요약된다. 한편, 극 진행 중 극장 내부의 전면적 소등, 무대 위에서의 조명 효과의 강화, 무대 디자인의 과장된 표현은 극적 전개를 위한 지침으로 활용되었다. 이후 바그너의 오페라를 감상한 니체는 그를 "최면술의 대가"이며 그의 오페라를 "초월성의 현대적 모조물"이라고 이야기한다. 확실히 우리는 무의식적으로나마 바그너적 극장을, 앙시앙 레짐의 판옵티콘 — 경찰국가의 표면적 모델 — 을 대체할 수 있는 표상 장치로 수용한 것 같다. 주지하다시피, 총통은 바그너의 열렬한 팬이었으며, 바그너의 자녀들이 주최하는 음악 축제를 직접 지원하고 참여하기도 했다.

의 정치가 서로의 역할을 바꾸는 지점, 근대화의 동력이었던 화폐의 교환이 더 이상 할 말을 찾지 못하는 지점에서 세속의 오염된 육체를 정화할 신성한 장소를 발명했다. 시장을 대체한 그 곳에서, 대중의 욕망이 신화의 서사에 매혹된 채 지속적으로 순환됨으로써 권력은 끝없이 교환될 것이었다. 그런 의미에서 우리에게 뉘른베르크의 스펙터클은 현자의 돌이었으며, 사도 바울의 성수였다.[34]

루돌프 헤스(Rudolf Hess)는 전당대회 개회식에서 다음과 같이 선언했다: "총통은 독일이다. 총통이 행동하면 독일 역시 행동하고, 총통이 판단하면 독일 역시 판단한다." 왜냐하면, 모든 독일인이 누구나 히틀러를 학습하고, 그리하여 히틀러처럼 되어야 한다면, 그 까닭은 그가 히틀러 이외에 다른 누구도 될 수 없기 때문이었다.[35] 총통은 우리가 구축한 스펙터클이라는 새로운 지각 경험의 경로를 거치며, 역사의 배후에서 파시즘이 수행한 모든 행위의 의미를 보증하는 초월성의 기호로 변모해 갔다. 그러한 초월성은 총통으로 하여금 자유와 평등이라는 근대적 관념의 자명성을 끊임없이 파괴하며, 동시에 그러한 파괴를 통해 독일 민족의 독창성을 부각하도록 만들었다. 그리고 이 과정을 통해 총통은 깊이를 헤아릴 수 없는 하나의 속성, 모든 것을 의미하는 하나의 속성으로 자리잡았다.

---

34) 우리가 1936년의 베를린 올림픽을 이전의 올림픽들과 완전히 다른 형태로 발전시킬 수 있었던 것도 뉘른베르크의 경험 덕분이었다. 우리는 뉘른베르크에서 실현해 보였던 스펙터클의 원형을 스포츠의 고전주의적 육체미학으로 변형해 보였다. 이 올림픽은 개최 유치 초기, 총통의 반대 의사 표명에도 불구하고 괴벨스의 적극적인 설득으로 이루어졌다.
35) 원 문장은 문화 혁명 당시의 마오쩌둥에 대한 것이다. Guy Debord, The Society of the Spectacle, New York: Zone Books, 1995, p.42.

이렇듯 모든 것이 우리의 의도대로 진행되어 가는 듯 보였다. 하지만 그것만으로 끝나지 않았다. 오히려 어느 순간부터인가 현실은 우리의 의도를 넘어서기 시작했다. 니체는 괴물과 싸우는 사람은 투쟁의 과정을 거치면서 자신마저 괴물로 돌변할 수 있으니 조심해야 한다고 경고했다. 그리고 우리가 괴물과 싸우면서 오랫동안 심연을 들여다 볼 때 심연 역시 우리를 응시하고 있을 테니, 이를 명심하라고 이야기했다. 하지만 우리는 부주의했고 경고를 망각했다. 우리는 우리 자신이 화폐라는 괴물과 혈투를 벌이는 신화의 주인공이라고 생각했다. 화폐가 특유의 동질화 과정을 통해 인간 사회를 지배하는 것이었다면, 그 지배가 위기를 맞이하는 순간 탄생한 우리의 임무는 정치적인 것의 압도적인 우위에서 그러한 동질화 과정에, 그리고 그것이 가져온 정신적 결핍과 빈곤에 저항하는 것이었다. 하지만 우리는 역설적으로 자기지시성의 패러독스에서 한 발짝도 벗어나지 못했다.

따분한 몽상가였던 예수는 무모하다고 할 만한 용기로 증명이 필요 없는 존재인 신을 자신의 친부로 삼음으로써, 자신을 둘러싼 음모와 배신과 죽음의 사건들을 구원의 시나리오로 완성했다. 그가 얻게 된 구세주라는 이름은 이러한 대범함의 대가였다. 화폐는 축적의 과정을 통해 자본이라는 신학적 구조물을 창조하였다. 그것이 신학적인 까닭은 그 내부에서 자본의 한계는 단지 자본의 구성물인 화폐 그 자체일 뿐이었기 때문이다. 이에 반해 총통에게는 지연의 역학만이 이러한 논리를 대신할 뿐이었다. 따라서 초월성에 대한 우리의 집착이 전당대회에서 연출된 몰아적 순간을 넘어서 역사의 거시적 지평으로 확장되는 순간, 총통은 외적으로는 의미의 과잉에, 내적으로는 의미의 부재에 내몰리고 말았다. 이에 따라 총통은 자신이 약속한 모든 의미의 지불 결제를 무기한 연기함으로써 자신의 존재를 연장해 나갈 수밖에 없었다. 총통은 "프랑스에서의 계급투쟁"에서 마르크스가 루이 보나파르트를 묘사했던 것과 동일한 상황에 처하게 되었던 것이다. "그는 아무것도 아니라는 이유로, 모든 것들을 의미할 수 있다. 단, 그 자신이 누구인지를 제외하고는."[36] 결국 우리는 화폐 질서에 저항하면서 동시에 그 질서에 깊숙이 침윤되고 말았다. 총통의 초월성 역시 화폐와 마찬가지로 자기지시성의 패러독스를 반복했던 것이다. 결국 우리는 스펙터클의 정치적 제의를 거치면서 점차 우리의 적을 닮고 말았다.

또한 우리는 우리의 자궁 속에서 또 다른 심연이, 테크놀로지라는 또 다른 괴물이 잉태되고 있음을 미처 깨닫지 못했다. 이 깨달음, 언제나 뒤늦게 도착하는 이 깨달음은 나 혼자만의 것은 아니었던 듯하다. 슈페어는 자신이 창조한 뉘른베르크의 얼음 성당을 보며 형언하기 힘든 "아주 이상한 감정"에 빠져들었다고 술회한다.[37] 그가 전후 회고록에 적은 바에 따르면, 이 감정은 자신의 가장 성공적인 건축물이 비현실적인 신기루였다는 사실에서 비롯된 것이었다. 하지만 내가 보기엔 그가 먼지가 수북이 쌓인 기억의 창고에서 어느 순간 섬뜩하게 끄집어냈을 그 감정은, 자신의 창조물이

---

36) Karl Marx, "The Class Struggles in France: 1848 to 1850", Political Writings Vol 2, London: Penguin Books, 1973, p.71. 이런 측면에서 수잔 버크 모스가 총통을 루이 보나파르트의 20세기적 재림이라고 지적한 것은 전적으로 옳다. 이에 대해선 다음을 참조하라. Susan Buck-Morss, The Dialectics of Seeing, p.308.
37) 알베르트 슈페어는 전당대회로부터 8년이 지난 후 1943년 베를린 공습에 대해 다음과 같이 말한다. "공습은 한 번 목격한 사람은 결코 기억에서 지워버릴 수 없는 스펙터클을 제공하였다. 이 광경에 압도되지 않으려면, 당신은 이 섬뜩한 현실을 끊임없이 기억해야만 할 것이다. 낙하산에 매달린 로켓들 – 베를린 시민들은 이를 크리스마스 트리라고 불렀다 – 은 하늘에 불을 당겼고, 곧 폭발하였다. 하늘에 매단 향로에서 흘러나오는 듯한 연기는 그 폭발의 섬광들을 빨아들였다. 모든 곳에서 수많은 탐조등들이 어두운 밤하늘을 향

자신의 손을 벗어나 자신을 소외시키고 있는 듯한 느낌에서 비롯된 것이었다. 니체의 표현을 빌리자면, 그 감정은 어떤 심연의 존재가 우리를 응시하는 순간에 얻어지는 것이다. 그래서 거기에는 자신이 부수적인 촉매제에 불과했다는 말 못 할 모멸감, 다시 말해 전능한 피조물 앞에서 절망하는 창조자의 비애가 스며 있다.

스펙터클의 제의적 호소력이 약화되고 지불 유예의 시간이 막바지에 접어들자, 이제 우리에게 남겨진 것이라곤 대규모의 총체전쟁뿐인 듯 보였다. 당내의 몇몇 지도자들은 사후에 제2차 세계대전으로 불리게 될 이 전쟁이 독일 민족에게 활력을 불어넣어 줄 시험장, 회피할 수 없는 유럽의 타민족들과의 역사적 투쟁 과정이라고 주장했다. 그들은 자신들이 반신반인(半神半人)의 운명을 타고났다고 생각했던 것이다. 하지만 그들은 틀렸다. 오히려 우리는 기형적이며 허구적인 기계 생명체를 잉태한 동정녀였으며, 아드리아네의 실타래와 테세우스의 보검에 의해 살해당할 때까지 단 한 차례도 자신이 만든 미로에서 빠져 나오지 못했던 반인반수(半人半獸)의 아스테리온이었다. 그러니 전쟁은 비정함만이 감돌 뿐인 살모(殺母)의 제의, 피비린내 나는 학살의 축제였을 뿐이다.

해 쏘아 올려졌고, 적 폭격기들이 그 빛줄기에 사로잡히자, 쫓고 쫓기는 전투가 시작되었다. 때때로 격추되기도 했고 어느 순간에는 타오르는 불꽃이 되기도 했다. 그것은 꽤나 인상적인 묵시록의 광경이었다." 슈페어에게 뉘른베르크의 스펙터클이 자신의 손을 거쳐 갔으나 자신의 의도로부터 벗어난 "비현실적인 신기루"였던 반면, 공습의 스펙터클은 본질적으로 슈페어가 통제할 수 없었던 외부의 어떤 자생적인 힘의 분비물에 가까웠다. 그는 마치 자신이 히틀러를 위해 디자인했던 베를린 재개발 프로젝트의 축소 모형을 바라다보듯이 공습당하는 도시를 단지 바라보고만 있을 뿐이었다. 그는 관객의 자리로부터도 격리된 채, 모든 판단이 정지되는 상태에 머물러 있을 뿐이었다. 이것은 그 자신이 개입할 수 있는 방법들이 완전하게 봉쇄된 상태로부터 비롯된 것이었다. 그래서 그가 할 수 있는 것이라곤 단지 "꽤나 인상적인 묵시록의 광경"이라는 짧막한 소감만을 피력하는 것이다. 그는 한낱 소외된 구경꾼에 불과했던 것이다.

5

어쩌면 당신들에게 이제까지의 이야기가 궤변처럼 들릴 수도 있을 것이다. 하지만 나는 이 이야기를 기록하면서 냉정함을 잃지 않기 위해 최선을 다했다. 마르크스는 어디에선가 혁명은 직접적이고 비극적인 성과물을 통해서가 아니라 반대로 결속된 반혁명을 산출함으로써, 그러니까 강력한 적을 만들어 냄으로써 자신이 가야 할 길을 개척한다고 이야기했다. 그리고 그것이 가능한 것은 현대적 생산력과 부르주아적 생산 관계가 서로 격렬하게 갈등을 일으키는 시기라고 말했다. 어느 순간부터인가, 나는 우리가 우리의 의도와는 상관없이 그러한 혁명의 제단에서 희생양의 목을 베는 망나니의 역할을 수행하고 있는 것이 아닌가 하고 자문하곤 했다. 보통 혁명의 강도는, 그것이 성취한 노획물의 목록보다는, 그에 바쳐진 희생의 규모로 판단되기 마련이다. 사실 우리가 실행한 부조리한 악행들은 더 이상 인간의 몫이 아닌 새로운 시대의 갑작스러운 도래, 그 혁명의 시간을 증거하는 행위였는지도 모른다. 이유를 알 길 없는 부조리한 죽음의 열병식, 우리가 구호를 외치며 행한 것은 바로 그러한 살육의 분열 행진이었으니 말이다.

그렇다면 우리는 단지 새로운 시대의 창조자이길 소망했으나 좌절하고만, 그리하여 구시대의 종말을 미리 엿보고 만 불행한 선지자였던 것인가? 그 인식의 무게에 가위눌려 망나니가 되길 자처했던 것인가? 나는 서두에서 당신들이 고통스럽게 연출한 저주와 매혹의 드라마에 우리의 영혼이 거듭 반복해서 출현하고 있다고 언급했다. 그렇다면 어떤 미지의 존재가 비천한 망나니의 배역을 행한 대가로 우리에게 불사의 생명을 지불했던 것인가? 이 질문을 속으로 다듬으며, 나는 1923년 11월 뮌헨의 맥주홀 봉기로 법정 앞에 섰던 총통이 판사를 향해 던졌던 최후 진술을 떠올려 본다. "우리에게 심판을 내리는 것은 당신들이 아니다. 심판은 역사의 영원한 법정에서 내려진다." 어쩌면, 대공황이라는 위기의 순간부터 제2차 세계대전의 패전까지의 그 기나긴 시간은, 역사의 영원한 법정이라는 관점에서 보자면, 태양이 유난히 뜨겁게 발광하던 어느 한나절의 짧은 순간에 지나지 않을지도 모른다. 결과적으로 전쟁은 연쇄된 사건들의 도화선을 따라, 자본의 제한된 질서 아래에서 기나긴 한숨을 토하며 자신을 팽팽하게 긴장시켰던 테크놀로지의 충전된 힘들을 순식간에 폭발시키는 거대한 장관을 연출했다. 우리는 테크놀로지에게 전쟁이라는 결집점을 제공했으며, 테크놀로지의 다종다양한 요소들은 그 결집점을 통해 단일한 형태의 시스템으로 구조화될 수 있었다. 테크놀로지가 파시즘에 의해 증식되었다면, 파시즘은 테크놀로지를 통해 증폭되었던 것이다. 하지만 증폭의 순간들은 그리 오래 지속되지 않았다. 우리는 증폭을 지속할 수단을 지니지 못했으므로, 그 증폭은 소모를 위한 것에 불과했다. 이에 따라 테크놀로지는 우리의 의지로부터 분리되었고, 우리를 의도적으로 소외시켰으며, 그 소외의 궤적을 통해 세상의 질서를 재편했다.[38]

---

38) 폴 비릴리오는 "테크놀로지 내부에 전체주의는 이미 잠재해 있다"고 지적한다. Paul Virilio, "Global Algorithm 1.7:The Silence of the Lambs:Paul Virilio in Conversation", http://www.ctheory.com/ 또한 슈페어는 파시즘과 테크놀로지의 관계에 대해, 뉘른베르크 전범 재판의 최후 진술에서 다음과 같이 이야기한다. "최근 몇 년 간의 범죄 행위는 단순히 히틀러의 개인적 인격으로부터 파생된 것만은 아니었다. 그 범죄의 강도는, 히틀러가 범죄를 끊임없이 증폭시키는 테크놀로지의 도구들을 완전하게 사용할 수 있는 최초의 인물이었다는 사실에서 비롯된 것이다. 언젠가 테크놀로지가 전 세계 모든 국가를 지배할 것이라는 악몽은, 히틀러의 권위주의적 체계 아래에서 이미 현실화되었던 악몽이기도 하다." Albert Speer, Inside the Third Reich, pp.520-521.

그렇게 하여 한때 대량생산 체제의 조립 라인을 가동했던 생산력의 모터, 테크놀로지는 전쟁이 끝난 후 화폐의 공리계를 유연하게 직조하는 실재성의 내연기관으로 변모했다. 그것은 시공간의 새로운 규범들을 창조함으로써, 탁월한 외과의의 솜씨로 화폐가 지닌 패러독스를 정교하게 봉합했다. 그리고 그 누구의 통제로부터도 자유로워져 자본과 직접 연동하는 단일한 통합 함수로서 자기 조직화 과정에 접어들었다. 그 과정을 거치면서 만듦-제작(making)의 영역에 갇혀 있던 사물의 질서는 존재됨-생성(becoming)의 영역으로 이동해 갔다. 이제 사물들은 시장에서 교환되는 상품일 뿐만 아니라, 편재성과 동시성을 구현하는 테크놀로지의 담지체로 일상 내부로 깊숙이 잠입해 들어간 것이었다. 아마도 이것이, 감내할 수 있을 만큼의 고통으로 20세기 후반을 버틴 당신들이 후기자본주의라고 부르는 상황일 것이다.

어쩌면 우리는 이 모든 사실들을 무의식적으로 감지하고 있었는지도 모른다. 역사의 어느 단계에 접어들면서 인간에게 자연은 하나의 대상이자 활용물로 전락했다. 그러니 어떤 미지의 존재에 의해 인간 또한 자연의 운명을 되풀이하리라 예측하는 것은 당연하지 않은가? 살육의 제단 위에 오른 망나니에게, 자신이 허공에 내던졌던 주사위가 땅에 떨어지기만을 기다리는 술 취한 도박꾼의 면모는 어울리지 않는다. 갱생이 불가능할 정도로 스스로를 탈진시키는 무모함으로 스스로를 파괴하는 것, 자살과 위악만이 우리의 몫이었다. "전쟁에서 패하면 민족은 사라질 것"이라는 전령 71의 내용대로, 우리는 우리의 패배가 거할 수 있는 막다른 골목을 준비했다. 총통이 자살로 자신의 생을 마감하게 될 지하벙커에 머무르기 시작했을 때, 이미 그러한 준비는 암묵적으로 시작되었다. 어차피 죽음이 고통과 쾌락의 양극단 사이에서 변덕스럽게 들썩이던 그 부서지기 쉬운 육체의 예정된 운명이라면, 정교하게 의도된 자살은 우리가 헐벗은 몸으로 떠안게 될 죽음의 모습을 극적으로 표현해 줄 것이었다. 그러니 우리는 생에 대한 미련으로 머뭇거리지 않고, 아무런 자기애의 위안도 없이 더 빨리, 더 깊숙이 심연 속으로 곤두박질해야만 했다.

미리 예비된 추락이란 얼마나 관능적인가? 그 관능성은 자살을 육체의 외설스러운 종말이 아니라, 의미의 신화적인 출발점으로 만들어 줄 것이었다. 오히려 외설은 전장과 수용소의 처참한 주검들을 차갑게 응시하던 위악의 몫이었다. 우리가 짊어졌던 단역의 희극적인 멍에가 우리 자신이 행하는 바가 정확히 무엇을 의미하는지를 미처 깨닫지 못하도록 만든다면, 도저히 용서를 구할 길 없는 위악은 그 무지의 상태를 증언함과 동시에, 그 무지에서 우리를 해방시켜줄 것이기 때문이었다. 자살은 우리의 눈앞에 패망의 시간을 가파르게 불러들였지만, 그 대신 거듭된 위악의 행위를 통해 우리가 깨닫게 된 것은 모든 인간성이 증발되고 비인간성의 결정체만이 남게 된 역사의 임계점이었다. 그것은 바로 제2차 세계대전을 통해 희생된 주검의 수치였다. 이는 또한 테크놀로지라는 가공할 만한 미지의 존재가 무한을 인지하는 지점이기도 했다. 우리의 위악은 바로 그 지점에서 멈췄다. 무한에 하나를 더하는 일이 미련한 짓이기 때문이었다.

그렇다면, 이 무한수의 대량 학살이 당신들의 무의식에 트라우마로 각인되었기 때문에, 우리는 당신들의 내면 속에서 존재의 파동으로, 정신의

---

39) Jorge Luis Borges, 『독일 진혼곡』, 알렙, 황병하 역, 서울:민음사, 1996, p.119.

습속으로 거듭 증식하고 발굴되는 것일까? 결국 우리의 불사성이란 테크놀로지의 지배가 계속되는 한, 시간의 흐름에 침식되지 않을 원형적인 트라우마의 불사성을 의미하는 것은 아닐까? 우리는 그 불사성에 의지해 여전히 우리의 행위를 판단해 줄, 그러나 언제나 연기되는 역사의 법정 앞에 서성거리고 있는 것일까? 더 이상 그 법정이 과거 올림푸스의 동산에서 인간을 관조했던 신의 몫이 아니며, 온 세상이 테크놀로지의 손아귀에서 놀아난다고 하더라도 말이다. 나는 이제 산만하게 부풀어오르던 기억들을 다독거리며, 보르헤스가 창조한 『독일 진혼곡』의 주인공, 오토 디트리히 주르 린네를 따라, 변호가 아닌 위안으로 『부수와 잉여』의 한 구절을 읊어 본다 : "모든 부주의는 고의적인 것이고, 모든 우연한 만남은 미리 약속된 것이고, 모든 굴욕은 참회이고, 모든 실패는 신비스러운 승리이고, 모든 죽음은 자살이다."[39]

어떤 이는 희극적인 이름의 원자폭탄이 베를린과 드레스덴이 아니라 히로시마와 나가사키에 투하되었다는 사실에서 아이러니를 느낄 수도 있을 것이다. 그것은 신이 침묵하는 시대에, 초월을 꿈꾸던 자에게 테크놀로지가 선사할 수 있는 최상의 순교 형식이었기 때문이다. 이제까지의 이야기가 고통스럽게 가르쳐 주었듯이, 초월성에의 충동은 자기 파괴의 욕망과 다르지 않다. 방사능 폭풍을 수반한 버섯구름의 장관은 아마도 바로 그러한 욕망이 성취한 파국의 스펙터클이었을 것이다. 나는 이보다 더 아름다운 해피엔딩의 미장센을 알지 못한다

박해천 | D.T. 네트워크 동인.

정신분석과 환상에 대한 13개의 시퀀스

복도훈

"이건 당신의 세계에요" — 〈거미숲〉 (2004)
"여기 꿈의 장 속이 바로 네 집이도다." —자크 라캉 (1964)

그것이 있었던 곳에 Wo es war……

영화의 전반부. 거미숲. 아무도 기억하지 않는, 죽었으나 죽지 못한 자들, 애도가 충분히 끝나지 않았기 때문에 이승에 남아있을 수도, 저승으로 갈 수 없었던 자들이 머무른다는 곳. 삶과 죽음이 뒤섞이는 섬뜩한 경계, 산주검(living dead)의 아테(ate). 단락(短絡)된 기억의 중심부, 그것이 있었던 곳으로 한 남자의 발걸음이 이끌린다…… 터널에서 당한 자동차사고로 2주 후에 깨어나자마자 그는 의사에게 간신히, 그러나 정언명령처럼 필사적으로 말한다. "거길 가야 돼요…… 거미숲."

영화의 후반부. 동굴 앞. 남자 옆에는 죽은 아내를 닮았지만 그 자신은 그녀가 누구인지 도무지 기억할 수 없는, 거미숲의 여인이 서 있다. 저승으로 떨어지기 직전, 잠깐 빛나다가 사라지는 에우리디케가 오직 목소리의 존재인 것과 마찬가지로 목소리의 현신인 거미숲의 여인은 남자에게 말한다. "이건 당신의 세계에요."

이 글은 지금 (돌아)보지도 듣지도 말라는 에우리디케의 경고를 뒤로하고 그것을 보아비렸던(그러나 어찌 보지 않을 수 있단 말인가), 그래서 순간의 선택으로 모든 것이 뒤바뀌어버린 한 남자의 환상의 입구에 서 있다. 영화 〈거미숲〉(송일곤 감독, 2004)은 그것이 있었던 곳으로 이 글을 인도하는 에우리디케의 역할을 할 것이다.

"나는 잘 알아…… 하지만"

정신분석의 개념으로서 환상은 프로이트 이후의 정신분석이 세공한 '판타지[phantasie(독일어), Fantasme(프랑스어), fantasy, phantasy(영어)]의 역어(譯語)이다. 한자의 조합이 뜻하는 것처럼 환상은 상상적, 비현실적, 공상적인 의미를 뜻하는 뉘앙스가 강하게 살아있으며, 심리적인 제한이 강한 개념이다. 동음이의어인 환상(幻像)은 주체가 본 구체적인 환영, 비현실적 이미지를 의미한다는 점에서 대상의 왜곡된 측면에 더욱 밀착되어 있다. 판타지의 역어인 환상은 두 영역을 모두 포괄한다. 환상의 위상은 비밀스럽고도 내적인 상상과 그것의 왜곡된 재현이라는 측면에서 일찍부터 문학의 지대한 관심을 받아왔다. 문학, 그 중에서도 환상문학이라는 장르의 경우에는 특히 그러하다.

『환상문학서설』의 저자 츠베탕 토도로프(Tzvetan Todorov)는 환상을 "자연의 법칙밖에는 모르는 사람이 분명 초자연적인 양상을 가진 사건에 직면해서 체험하는 망설임"[1]이라고 정의한다. 환상은 그것이 아무리 기묘

하더라도 객관적 세계에 속해 있는 것이 아니며, 객관 세계에 대한 주관적 반응일체에 귀속되지도 않는다. 그것은 말하자면, "객관적으로 주관적"[2]인 것이다. 〈거미숲〉에서 방송국장과 강민의 약혼녀 황수영의 피살은 주인공 강민과 형사인 친구 최성현에게 공통적인 현실이지만, 강민의 환상과 맞물려 그 피살사건은 전적으로 강민 자신만의 현실로 귀속된다. 최성현에게는 치정에 얽힌 살인사건에 불과한 것이 말이다.

환상의 체험을 독자(주체)의 망설임에 둠으로써 환상의 애매한 위치를 강조한다는 점에서 토도로프의 정의는 정신분석이 정의하는 환상과 맞닿는 측면이 존재한다. 토도로프의 환상공식은 "나는 그것이 존재하지 않는다는 것을 잘 알아…… 하지만 그것을 믿어"로 압축된다. 이 공식은 특히 주체의 지식(앎)과 믿음이 분열되는 양상을 보이는 물신주의적 부인(否認, denial)의 사례라는 점에서 정신분석의 관심을 끌어당긴다. 부인의 사례에서 아이는 엄마가 아빠의 그것과 유사한 성기를 가지고 있지 않다는 것을 잘 알면서도(엄마가 아빠의 침대로 가는 것은 아빠의 그것을 열망하는 엄마가 결핍의 존재라는 사실 또는 지식) 그것이 있다는 가정을 결코 포기하지 않는다(사랑하는 엄마와 공모하여 아빠의 거세위협을 방어하기 위해 선택한 믿음). 아이는 이 분열된 태도를 엄마의 성기와 유사한 대체물—예를 들면 두려움과 호기심 속에서 엄마의 치마 밑에서 속곳을 들여다보려 할 때 맨 처음 마주치는 맨살의 발목—에 대한 집착으로 유지하면서 해소한다. 아이는 엄마의 그것이 없다는 것을 잘 알지만, 그것과 실제로 마주치는 것은 자신의 토대를 무너뜨릴 정도로 충격적이기에 대체물을 통해 엄

---

1) 츠베탕 토도로프, 『환상문학서설』, 이기우 옮김, 한국문화사, 1996, p.124.
2) Slavoj Žižek, *The Plagues of Fantasies*, London: Verso 1997, p.119.

마의 그것을 믿는 편을 택한다. 이 믿음을 통해서 결국 불확실하고도 망설이게 만들었던 것(엄마의 그것)을 친숙한 것(엄마의 발)으로 되돌려놓는다. 토도로프의 환상개념은 결국 애매성을 확실성으로 대체하는 과정에 대한 시나리오다. 환상문학의 고전적 예들이 현실에 대한 최종적인 승인— '그것은 그저 악몽일 뿐이야'—으로 귀착되는 이유도 그 때문이다.

"나는 믿지 않지만······ 확실해"

그렇다면 정신분석은 어떨까?
정신분석의 견지에서 볼 때, 토도로프적 환상은 상징적 현실, '아버지의 이름(Name-of-the father)'을 통해 증상을 해소시킨다는 구조주의 시기의 라캉의 견해와 일치하는 것처럼 보인다. 상상적인 것을 상징적 질서에 통합하기. 그러나 정신분석은 단지 '오이디푸스의 의례'가 아니다. 후기 프로이트, 라캉에 이르러 환상은 상징적 영역과 실재 사이의 접점에 위치하게 되었다. 이 글이 염두에 둔 환상은 상징적 영역과 실재, 삶과 죽음, 욕망과 주이상스, 주체와 분신의 접경지대에 있는 환상이다.
따라서 정신분석은 토도로프의 공식과는 정반대 방향으로 나아간다(토도로프 자신은 정신분석과 거리를 둔다). 정신분석의 환상공식은 토도로프의 공식의 역전, "나는 그것을 믿지 않지만······ 그것은 확실히 존재해"이다. 〈거미숲〉에서 강민이 최성현에게 건네는 말로 바꾼다면, "너 내가 무슨 말을 해도 믿을 수 있지?"다. 그것은 '네가 믿지 못하겠지만, 그리고 나도 믿어지지 않지만, 그럼에도 불구하고 그건 분명히 일어났어'라는 뜻이다. 치명적인 사건들이 다가오고 주체는 그것을 피할 수 없어 보이지만,

무의식의 수준에서 그 피할 수 없음이 일어나리라고는 실제로 믿지 않는다. 따라서 정신분석적 환상은 "주체가 등장하는 상상적 각본으로, 방어과정에 의해 다소 왜곡된 형태로 욕망의 성취, 요컨대 무의식적인 욕망의 성취를 보여주는 각본"[3]에만 머물지는 않는다. 환상은 욕망이 실제로 실현되는 것에 대한 주체의 필사적인 회피 전략이자 방어이며, 동시에 욕망을 불만족의 수준에서 유지시키려는 무의식적 과정이다. 환상은 바로 결핍된 욕망의 무대화이면서 동시에 욕망의 실제적인 실현을 방어하기 위한 스크린이다. 환상은 앞으로 나아가는 것처럼 보이면서도 뒤로 물러서며, 뒤로 물러나는 것처럼 보이면서도 앞으로 나아가는 욕망의 피드백 과정이다. 환상은 바로 욕망의 근본 형식이다. 정신분석은 욕망의 근본적 형식을 탐구한다는 점에서 모든 환상문학 중에서도 가장 환상적이다.[4]

프로이트가 여자들, 히스테리증자들과 만나면서 "심리적 현실(실재)psychische Realitat"[5]로서의 환상개념을 거의 맨 처음 세공했을 때, 그리하여 탄생한 정신분석을 '코페르니쿠스적 혁명'에 비유했을 때, 바로 현실의 구성요소와 양상 중 적어도 어떤 것만큼은 정신분석의 탄생 이전과 이후로 나뉠 만큼 그 역사가 전혀 다르게 전개되었다고 할 수 있다. 정신분석이 탄생하는 바로 그 때, 환상은 이제 현실과는 대립되거나 관계없는 상상적 영역이라는 의미에서 벗어나게 되었다. 환상이 '심리적 현실'이라는 정의는 인간의 심리와 내면 안에서의 내적이면서도 은밀한 또 다른 현실에 대한 명명이 아니다. 정신분석에서 환상은 주체와 그를 둘러싼 현

---

3) 장 라플랑슈・장 베르트랑 퐁탈리스,「환상」,『정신분석 사전』, 임진수 옮김, 열린책들, 2005, p.541.
4) 이 표현의 일부분은 다음 논문에서 가져왔다. Mladen Dolar, "I Shall be with you on your wedding-night : Lacan and the uncanny", October 58, Fall 1991, p.23.
5) 지그문트 프로이트,『정신분석강의 (하)』, 임홍빈・홍혜경 옮김, 열린책들, 1997, p.524.

실을 근본적으로 구조화하는 것에 대한 이름이다. 환상은 현실/상상, 내부/외부 등의 모든 이분법의 기제, 빗금 바로 그것을 침범하면서 주체가 참여하고 그 일부를 이루는 현실의 하부구조를 구축한다. 환상은 현실이 자신의 지평을 여는 최초의 순간에 자리잡고 있으며, 환상이 자신의 위상을 바꿀 경우, 현실 또한 달라진다. 따라서 환상은 단 하나의 개념으로 정립되어야 한다. 정신분석은 현실의 한계와 토대 바로 그 자체를 주조한다는 점에서 환상에 관한 유일무이한 이론이(다/되어야만 한다).

사랑의 속임수, 분석가의 고독

정신분석이 모든 환상문학 중에서도 가장 환상적이며 환상에 관한 유일무이한 이론이라는 말은 괜한 미사여구가 아니다. 정신분석의 역사에서 최초의 트라우마적 체험이라고 할 만한 다음과 같은 사건을 연상해본다면 가질법한 의구심은 풀릴 것이다. 정신분석의 트라우마란 다름 아닌 남자와 여자, 분석가와 분석주체의 환상적인 사랑의 체험이었다. 정신분석학의 역사는 사랑의 역사이다. 태초에 로고스가 있었다면, 정신분석 경험의 태초에는 사랑이 있었다고 라캉은 말한다. 거기에 안나 O와 프로이트의 동료인 브로이어와의 만남이 자리 잡고 있다. 이 충격적인 만남이 얼마나 컸던지 프로이트의 공식적인 저작에도 두 사람의 사랑이야기는 등장하지 않을 정도다.

프로이트와 브로이어가 치료했던 여성히스테리증자들은 분석치료 기간의 와중에 갑자기 팔, 다리가 마비되는 식으로 고통을 호소해와 두 분석가를 귀찮을 정도로 이리저리 오가게 만들었다. 알 수 없는 그녀들의 어떤 기억이 육체에 씌어 있었던 셈인데, 육체는 그녀들의 고통과 기억의 원인이자 장소였다. 그러나 원인이 쉽사리 밝혀지지 않았기 때문에 그녀들의 육체는 부재원인(absent cause)이자 존재하지 않는 장소였다. 안나 O도 그들 중의 한 명이었다.

1890년대 말 어느 저녁, 안나 O는 발작을 일으켜 급히 브로이어를 찾게 된다. 안나 O가 브로이어를 사랑해서 상상임신을 하고 분만을 했던 것이다! 환상적인 발작 속에서 그녀는 '저는 지금 브로이어의 아이를 낳고 있어요'라고 말했으며, 브로이어는 놀라 자리를 황급히 떠난 후, 아내와 이탈리아로 여행을 떠나고 다시는 안나 O에게로 돌아오지 않았다. 그는 자신도 모르게 빠져버린 사랑에 놀라 뒷걸음질 쳤던 것이다. 라캉은 이 사건을 두고 다음과 같이 말했다. "작은 에로스는 브로이어를 놀라 도망가게 만들었고, 프로이트에게는 흥미와 놀라움을 낳았도다."[6]

분석상황에서 분석가는 종종 분석주체가 사랑하고 증오하는 아버지, 숙부, 남편, 청년 등등의 역할을 떠맡게 된다. 즉 어렸을 때 겪었던 분석주체의 경험이 현재의 치료 상황으로 이전되어 재현되는 것인데, 그것을 정신분석에서는 보통 전이(轉移, transference)라고 부른다. 요컨대, 분석가는 분석주체가 하는 이야기의 구성요소로 편입되며, 마찬가지로 분석주체의 이야기를 재구성하면서 그 이야기 속에 전이의 대상이었던 그 자신도 포함시킬 수밖에 없게 된다는 뜻이다. 분석주체와 분석가간의 전이로 말미암아 주체와 타자간의 관계는 역전가능하며, 분석가는 분석주체의 이야기에 휘말린다. 전이는 분석가에 대한 분석주체의 사랑을 불러일으킬 가능성과

---

6) 홍준기, 「자끄 라깡, 프로이트로의 복귀」, 『라깡의 재탄생』, 창작과비평사, 2002, p.40에서 인용.

관련된다는 점에서 참으로 위험천만한 것이었다. 분석가가 분석주체를 사랑하는 그 순간, 분석은 끝장난다. 무의식에 대한 저항으로서의 사랑! 사랑은 환상이었다. 전이의 체험은 사랑이 인공적인 상황에서도 얼마든지 만들어질 수 있으며, 또 얼마나 열정적으로 불타오르는지를 보여준[7], 일종의 에로스학(學)이었다. 나중에 프로이트는 신참 분석가를 위해 글을 쓰면서 분석주체의 사랑은 분석을 지연시키는 속임수이니 결코 그녀들과 사랑에 빠지지 말라고 충고한다.[8] 사랑의 유혹에 가장 많이 노출되어 있으면서도 결코 누구도 사랑할 수 없는 고독한 존재, 정신분석가의 운명은 그런 것이었다. 사랑은 이들에게 속임수, 그러나 그토록 위험한 속임수였다.

환상의 내러티브, 내러티브의 환상

안나 O가 겪었던 히스테리는 환자들이 소급적으로 발견한 유년기의 외상과 결부된 불쾌하고도 피하고 싶어하는 고통스러운 관념과 이것이 의식으로 떠오르는 것을 막아보려는 방어 기제 사이의 심리적 갈등의 결과다. 그리고 그 증상은 대개 육체의 특정부위에 심한 고통을 겪는 식으로 '전환' 되어 나타난다. 프로이트는 이를 '전환히스테리'라고 일컬었다. 그 증상은 간접적으로 '그것이 있었던 곳', 무의식의 장소를 환기시킨다.

〈거미숲〉에서 전환히스테리는 주인공 강민이 취재차 찾아간 사진관에

---

7) Mladen Dolar, "At First Sight", Renata Salecl and Slavoj Žižek (ed.), Gaze And Voice As Love Object, Duke UP, 1996, p.146.
8) 프로이트, 「전이 사랑에 대한 소견」, 『끝낼 수 있는 분석과 끝낼 수 없는 분석』, 이덕하 옮김, 도서출판 b, 2004, pp.125-147.

서 거미숲의 신비를 제보한 민수인과 만난 후에 발생한다. 방송국장과 약혼녀의 충격적인 정사장면을 엿본 다음 날, 사진관에서 그는 갑자기 열이 오르고 몸살에 걸려 급기야 몸져눕게 된다. 민수인으로부터 거미숲의 전설(그것은 결국 강민 자신도 기억하지 못하는 그 자신의 이야기였다)을 듣게 된 다음에 그 증상은 더욱 심해진다. 민수인의 이야기가 강민의 잃어버린 기억의 어느 한 부분을 강하게 건드렸던 것이며, 망각이 그 자신의 정체성이자 신분증명서였던 강민에게 그토록 저항을 불러일으켰던 것이다. 강민의 몸살은 움푹 파인 기억의 망각(정체성)과 돌출된 망각의 기억(실재) 사이에 벌어진 타협형성의 육체적 결과였다. 그런 점에서 민수인은 강민에게 분석가와도 같은 존재다. 분석주체를 카우취에 눕도록 하며 오직 목소리만으로 그의 말에 응답을 하거나 침묵하는 '아쿠스메트르' (acousmêtre, 음성존재) 말이다. 따라서 민수인이 아픈 강민을 이부자리에 눕히고 약을 떠먹이는 일련의 동작은 분석가적 제스처의 이형태(異形態)로 볼 수 있다.

안나 O의 사례로 되돌아가보자. 안나 O의 사례에서 환상이 현실만큼이나 실제적이라는 것은 분명하다. 아니, 그것은 현실보다 더 실제적인 것인지도 모른다. 안나 O의 환상은 브로이어를 도망가게 만들었으며 프로이트로 하여금 정신분석의 창세기를 기술하도록 만들지 않았던가. 그녀의 환상의 내러티브에서 환상의 장면을 구성하도록 만든 부재하는 원인 X는 결코 알려지지 않았지만, 그녀의 상상임신은 원인 X에 떠밀려 실제로 현실에서 발생했다. 한편으로 그녀는 상상임신의 장면을 연출함으로써 "내러티브 공간을 구부리는—정의상 그 내러티브 공간으로부터 배제된—바로 그 해석할 수 없는 X를 상연한다."[9] 즉, 정신분석의 탄생을 알린 안나 O의 환상의 내러티브가 불가능한 X를 상연하기 위해 환상을 연출한다는 점에서 내러티브는 그 구조상 언제나 환상적이다. 환상의 내러티브는 내러티브의 환상이다. 〈거미숲〉에서 강민의 진실이 오직 그가 친구에게 들려주는 이야기(내러티브)를 통해서만 전달되며, 그의 진실이 결국 이야기(내러티브)가 구축한 환상이었던 것처럼.

환상의 기원, 기원의 환상

안나 O의 사례를 통해서 보았듯이 환상의 장면, 또는 내러티브는 언제나 상실된 X를 상연한다. 원초적으로 억압된 이 X는 결코 재현되지는 않지만, 재현하고자 하는 노력의 흔적, 또는 표상 그 자체는 어떤 형태로든 반드시 남는다. 추론할 수 있는 사실 중 하나는 그녀가 상상임신의 장면을 무대에 올렸을 바로 그때는 상실의 대상 X가 출현하기 직전의 순간, 즉 분석과정에서 매우 중요한 순간이었다는 것이다. 그녀의 전이 사랑은 그녀 자신의 무의식이 분출해 올라오는 것에 대한 저항이자 증상이었다. 그렇다면 안나 O가 상상임신을 무대에 올림으로써 그토록 마주치고 싶지 않았던 그 원초적 상실과 결여의 X는 무엇인가. 어떤 일이 유년기에 있었던 것이기에 그녀는 브로이어 앞에서 상상임신에다 분만하는 쇼를 연출했던 것일까. 그런데, 이 원초적으로 억압되거나 금지된 X, 그것은 X 그 자체의 기원에서는 온전한 존재로 실재했었던 것인가. 그것은 정말로 존재하기라도 했던 것일까. 물음은 간단히 이렇다. 환상의 기원, 그리고 원인은 존재하는가.

---
9) 슬라보예 지젝, 「그의 불손한 응시 속에 나의 파멸이 크게 써 있도다」, 『항상 라캉에 대해 알고 싶었지만 감히 히치콕에게 물어보지 못한 모든 것』, 김소연 옮김, 새물결, 2001, p.354.

〈창세기〉의 저자는 원인과 환상의 개념을 최초로 세공한 점에서 역사 이전의 라캉주의자임에 틀림없었던 것 같다. 금단의 사과를 먹은 아담은 하나님에게 벌을 받았는데, 그것이 그가 신이 금지했던 사과를 먹었기 때문만은 아니었다. 금지의 위반에 그의 죄가 부속된 것은 아니며, 신과 같고자 했던 오만 때문만도 아니다. 아담은 자신의 환상, 눈이 밝아져 신처럼 되고자 하는 자신의 환상을 먹었던 것이다.[10] 그의 죄는 환상의 층위에 있으며, 스피노자가 말한 것처럼, 사과를 먹지 말라는 하나님의 말을 '금지'로 받아들였기 때문에 저질러진 것이다. 타락 이전의 아담과 이브에게 선악과는 그저 다른 나무들과 매한가지였으며, 특별히 관심이 더 가거나 한 것은 아니었다. 그러나 뱀의 유혹 이후, 아담은 그것을 금지로 받아들였기 때문에, 금지 너머로 추가적인 의문과 탐색이 생겨났기 때문에, 그에 대한 나름대로의 응답이 필요했던 것이다. 그 답이 바로 환상이다. 결국 금지와 욕망은 대립하지 않는다. 금지는 그것의 위반인 욕망과 동일하다. 금지는 욕망을 낳고 욕망은 금지를 낳는다. 금지(법)의 위반으로서의 욕망은 금지(법) 그 자체에 대한 욕망과 다르지 않다.[11] 그렇다면 낙원의 아담은 사과를 먹기 전까지는 적어도 금지와 욕망의 수준에서 욕망하지는 않았을 것이라고 추론할 수 있다.

아담의 환상은 금단의 지식, 즉 주이상스(jouissance)에 대한 보충으로서의 환상개념을 새롭게 조명하는 예다. 주이상스는 거세를 겪으면서 아이가 잃어버린 원초적 만족의 체험(엄마의 응시, 목소리 등등과 결부된)이다. 아이는 엄마와의 즐거웠던 나날들을 회억하며, 엄마의 따뜻한 목소리

---

10) 홍준기, 「자끄 라깡, 프로이트로의 복귀」, p.48.
11) Jacques-Alain Miller, "Commentary on Lacan's text", Richard Feldstein, Bruce Fink, and Maire Jaanus edt, *Reading seminars I and II : Lacan return to Freud*, Albany : SUNY Press, 1996 참조.

와 응시를 그리워한다. 정확히 말하면, 상실을 겪음으로써 아이는 엄마와의 즐거웠던 나날들이나 아이에게 만족을 줬던 그녀의 목소리와 응시를 가정하고 재생해내는 것이다. 그 재생의 노력 속에서 부재하는 엄마의 목소리와 응시는 환상의 형식을 통해 충만한 내용을 갖추게 된다. 라캉은 상실된 대상(인 엄마의 응시와 목소리)을 대상 a(object petit a)라고 정의했다. 그것은 거세과정을 거치면서, 타자와 분리되면서 상실된 주이상스의 잔여물이다. 대상 a는 주체의 목표를 빗겨가지만, 예기치 못한 곳에서 조우하게 되는 그 어떤 것이다. 그것은 주체에게 언제나 너무 많거나(〈) 너무 적게(〉) 체험되며, 주체는 대상 a와 직면하여 분열된다($). 환상공식은 $◇a가 된다. 대상 a가 많을 경우, 엄마의 젖가슴(엄마의 욕망)이 때로는 그런 것처럼, 주이상스의 침입에 숨막혀하는 주체는 환상의 스크린을 방패삼아 주이상스를 욕망의 수위로 조절하여 낮추려고 한다. 대상 a가 적을 경우, 주체는 환상의 스크린으로 결핍된 욕망을 무대화한다. 목소리와 응시, 대상 a는 바로 그것을 되살리려는 주체의 노력이 구축한 환상의 내러티브 그 중심에 있는 X, 원인이다. 그렇기 때문에 X, 원인의 실정적(positive) 존재인 기원은 언제나 상실된 것으로만 존재한다는 사실을 알려준다는 점에서 내러티브의 환상이다.

불가능한 응시, 원초적 환상

아담의 낙원은 바로 낙원이라는 기원의 상실체험이 소급적으로 구축한 환상형성물일지도 모른다. 신화의 기원은 기원의 신화다. 그렇다면 아담은 어떻게 된 것인가? "아담이 주이상스를 얻기 위해 타락하기를 선택할 때, 그로 인해 그가 잃어버리는 것은 정확히 주이상스다."[12] 아담의 낙원, 기원은 그것이 상실되는 바로 그 시점에 출현하며, 상실 이전의 기원은 결코 존재하지 않는다. 낙원에서의 아담의 추방, 즉 상징적 거세는 "주체가 한 번도 소유해 본 적이 없는 그 어떤 것의 상실"인 것이다.[13] 그러나 낙원에서의 추방이후, 아담은 비로소 욕망하는 주체가 되며, 세계도 진정한 세계가 된 것은 아닌가. 그와 관련하여 라캉은 거세를 통해 인간이 비로소 욕망하는 존재가 된다는 사실을 언급한다. "거세는 향유가 거부되어야 함을 의미한다. 욕망의 법의 뒤집혀진 계단을 통해 그 향유에 도달할 수 있기 위해서 말이다."[14]

그렇다면 「창세기」의 첫 부분은 인류의 역사상 최초의 인간인 아담의 환상을 상연했다는 점에서, 프로이트의 말을 빌면, 일종의 계통발생적인 '원초적 장면' 과도 같다. 여기에서 강민이 별장에서 목격했던 충격적인 정사장면은 상기될 필요가 있다. 방송국장이 황수영과 후배위 성교를 하면서 사과를 게걸스럽게 먹어치우는 그로테스크한 장면 말이다. 이 장면에서 중요한 것은 그가 아담의 사과와 비슷한 것을 먹었다는 유비적인 사실에만 있지 않다. 별장에서의 성교장면은 민수인의 엄마의 불륜의 정사장면(그것은 강민 어머니가 불륜을 저지른 것에 대한 환상적인 변형이다)에 추가적으로 덧붙여진 것으로, 환상 그 자체가 아담의 신화처럼 계통발생의 흔적을 지니고 있다는 것에 대한 강력한 증거다. 사과라는 기표의 역할은 그런 것이다. 프로이트의 말처럼, 개체발생은 계통발생을 되풀이한

---

12) Slavoj Žižek, *The Plagues of Fantasies*, p.15.
13) Ibid.
14) Jacques Lacan, "The Subversion of the Subject and the Dialectic of Desire in the Freudian Unconscious", *Ecrits*, trans. Bruce Fink, W. W. Norton, 2002, p.311.

다. 원초적 장면, 이제 그것은 유령이나 신의 존재처럼, 존재하지 않는다는 바로 그 사실 때문에 두려워하며 믿게 되는 허구이다. 현실은 허구에 의해 구조화되어 있는 것이다.[15]

원초적 장면(primal scene)은 어린아이가 실제로 관찰하거나, 몇 가지 단서로 추측하고 상상해서 재구성한 부모의 성관계 장면 같은 것이다. 예를 들면 거세 콤플렉스는 아빠가 아이의 고추를 자른다는 실제적인 위협이 아니다. 오히려 그와 유사한 제스처들, 가령 '그거 만지지 마라, 만지면 혼난다' 정도의 경고를 아이가 해석한 결과다.[16] 거세 콤플렉스는 주체의 선택이자, 선택에 따른 필연적인 상실의 경험이다. 원초적 장면 역시 거세의 결과 중 하나로 부모의 성관계를 실제로 목격한 결과라기보다는 부모의 스킨십이나 성적 제스처를 성관계의 장면으로 환상적으로 재구성해 낸 것이다. 중요한 것은 (성관계 장면의) '내용' 이 아니라, 아이의 주체적 해석과 선택의 '형식' 이다.

응시 그 자체의 환상—늑대인간의 사례

초기의 프로이트는 안나 O와 같은 히스테리 여성들과 대면하면서 그녀들의 상처의 기원에 아버지의 유혹이나 강간과도 같은 실제 사건이나 체험이 있었다고 가정했지만, 곧 그 가설을 포기하면서 환상설에 도달했다. 실제로 체험한 바는 없지만, 그와 유사한 사건들을 겪으면서 소급적으로

---

15) 미란 보조비치, 『암흑지점』, 이성민 옮김, 도서출판 b, 2004, p.169.
16) 홍준기, 「자끄 라깡, 프로이트로의 복귀」, p.48.

그러한 장면에 리비도를 투자하면서 환상을 구성한다는 것이다.[17] 그리고 재구성된 환상장면은 성적인 활기를 띠면서 주체에게 또다시 영향을 미친다. 따라서 원초적 장면은 상상적 스크린이 아니다. 그것은 주체의 상징적 세계를 구조화하는 근본적인 환상이며, 그 세계가 언제나 실재의 중핵을 둘러싼 채로 불안정하다는 것을 알려주는 지표다.[18] 과연 라캉은 원초적 장면을 극적으로 무대화한 늑대인간의 사례에 대해 다음처럼 말한다. 늑대인간의 사례는 "환상의 장면은 바로 실재와의 관계 속에서 작동한다는 것을 보여줍니다. 실재는 환상을 지탱하고, 환상은 실재를 보호합니다."[19]

원초적 장면의 이론은 프로이트가 '늑대인간' 을 분석하면서 늑대인간의 환상을 "만들어 낸 환상"[20]으로 맨 처음 지칭한 후, 몇 번의 수정을 거쳐 '원초적 환상' 으로 완성된다.

꿈에 나는 침대에 누워 있었는데, 그때는 밤이었다(내 침대는 발쪽이 창문을 향하게 놓여 있었다. 창문 앞에는 오래된 호두나무가 한 줄로 서 있었다. (…)). 갑자기 창문이 저절로 열렸다. 그리고 나는 창문 앞에 있는 큰 호두나무에 하얀 늑대들이 앉아 있는 것을 보았다. (…) 나는 매우 무서워졌다. 분명히 늑대들에게 먹힐까 봐 그랬을 것이다. 나는 소리를 지르고 깨어났

---

17) "환상은 그 기억의 회귀에 반대하는 심리적인 방어다. 동시에 환상은 그 기억을 정화하고 승화시킬 임무를 띠고 있다. 그 환상들은 이미 들었지만 나중에야 이용되는 사실로부터 만들어진 것이다. 따라서 그것들은 체험된 사건과 사건의 이야기(부모나 조상의 이야기)와, 주체 자신이 본 것들의 결합이다."(원고 L), 프로이트, 『정신분석의 탄생』, 임진수 옮김, 열린책들, 2005, p.137.
18) 프로이트의 멋진 비유를 보라. 주체의 증상은 "조개가 진주를 만드는 재료인 모래알" 과도 같다. 이 모래알이 주이상스의 실재적 중핵이라는 진주를 둘러싼 환상적 구성물인 것이다. 프로이트, 「도라의 히스테리 분석」, 『꼬마 한스와 도라』, 김재혁·권세훈 옮김, 열린책들, 1997, p.278.
19) Jacques Lacan, The Four Fundamental Concepts of Psychoanalysis, trans. Alain Sheridan, W.W. Norton, 1977, p.41.
20) 프로이트, 『늑대인간』, 김명희 옮김, 열린책들, 1996, p.156.

다. (…)그것이 단지 꿈일 뿐이라고 믿게 되기까지 꽤 오래 걸렸다. 나에게는 창문이 열리고 늑대들이 나무에 앉아 있는 모습이 아주 선명하고 생생하게 느껴졌다. (…) 꿈에서 움직인 것은 창문이 열리는 것뿐이었다. (…) 늑대들은 나뭇가지에 조금도 움직이지 않고 아주 가만히 앉아 있었다. 그들은 나무줄기의 왼쪽과 오른쪽에 앉아서 나를 쳐다보고 있었다. 그들은 모든 주의를 나에게 고정하고 있는 것같이 보였다.

— 『늑대인간』, pp.167~8.(강조-인용자)

실로 늑대인간이 재구성해낸 이 꿈-장면에 모든 것이 담겨있다. 환상 장면의 구성요소 중 가장 중요한 두 가지가 여기에 들어있다. 그것은 '창(窓)'과 '응시', 바꿔 말하면 시선(look)과 응시(gaze)다. 시선은 내 시야에서 모든 것을 볼 수 있다는 믿음이며, 응시는 그것이 불가능하다는 흔적이다. 늑대인간이 호두나무에 앉은 늑대들을 본 발치의 창문은 주체가 꿈-장면에 들어가는 입구라는 점에서 라캉이 말한 '환상의 창'에 가깝다. 이 환상의 창을 통해 늑대인간은 부모의 성교장면을 보는 불가사의한 장면을 구축하기 시작한다. 라캉이 "창틀은 정확한 원근법적 이미지를 구축하기 위해 만들어 진 것입니다"[21]라고 말할 때 창틀이 환상의 입구라는 점은 명확하며, 원초적 장면은 그 시선의 맹점, 응시에 의해 구부러지고 왜곡된 형태를 갖는다는 것을 강조한다. 꿈-장면이 그토록 낯설고 희한한 것은 시선에 의해서 포착 불가능한 응시가 되살아나기 때문이다. 꿈에서 내가 죽은 나의 모습을 보는 불가사의한 장면이나 늑대인간처럼 그 자신보다 앞서 그의 잉태행위를 목격하는 장면(늑대들이 뒤에서 각자의 어깨에 올라타

---

21) Jacques Lacan, *The Four Fundamental Concepts of Psychoanalysis*, p.87.

는 그 체위로 부모는 성교를 하고 있었다)은 바로 이 불가사의한 응시 덕택이다. 응시는 시선의 죽음, 보는 나 자신의 죽음의 장면을 무대화한다. 응시 덕택에 주체는 탄생 이전과 죽음 이후를 체험한다. 그렇게 볼 때 내가 꾼 꿈은 언제나 타자의 꿈이다. 정확히 말하면 타자는 나를 위해 그 자신의 꿈을 꾼 것이며, 나는 타자의 꿈에 의존하면서 나 자신의 꿈을 꾸는 것이다. 결국 늑대들은 단순히 나를 바라본 것이 아니라, 오로지 응시 그 자체의 형태로 늑대인간을 위해 자신의 모습을 보인 것이다("그들은 모든 주의를 나에게 고정하고 있는 것같이 보였다").

중요한 또 한 가지 사실은 "그들은~ 있는 것같이 보였다"는 늑대인간의 생략된 진술방식에도 있다. 비록 그 진술이 나중에—사후적으로 그 사건을 회고(해석)하는 방식으로 기술된 것이라고 하더라도 정확히 그런 이유 때문에 이 추가적 진술은 꿈—장면이나 원초적 장면에 보이지 않는 제3자의 응시가 구조적으로 첨가된다는 사실을 간접적으로 지시한다. 복원하면, 그 문장은 "(내가 보기에) 그들은~ 있는 것같이 보였다"이다. 자신에게 일어나고 있는 바로 그 일을 마치 다른 누군가가 본 것을 전해들은 것처럼 진술하는 방식, 즉 제 삼자의 눈을 통해 바라보는 진술의 방식. 그렇다면, 늑대인간의 꿈—장면에는 세 개의 시선 또는 응시가 있다고 가정해 볼 수 있다. 늑대들을 바라보는 늑대인간의 시선과 늑대들의 응시, 그리고 그 모든 것에 대한 늑대인간의 응시(억압된 '내가 보기에'). 그것은 꿈, 또는 원장면의 텍스트 속에 흔적으로 억압되어 있다. 원초적 환상은 환상의 구조적 차원을 분명하게 드러낸다. 원초적 환상은 응시가 더해진 환상이 아니라, 주체의 응시 그 자체의 환상이다.

"네 결혼 첫날밤에 너와 함께 할 것이다!"

늑대인간의 꿈 — 장면에 대한 분석은 다음과 같은 문학적 사례의 조명을 받는다면 한층 타당한 본보기가 될 것이다. 『프랑켄슈타인 — 현대의 프로메테우스』(1818)는 루소의 '사회계약론'이 유럽의 현실에서 빛을 보기 시작하던 바로 그 때, 사회계약을 무효화시키는 저주받은 괴물(현대판 아담)의 탄생과 불가사의한 사라짐을 기록하는 공포소설이다. 이 소설에서 괴물(이름조차 없는 "그것")의 응시는 세 번 출현하며, 그때마다 늑대인간의 꿈에 나타났던 늑대들의 응시처럼, 정확히 '환상의 창'을 통해 침투한다. 괴물은 응시 그 자체다.

1) 그때, 창의 비늘 덧문을 비집고 들어오는 어스름한 달빛 속에서 나는 그 추잡한 것 — 내가 창조해낸 끔찍한 괴물을 보았다. 그가 침대 커튼을 걷어 올렸다. 그 눈, 그걸 눈이라고 한다면, 그 눈이 나를 보고 있었다.

2) 몸이 부들부들 떨리고 심장이 멎을 것 같았다. 그때였다. 고개를 들었는데, 창문에서 그 악마의 모습이 달빛에 보였다. 소름끼치는 웃음으로 입술이 주름투성이가 되어 나를, 자신이 명령한 과제가 진행되고 있는 방을 보고 있었다. 그래, 그는 나를 따라왔던 것이다.

3) 절망의 고통 속에서 여전히 그녀를 부둥켜안고 있던 나는 우연히 고개를 쳐들었다. 아까는 그 방의 창문이 컴컴했었다. 방을 비추는 희미한 달빛 아래서 어떤 오싹함이 느껴졌다. 비늘 덧문이 활짝 열려 있었다. 그 열린 창에는 무어라 말할 수 없는 공포를 주는, 세상에서 가장 소름끼치

고 혐오스러운 얼굴이 있었다. 그 괴물이 씨익 웃고 있었었다."[22]

(강조—인용자)

괴물의 눈은, 죽은 자(들)의 신체로 태어난 그 자신의 유일한 기원이 알려주듯, 시선이 무화된, 죽은 눈[23]이며, 따라서 순수응시다. 응시가 그토록 두려운 이유는 무엇일까. 라캉은 말한다. "주체가 응시에 적응하고자 하는 순간, 응시는 점 형태를 띤 대상, 소실점이 되고 맙니다. 그리고 주체는 바로 그것을 자신의 결손과 혼동하게 되지요."[24] 라캉의 말을 거슬러 독해하면 모든 것이 분명해진다. 응시는 시선의 소멸, 즉 (시선의) 주체의 사라짐에 대한 증거이기 때문이다. 응시는 언제나 불가능한 응시다.

위 세 개의 원초적 장면에서 괴물, 그것의 응시는 매번 탄생(과 성관계)의 순간에 출현하여, 그것들을 방해하거나 무력화시킨다. 1)의 경우는 괴물이 탄생하는 바로 그 순간에 목격된 것이며, 2)의 경우는 자신의 기원조차 알 수 없었던 불행한 인조인간이 루소식의 사회계약을 프랑켄슈타인 박사에게 간절히 요구, 관철시키려는 순간에 발생한다. 현대의 아담이었던 인조인간은 다른 시민들처럼 자신의 짝을 원했지만, 프랑켄슈타인은 두려움에 사로잡힌 채 괴물의 요청을 배반한다. "악마의 씨족들이 지구에 번식한다면 인간들의 존재 자체가 위험해지는 상황이 벌어질 수도 있었" 던 것이다. 파괴적인 증오심에 사로잡힌 괴물은 박사에게 "네 결혼 첫날밤에 너와 함께 할 것이다("I Shall be with you on your wedding-night")"는 말을 남기고 사라진다. 3)의 장면은 프랑켄슈타인이 약혼녀였던 엘리

---

22) 메리 셸리, 『프랑켄슈타인』, 오숙은 옮김, 미래사, 2002, 각각 p.90, p.242, p.287.
23) 장-클로드 아게르, 「소녀와 공포」, 질 메네갈도 편집, 『프랑켄슈타인』, 이영목 옮김, 이룸, 2004, pp.198-199.
24) Jacques Lacan, *The Four Fundamental Concepts of Psychoanalysis*, p.83.

자베스와의 신혼 첫 날 밤에 벌어진 것이다. 괴물의 위협에 초조해진 프랑켄슈타인이 불행한 사태를 막기 위해 주변을 살피려고 잠시 신혼 방을 비운 사이, 파국은 실현되었다. 프랑켄슈타인의 (감시의) 시선이 자리를 비운 그곳에 괴물의 (살인적인) 응시가 들어앉았던 것이다.

결국 '네 결혼 첫날밤에 너와 함께 할 것이다' 는 프랑켄슈타인 부부의 성관계의 불가능성(저 악명 높은 라캉의 '성관계는 없다')에 대한 예언이지만, 그것은 라캉이 예언(신탁)에 대해 정의했던 것처럼 '절반의 예언(신탁)' 이다. 그 예언은, 자신이 태어나는 불가사의한 장면을 목격했던 처음의 장소, 환상—응시의 장면으로 되돌아갈 때에서야 온전히 실현된다. 이제 그 예언은 최종적으로 다음과 같이 진술될 것이다. '네 결혼 첫날밤에 너와 함께 해왔던 것이 될 것이다(I will have been with you on your wedding-night)' 놀랍게도 이 말은 프로이트의 진술, "그것이 있었던 곳에 내가 가야 할 지어다(Wo es war, Soll ich werden)"[25]와 섬뜩하게 닮아 있지 않은가.

$◇a에서 a◇$로

저주받은 창조물, 기원도 모호하며 아버지의 버림받은 자식인 괴물이 억울한 채로 그의 주인에게 가장 묻고 싶었던 것은 무엇일까. 괴물이 읽은 여러 책들 중 다음 구절에 질문의 형태를 띤 그 답이 들어있다. "창조주여, 제가 부탁했습니까, 진흙에서 저를 빚어 사람으로 만들어 달라고? 제가 애원했습니까, 어둠에서 절 끌어내 달라고?" (밀턴, 『실낙원』) 이 반문은 현

---

[25] 프로이트, 『새로운 정신분석 강의』, 임홍빈·홍혜경 옮김, 열린책들, 1996, p. 115.

대관 아담이 그의 주인에게 히스테리컬하게 묻는 질문의 원본이자 정신분석에서 타자의 욕망과 마주쳐 주체가 던지는 의문, '당신이 도대체 내게 원하는 것은 무엇이오?'인 '케 보이?(che vuoi?)'다. 당연히 이러한 괴물의 질문 앞에서 프랑켄슈타인(과 『프랑켄슈타인』의 독자들)은 무기력하게도 답을 주지 못한다. 어떤 답도 질문에 대한 답이 되지 못한다. 그런데 여기에 역전이 있다. 환상이 불투명한 타자의 욕망, 즉 타자 내의 결여를 주체가 자신의 결여로 덮어쓰는 것이라면($◇a$), 괴물의 '케 보이' 만큼 타자가 무기력하다는 사실을 그처럼 뼈아프게 폭로하는 질문도 없다.

괴물의 환상공식은 통상적인 $ $◇a$ $가 아니다. 오히려 『프랑켄슈타인』에서 괴물의 질문에 당혹스러워하며 괴물에게 '케 보이'를 던지는 자는 프랑켄슈타인 박사 그 자신이다. 프랑켄슈타인의 피조물은 괴물이자 대상(object petit a)이며, 정체를 알 수 없는 사물이자 순수응시다. 그것은 프랑켄슈타인과 독자들($)의 편에서 볼 때 그렇다. 그러나 『프랑켄슈타인』의 불가사의한 11~16장("내 존재의 원점을 떠올리는 건 굉장히 힘든 일이오."로 시작되는)은 바로 괴물, 사물이자 응시인 대상 a가 스스로 말하기 시작하는 부분이 아닌가. 환상공식은 $a◇$$로 역전된다. 사물이 말하기 시작하고 수신자는 공포와 두려움에 떤 채 듣고 있다……[26)] 그때는, 시나이산에서 야훼의 목소리를 듣던 모세의 경우처럼, 주체가 공포를 견딜 수 없

---

26) 공평을 기하자면, 『프랑켄슈타인』과 쌍벽을 이루는 공포소설인 브램 스토커의 『드라큘라』(1897)에서 드라큘라도 적어도 한 번은 $a◇$$의 위치에 선다. 그는 프랑켄슈타인과 마찬가지로 대상 a의 존재다. 드라큘라의 존재는 그 자신이 그림자, 이미지이기 때문에 거울에 비치지 않는다. 원작이 탄생한 시기에서부터 20세기 중반의 모더니즘시기의 수많은 판본의 영화에 이르기까지 말이다. 그러나 대상 a로서의 그가 전면에 나설 경우(주인공이 될 경우), 그의 위치는 상상적인 것에서 실재로 이동한다. 그러한 이동은 실재가 강조되는 오늘날의 포스트모던 시대에 와서야 가능해진다. 코폴라의 영화(1992)는 그러한 반전을 부분적으로 성취했다. 주인공 드라큘라에게 거울을 들이밀자, 거울이 박살나고 마는 장면에서 말이다. 상상적인 거울은 결코 실재를 감당하지 못한다.

으며 무기력해지는 순간이 될 것이다(실제독자는 괴물의 말을 프랑켄슈타인, 가상의 내포독자라는 이중의 필터를 통과해 듣기 때문에 그만큼 덜 충격을 받는 것이다).[27]

섬뜩함

그런 점에서 볼 때, 영화는 이러한 환상공식의 역전, 대상의 지나친 근접으로 인해 섬뜩해진 표상 불가능한 영역을 탁월하게 촬영해왔다고 볼 수 있다. 미셸 시옹 등이 공들여 분석한 바 있는 〈사이코〉(히치콕, 1960)에서 노먼의 어머니가 아보가스트 형사의 얼굴을 칼로 긋는 그 유명한 쇼트를 상기해보라. 관객은 노먼의 어머니(사물)의 응시를 통해 형사의 놀란 얼굴

---

[27] 단언컨대, 환상문학의 선구자(이자 모든 환상문학 중에서 가장 환상적인 정신분석의 창시자)는 임마누엘 칸트다. 그는 『순수이성비판』, 『실천이성비판』, 『판단력비판』 각각에서 오늘날의 환상문학의 이론이 되는 모든 초안을 작성했다(『프랑켄슈타인』(1818)과 『실천이성비판』(1788)의 출간 사이에는 정확히 30년의 격차가 있다). 『순수이성비판』에서 칸트가 '발견적 허구들'이라고 불렀던(또한 환상문학의 가장 중요한 주제인) '신', '불멸의 영혼', '무한한 우주'는 현실에서 경험될 수 없지만 존재하는, 즉 대상의 결여의 자리에 있는 대상들이지만, 그것들은 경험능력을 초월하는 인간의 이성이 존재하는 한, 언제나 반복적으로 욕망하게 될 필수불가결한 가상들이다. 『실천이성비판』에서 칸트는 만일 주체가 필연성의 속박인 현상계 너머인 예지계, 자유의 약속이 주어지는 예지계로 급작스럽게 점프한다면 프랑켄슈타인의 환상공식, 즉 a◇ℒ에서와 같은 일이 일어날 것임을 보여준다. 그는 신과 영원성(예지계적 사물)이 그 두려운 위엄과 함께 인간의 눈앞에 갑자기 나타난다면, 그때부터 그의 모든 도덕적 행위는 공포에서 생길 것이며, 인간의 자연본성은 한낱(칸트 자신의 비유를 빌면) '꼭두각시'처럼 기계적인 속성으로 변해버릴 것임을 경고한다. 주체는 근본적인 수동성의 위치에서 한발자국도 벗어나지 못한다. 『판단력비판』에서 칸트는 '숭고론'을 통해 이러한 주체의 수동성의 위치를 확실하게 자리매김한다. 숭고(sublime)는 주체가 사나운 허리케인, 화산폭발, 파도치는 대양 등을 볼 때 생기는 두려움과 존경의 감정이지만, 그러한 감정은 칸트의 말처럼 안전하게 관찰할 수 있는 거리가 확보되는 한에서만 가능하다. 놀랍게도 칸트는 그러한 사나운 허리케인, 화산폭발, 파도치는 대양을 본적이 없으며(그는 쾨니히스베르크를 단 한 번도 떠난 적이 없다), 그런 한에서 그 숭고한 대상들은 안전한 거리를 통해 비로소 칸트의 '환상의 창'에 비친 것들이 아니겠는가. 이에 대해서는, 알렌카 주판치치, 『실재의 윤리』(이성민 옮김, 도서출판 b, 2004)의 4장, 슬라보예 지젝, 『까다로운 주체』(이성민 옮김, 도서출판 b, 2005), 특히 1장을 볼 것.

을 쳐다본다. 관객은 심술궂게도 끔찍한 범죄의 '자동적인(칸트의 표현을 빌면 '꼭두각시' 같은)' 공모자가 된다.

〈거미숲〉에도 물론 이와 유사한 섬뜩한 장면들이 있다. 원초적 환상의 무대, '거미숲' 한 가운데에 있는 별장의 현관문을 열자 강민은 거미로 뒤덮인 채 응고된 피투성이로 썩어가는 방송국장 최종필의 시체와 죽어가던 약혼녀 황수영을 목격한다. 그녀가 천천히 시선을 향하던 벽장을 강민이 열자마자 거울 속에 있던 누군가가 재빨리 뛰쳐나간다. 그는 낫을 들고 사내를 뒤쫓지만 결국 그 정체불명의 사내가 휘두른 흉기에 피를 흘린 채 숲 속 한복판에 쓰러진다. 카메라는 강민이 정체불명의 사내를 뒤쫓는 광경을 따라가는 쇼트(관객은 강민과 동일시된다), 강민이 남자를 뒤쫓다 멈춰서며 사내가 나무 뒤에서 모습을 드러내는 쇼트를 번갈아 보여준다(관객은 객관적 관찰자가 된다). 그 다음은 첫 번째 쇼트의 역전이다. 카메라는 두리번거리는 강민의 뒷모습을 보여준다, 바로 사내의 응시로 말이다(관객은 사내와 동일시된다). 사내는 쓰러진 강민의 점퍼에서 지갑을 꺼내는데, 다소 흐릿하지만 강민의 신분증이 보이는 지갑이다. 이 장면은 신분증이 들어있는 지갑을 빼앗김으로써 강민이 자신의 정체성 또는 기억을 잃어버린다는 것에 대한 환유다. 사내가 강민의 지갑을 빼앗는다는 것, 거울에서 그 모습을 처음 드러낸다는 것은 그가 강민의 분신임을 암시한다. 영화 마지막 부분에 와서야 관객은 영화의 초반부에 터널을 빠져나와 헤매다가 차에 치어 피를 흘리며 쓰러진 강민을 응시하던 사내의 정체를 비로소 알게 된다. 마지막 장면에서 거미숲과 터널 사이에 난 동굴을 빠져나온 강민은 피를 흘리고 쓰러져 있는 누군가와, 바로 그 자신과 대면한다! 그는 자신의 환상적 응시와 섬뜩하게 조우하며, 격렬하게 울부짖는다.

사랑과 증오의 대상으로서의 응시와 목소리

강민이 거울 속에서 마주친 사내는 응시의 존재이지만, 한편으로는 전화로 걸려온 정체불명의 낯선 목소리이기도 하다. 스크린 안을 떠돌면서도 결코 스크린 안에서 포착되지 않는, (사내의) 응시와 목소리는 민수인의 그것과 비교했을 때 대단히 섬뜩한 대상이다. 〈거미숲〉에서 대상 a의 상관물인 응시와 목소리는 민수인과 정체불명의 사내가 가진 공통적인 특질이지만, 그 기능과 역할은 완전히 상반된다. 미셸 시옹(Michel Chion)은 특히 목소리와 관련하여 다음과 같이 말한다.

> 스크린 안에 존재하지 않으면서도 거기에 있으며, 스크린 안에 들어가지 않은 채 표면을 떠돌아다니는 음성 존재는 불안정과 긴장의 요인이고, 보러 가게 하는 이끎이며, 파멸로의 유도가 될 수 있다.[28]
>
> (강조 – 원저자)

인용문은 〈거미숲〉에서 불길한 목소리의 담지자인 사내에게 더 어울릴 법 하지만, 민수인은 사내와 정반대의 역할에서 마찬가지로 음성존재의 모든 기능과 역할을 가지고 있다. 카우취 뒤에 있는 목소리로 존재하는 분석가와 에우리디케적 존재인 민수인과의 유비는 이미 언급했다. 잠시 강민이 전환히스테리를 겪는 그 장면으로 되돌아 가보자.

그녀는 그에게 거미줄을 뭉친 약을 먹임으로써 아픈 강민을 낫게 한다 (그때 그녀는 눕힌 그를 자애롭게 내려다보는, 사랑스러운 응시의 존재이

---

28) 미셸 시옹, 『영화의 목소리』, 박선주 옮김, 동문선, 2005, p.47.

기도 하다). 그리하여 거미줄은 〈거미숲〉에서 가장 중요한 은유가 된다. 시옹에 따르면, 자궁 안의 어머니의 목소리는 거미줄을 연상시킨다. "주위에 그물을 짜나가면서 사방에서부터 나오는 목소리", "태(態)의 그물(toile ombilicale)."[29] 민수인은 강민에게 거미줄을 뭉친 약을 먹이면서 강민에게 "좀 쓰고 배가 아플 거예요"라고 말한다. 거미줄은 어머니와 아이를 연결하는 탯줄이며 목소리인 것이다. 한편 민수인은 강민의 죽은 아내와 닮아 있기도 하다. 영화에서 아내와 민수인의 역할은 한 배우(서정 역)의 몫이다. 그렇다면 죽은 아내의 목소리는 민수인의 몸을 빌려 발음되었다고 볼 수 있다. 민수인은 한 육체에서 다른 육체로 옮겨 다니는 목소리(voice) 그 자체인 것이다. 사진관의 민수인은 강민의 유년시절의 친구 민수인처럼 서투르게 감긴 강민의 목도리를 자애롭게 다시 감아준다. 목도리/목소리라는 음운적 유사성, 그리고 탯줄을 연상시키는 목도리와 거미줄의 이미지를 상상한다면, 그녀가 어떤 존재인지는 보다 분명해진다. 대상 a는 이처럼 친숙한(canny) 사랑의 목소리이자 응시를 체화하지만, 사랑 그것이 현실의 자리에서 빠져나갔을 때는 도리어 섬뜩해진다(uncanny). 사랑은 파괴적인 증오로 변한다.

그렇다면 어둠 속에서 보이지 않음으로써 순수하게 응시 그 자체의 현존인 사내는 어떤 존재인가. 앞서 언급한 것처럼 그는 거울 속에서 맨 처음 등장하며, 강민의 신분증을 빼앗는다는 점에서 강민의 또 다른 분신이다. 또한 전지전능한 신처럼 도처에 편재하며, 강민의 일거수일투족을 모조리 투시하고 있는 불길한 초자아적 목소리이기도 하다(그는 탯줄을 닮은 전화기 줄에서 태어난 존재다). "너무 오랫동안 침묵해왔어. 이젠 행동

---
29) 미셸 시옹, 위의 책, p.91.

이 필요해. 네 분노를 터뜨릴 때야"라고 말하면서 그는 살인이라는 파괴적 주이상스를 강민에게 강요한다. 대상 a의 위상과 관련하여, 환상은 그토록 섬뜩하다. 그렇다면 〈거미숲〉에서 살인자가 강민 자신이라는 것은 어렵지 않게 유추가능하다. 강민은 초자아의 명령을 따라 살인이라는 '행동화(acting out)'를 감행함으로써 자신의 원초적 환상을 돌파하려고 했던 것이다. 그것은 윤리적인 '행위로의 이행(passage a l'acte)'과 같지 않다. 그러나 잃어버린 기억의 고리를 필사적으로 되찾기 위해 충동에 이끌린 듯 거미숲을 다시 찾아가는 그의 모습은 자신의 원초적 환상과 대면하려는 필사적인 노력의 반증이다.

······내가 가야 할지어다 Soll ich werden

이 글은 오르페우스의 신화와 〈거미숲〉의 유사성을 지적하면서 시작되었다. 그것이 있었던 곳으로 안내하는 거미숲의 여인은 에우리디케, 그녀를 따라 그곳으로 간 남자(와 관객)는 오르페우스적 존재였다. 그리고 이 글은 〈거미숲〉이라는 또 다른 에우리디케의 인도를 받아 정신분석에서의 환상의 영역을 가로질러갔다. 이러한 유비는 정신분석이 '무의식이 있던 그곳에 가야 한다'는 윤리적 책무를 에우리디케를 찾아 떠나는 오르페우스의 모험담과 비교한 사실과 관련해서 보면 더욱 설득력 있어 보인다. 라캉 자신이 분석가를 오르페우스에, 분석주체의 무의식을 에우리디케의 순간적인 나타남과 사라짐("반짝거리는 사라짐과 비틀거리는 출현")에 비유하지 않았던가. 무의식이 모습을 드러내는 순간, 그것은 상실의 차원을 만들면서 다시 사라질 준비가 되어 있다고 덧붙이면서 말이다(물론 〈거미숲)에서 그 역할은 다소 바뀌었다. 에우리디케가 분석가의 역할을 하며, 오르페우스는 분석가의 인도로 그 자신의 원초적 환상과 대면한다).[30]

〈거미숲〉의 결말은 모호하다. 정신분석에서 분석의 종결, 또는 환상의 횡단은 내러티브의 종결과 반드시 일치하지는 않는다. 원초적 환상은 주체 자신의 선택의 결과이자 원인이다. 그것은 타자의 결여를 필사적으로 틀어막고, 타자에게 자신의 욕망을 의존하는 행위다. 분석의 종결, 또는 원초적 환상의 횡단은 원초적 환상을 없애거나 그것을 다른 환상으로 대치하는 것이 아니다. 원초적 환상은 결코 사라지지 않는다. 다시 말해, 타자는 사라지지 않는다. 다만, 환상의 횡단은 환상이 더 이상 분석주체의 환상이기를 멈추는 것을 알리는 지표다. 즉, 타자는 존재하지 않는 것이다.

〈거미숲〉은 초자아적 명령 반대편에, 민수인이라는 여인을 통한 구원이라는 해결책을 마련하는 것처럼 보인다. 그것을 모성적 구원으로 성급하게 승인하거나 기각하기 전에, 이 영화의 내러티브 자체가 반복적임을, 언제든 강민이 자신의 원초적 환상과 다시 대면할 수 있음을 명심해야 할 것이다. 마지막 씬에서 영화는 강민이 그 자신과 대면하는 장면과 그가 병원에서 숨이 끊어지는 장면을 번갈아 보여준다. 그리고 그가 민수인의 도움으로 기적적으로 되살아나는 장면 또한 보여준다. 도대체 어디까지가 현실이며, 어디까지가 환상인가. 〈거미숲〉의 세계에서는 그 무엇 하나도 확실하지 않다.

다만 영화는 여전히 진행 중이며, 분석은 아직 끝나지 않았다는 것만큼

---

30) Jacques Lacan, "The Subversion of the Subject and the Dialectic of Desire in the Freudian Unconscious" in Ecrits, p.288. 그리고 *The Four Fundamental Concepts of Psychoanalysis*, p.25.

은 확실하다. 이 글은 프로이트의 정언명령, 'Wo es war, Soll ich werden'을 다음과 같이 고쳐 씀으로써 지금까지의 모든 이야기를 잠정적으로 마무리할 수 있을 뿐이다. "여기 환상의 장 속이 바로 네 집이도다."

복도훈 | 동국대 강사.

복수의 숭고함과 그 불만들:
〈복수는 나의 것〉의 윤리적 결과들

박제철

> 타자의 신체의 향유는 사랑의 기호가 아니다.
> — 자크 라캉, 『앙코르』

현실에서 실재로

2000년대에 접어들면서 한국 영화는 단정하기는 힘든 어떤 반전의 조짐을 보이고 있다. 리얼리즘 대 장르 영화라는 대립 구도 상에서 리얼리즘의 우세가 그 특징이었던 시절과의 단절이 일어나고 있는 것이다. 하지만 이 반전은 단순히 외양상의 변화, 다시 말해 장르 영화라는 범주에 속한다고 가정되는 영화들의 양적 우세를 가리키는 것은 아니다. 불과 얼마 전까지만 하더라도 장르 영화가 붐을 일으킨다고 해도 여전히 그것은 리얼리즘에 의해 과잉결정된 것이었던데 반해 최근에는 그 관계가 역전되고 있다는 것이다. 즉, 리얼리즘 영화의 외양을 한 영화가 도리어 장르적 열정에 의해 과잉 결정되고 있다.

최근 많은 한국 영화를 둘러싸고 벌어지는 비평 담론상의 대립은 이런 반전과 결코 무관하지 않다. 스타일만 부각될 뿐 개연성이 없고 현실적 문제에 무관심한 태도를 경계하는 입장이 있는가 하면 오히려 허구의 과잉 속에서 욕망의 진실 혹은 실재가 드러날 수 있다는 것에 주목하는 입장도 있다. 이런 대립이 가장 첨예하게 드러나고 있는 영화 중 하나는 박찬욱 감독의 영화라고 해도 과언이 아닐 것이다. 작년 〈올드보이〉의 칸느 수상으로 그의 영화에 대해 국내외적으로 관심이 집중되는 만큼 그의 영화에 대한 비평 상의 대립은 자연히 더 눈에 띄는 것이다.[1] 그 가운데서도 본격적으로 이런 대립의 포문을 열기 시작한 영화는 〈복수는 나의 것〉(앞으로 〈복수〉)일 것이다. 그의 전작 〈공동경비구역 JSA〉만 하더라도 분단 문제라는 현실적 사안을 다루고 있는 탓에 현실과 실재의 대립은 잠재적 수준에서만 나타나 있을 뿐이다. 하지만 〈복수〉는 현실적인지 신화적인지 구분하기 어려운 시공간에서 벌어진다는 점만으로도 그런 대립을 야기하기에 충분하다.

가령, 〈복수〉에서의 잔인하고 끔찍한 복수가 개연성이 떨어지며 그 결함을 스타일로만 보충한다고 보는 견해가 있는 데 반해 그 복수는 인물들의 원초적 죄책감의 전가를 설득력 있게 묘사한다고 보는 반론 또한 있다. 또한 〈복수〉에서 인물들이 겪는 행보가 지나치게 운명론적, 결정론적이라는 비판이 있는 데 반해 도리어 그것이 유령 같은 복수의 역학을 잘 보여준다는 주장이 있다.[2] 이런 일련의 대립은 라캉적 의미에서 현실(reality)

---

1) 물론 이 대립에는 순전히 〈복수는 나의 것〉, 〈올드 보이〉 등 그의 주요 영화 텍스트들만이 작용한다고 볼 수는 없을 것이다. 민노당 가입에서 대마초 지지 선언에 이르기까지 박찬욱 감독의 정치적 행보, 그리고 인권을 주제로 한 옴니버스 영화, 〈여섯 개의 시선〉에 포함된 그의 영화 〈믿거나 말거나 찬드라의 경우〉가 보여주는 현실에 대한 그의 태도 또한 고려해야 할 중요한 컨텍스트적 요인들일 것이다.
2) 가령「〈복수는 나의 것〉 유운성의 지지론」,「〈복수는 나의 것〉 홍성남의 비판론」,『시네 21』, no.347(2002. 4. 4-4. 11);「정성일의 〈복수는 나의 것〉 비판론」,『시네 21』, no.349(2002. 4. 18-4. 25)를 보라.

대 실재(the Real)의 대립에 상응하는 것처럼 보인다. 현실이 상징적 질서 내에서 가능한 것의 영역을, 실재는 그 속에서 불가능한 혹은 그 밖에 있는 것의 영역을 가리킨다는 그 기본적인 의미에서 말이다. 하지만 여기서 불가능하다는 규정은 일어나는 것의 불가능함이 아니라 불가능한 것의 일어남을 가리킨다는 것에 유의할 필요가 있다. 최근 많은 라캉주의 이론가들은 실재에 대해 흔히 간과되기 쉬운 이런 규정을 강조하는 경향이 있다.[3]

그렇다면 현실 편에 서서 이 영화의 결함을 주장하는 것은, 불가능하지만 일어나는 이 실재를 놓치고 있다. 최근 장르적 열정에 의해 과잉 결정된 영화들은 일어날 법하지는 않지만 사실상 일어나는 파국적 사건들에 손쉽게 다가갈 수 있다는 미덕을 갖추고 있는 것이다. 개연성이라는 리얼리즘의 이상을 버릴 때 영화는 실재에 보다 더 쉽게 다가갈 수 있다. 마치 사람들이 실제 삶을 자연스럽게 보여 달라는 요구를 받을 때 더욱 더 방어적 가면에 집착하는 반면 연기하라는 요구를 받을 경우 금지된 역할을 부담 없이 할 수 있는 것처럼 말이다.[4] 사정은 〈복수〉 역시 마찬가지다. 그것이 추상적인 시공간에서 벌어지는 탓에 일상적으로는 터무니없다고 여겨지는 실재가, 가령 근친상간이나 이유 없는 살인과 같은 사건이 속출할 수 있게 되는 것이다.

이렇게 〈복수〉는 최근 장르의 열정에 사로잡힌 많은 한국 영화들과 마찬가지로 현실 너머 우리 삶의 기저에 깔린 욕망의 실재에 접근할 수 있게 한다. 이 점은 이제껏 없었던 많은 가능성을 열어주는 한 한국 영화에서의 일종의 도약이다. 하지만 라캉에 따르면 실재로의 접근 자체가 주체의 근

---

[3] 대표적으로는 Alenka Zupancic, *The Shortest Shadow : Nietzsche's Philosophy of the Two*, Cambridge, Massachusetts : The MIT Press, 2003, p.176을 보라.
[4] 이런 가면의 역설에 관해서는 슬라보예 지젝, 『진짜 눈물의 공포』, 오영숙 외 옮김, 울력, 2004, p.133을 보라.

본적인 변화를 보증하는 것은 결코 아니라는 것에 유의할 필요가 있다. 그 변화는 실재에 접근하고, 실재를 다루는 논리가 어떤 것인가에 달려 있다. 앞으로 설명하겠지만 라캉은 세미나 〈앙코르〉에서 그 논리가 남성적인 것과 여성적인 것 두 가지로 구분된다는 것을 상세히 밝혔다. 그는 여기서 후자의 논리만이 주체의 근본적인 변화의 자리를 마련한다는 것을 강조했다. 또한 그에 따르면 그 변화는 궁극적으로 주체의 인식이 아니라 행위에 달려 있기에 윤리적인 (동시에 정치적인) 성격을 갖는다.[5]

내가 이 글에서 주장하고 싶은 요점은 〈복수〉는 실재를 다루는 논리에 있어 여전히 남성적인 것에 머물면서 윤리적-정치적 한계를 갖는다는 것이다. 이 점을 보여주기 위해 나는 그 영화의 다음과 같은 세 가지 특징에 초점을 맞출 것이다. 1)우울증적 상실의 모티프 2)마조히즘적인 숭고한 복수 3)특유의 유머. 이 과정에서 나는 핵심적인 두 가지 논점을 제시할 것이다. 하나는 이 영화는 기본적으로 숭고의 감정을 환기시키고 있다는 점이다. 그런데 숭고의 감정이 내포하는 윤리는 라캉적 의미에서 본연의 윤리가 아니다. 그것은 오히려 남성편 논리에 내속된 초자아를 정초한다는 점에서 윤리적으로 한계가 있다. 또 다른 하나는 〈복수〉라는 영화 텍스트 자체가 특정한 형식으로 관객을 유인하고는 있지만 그 결과로서의 윤리적 한계는 궁극적으로는 관객인 우리 자신의 한계라는 것이다. 이 논점은 영화-관람이 본연의 윤리적 행위로 이행하기 위해서는 두 층위에서의 과제가 요구된다는 것을 시사한다.

---

5) 앞으로 실재에 접근하는 두 가지 논리를 각각 간략하게 설명하겠지만, 그것이 갖는 여러 함의와 더불어 좀더 상세한 설명을 위해서는 다음 책에 실린 논문들을 참고하라. 슬라보예 지젝 외, 『성관계는 없다』, 김영찬 외 편역, 도서출판 b, 2005.

우울증적 상실 혹은 긍정식 사랑

〈복수〉에서 자주 반복되는 모티프 중 하나는 상실이다. 단지 류(신하균 분)가 누나를, 동진(송강호 분)이 딸 유선을 상실했다는 것만을 말하는 것은 아니다. 우선 영화 시작부터 상실되어 있는 것으로 가정된 것들이 있다. 류는 처음부터 청각과 말을, 류의 누나는 건강한 신장을, 동진은 이혼으로 아내를 상실한 것에서 출발한다. 심지어는 장기 밀매단조차 정상적인 삶을 영위할 기회를 상실하고 마약 중독으로 항상 상실감에 시달린다. 특히 이 영화에서는 이 상실이 시청각적 이미지 상으로 부각된다는 점에 유의할 필요가 있다. 그것은 시각적으로는 파열과 구멍의 이미지로 나타나고 있다. 가령 반복되는 자상의 이미지가 그렇다. 상실이 청각적으로 구현된 예는 류의 시점 쇼트에 동반되는 사운드 소거에서 볼 수 있다. 마치 관객에게 류와 청각적으로 동일시(이런 용어를 쓸 수 있다면) 할 기회를 주려는 듯이 말이다.

이러한 상실은 통상적인 상실과는 그 성격이 다르다. 보통 소중한 그 무엇을 상실하면 주체는 한동안 상실감으로 인한 깊은 슬픔에 잠기지만 곧 그 상실을 만회할 수 있는 다른 것에 대한 욕망을 갖게 되면서 슬픔을 극복한다. 프로이트가 「슬픔과 우울증」에서 슬픔(혹은 애도작업)에서 일어

---

6) 이 애도할만한 상실은 개인의 억압된 과거를 환기시키는 문제를 다룬 지난 몇 년간 여러 편의 한국 영화에서 주로 일어나는 일이었다. 가령 〈동감〉이나 〈파이란〉에서 우연히 놓쳐버린 과거와 조우하게 되는 남자 주인공들은 자신들이 사랑할만한 소중한 누군가를 놓쳐버렸다는 것을 깨닫게 되고 현재에서라도 상실된 것을 대체할 수 있는 그 무엇(주변의 여자 친구나 순수한 자신)을 놓치지 않으려 한다. 문재철은 억압된 과거를 기억으로 환기시켜내는 1990년대 후반 이후 한국 영화들의 특징이 근대화의 요구에 따른 이런 상실을 극복하기 위한 애도작업에 있다고 지적한다. 그는 〈동감〉과 〈파이란〉은 애도가 아닌 향수라는 범주에서 다루고 있지만 크게 볼 때 이것 또한 애도작업의 일환으로 볼 수 있을 것이다. 문재철, 「영화적 기억과 문화적 정체성에 대한 연구」, 중앙대 박사학위 논문, 2002, 특히 III장과 IV장을 보라.

나는 일이라고 지칭한 것이 바로 이것이다.[6] 반면 이 영화에서의 상실은, 그 상실을 만회할만한 그 어떤 대체물도 발견하지 못하고 주체를 절망에 빠지게 한다는 점에서, 애도작업의 상실과는 대조적인 우울증적 상실이다. 프로이트가 지적했듯이 "우울증 환자는 …… 상당한 정도의 자아의 빈곤을 내보인다. 슬픔의 경우는 빈곤해지고 공허해지는 것이 세상이지만, 우울증의 경우는 바로 자아가 빈곤해지는 것이다."[7] 이 영화에서 처음부터 상실된 것으로 가정된 것들은 주로 우울증적인 것이다. 류의 청각 상실은 돌이킬 수 없는 성질의 것이며 동진은 이혼으로 아내를 잃고서도 재혼과 같은 방식으로 상실을 회복하려는 욕망조차도 없어 보인다. 하지만 주인공들을 극도의 패닉 상태로 몰아가는 우울증적 상실은 무엇보다 류가 누나를, 동진이 딸을 상실한 것에 있다. 최근 장르적 성향의 한국 영화 다수는 이와 같은 우울증적 상실을 그 특징으로 하고 있다.[8]

그럼에도 불구하고 욕망을 박탈하는 우울증적 상실은 역설적으로 주체에게 무엇인가를 선사하기도 한다. 그것은 바로 처음부터 존재하지 않았던 그 무엇을 소유한다(했다)는 환상이다. 지젝은 우울증적 상실의 그와 같은 역설을 다음과 같이 설명하고 있다.

> 욕망의 대상-원인이 본래적으로 구성적인 방식으로 결여되어 있는 한에서 우울증은 이 결여를 상실로 해석한다. 마치 결여된 대상을 이전에는 소유했고 그 다음에 상실한 것처럼 말이다 …… 우리가 결코 소유한 적이

---

7) 지그문트 프로이트, 「슬픔과 우울증」, 『프로이트 전집 13, 무의식에 관하여』, 윤희기 옮김, 열린책들, 1997, pp. 251-252.
8) 가령, 〈장화/홍련〉, 〈지구를 지켜라〉, 〈살인의 추억〉 등을 보라. 이 영화들은 최근 한국 사회의 주체가 빠져 있는 일종의 욕망의 교착 상태의 지표로 읽을 수도 있을 것이다.

없는 것은 또한 상실할 수도 없다. 따라서 우울증자는 상실한 대상에 무조건적으로 고착하면서 어떤 식으로는 바로 그 상실 속에서 그 대상을 소유한다.[9]

〈복수〉에서의 상실도 이런 역설적 지위를 갖는다. 류와 동진은 각각 누나와 딸을 잃고서 극도의 비탄과 절망에 빠지는데, 이런 돌이킬 수 없는 상실은 상실 이전의 남매관계와 부녀관계를 충만하고 이상적인 것으로서 소급적으로 가정하는 효과를 낳는다. 하지만 과거에 대한 이런 가정은 처음부터 그런 이상적인 관계는 없었다는 것을 은폐하고 있다. 이 점을 염두에 두고 상실 이전 관계에 주목해보면 이미 그 관계에는 균열이 있었음을 알 수 있다. 류는 누나에게 헌신한다고 생각하고 있지만 그것은 누나의 욕망은 아니다. 누나는 (그가 자신의 '이상적 자아'에—가령 미술 작품 활동에—전념했으면 한다는 바람을 암시하고서) 그에게 짐이 되는 것이 싫다고 부단히 얘기한다. 또한 류에게 유괴된 뒤 동진의 딸은 동진이 일로 바빠서 자신을 후배에게 맡겼다는 류의 거짓말을 믿을 정도로 동진에게 불만이 있다. 그럼에도 불구하고 상실로 인해 그런 균열은 일순간 묻히고 원래 관계는 이상화된다. 동진의 딸이 죽은 후에 동진에게 유령처럼 생생하게 등장하는 장면을 보자. 그녀는 마치 아버지와의 이전 관계의 강한 결속

---

9) Slavoj Žižek, *Did Somebody Say Totalitarianism?: Five Interventions in the (Mis)use of a Notion*, London: Verso, 2001, p.143. 그 역설을 좀더 분명하게 하기 위해 지젝은 그레이엄 그린의 소설 『애정의 종말』의 예를 든다. 여기서 우리가 확인하는 것은 남편이 어느 날 집에 돌아와 아내가 죽어있는 것을 발견하고는 그 후 그녀의 고통스러운 부재감을 계속 확인한다는 통념이 아니다. 반대로 남편이 진정 아내의 부재를 경험하는 것은 그녀가 살아 있을 때라는 것이다. 그녀가 살아있을 때는 집에 잠시라도 없으면 남편은 그녀가 어디 있지(혹시 정부와?)라는 의혹에 시달리면서 그 부재에 전전긍긍한다. 하지만 아내가 죽고 나서 그녀는 남편에게 압도적으로 현전하기에 그는 더 이상 그녀의 부재로 괴로워할 필요를 느끼지 못한다. 그녀는 항상 집에 그와 함께 있는 것이다(같은 책, pp.143-144).

력을 증명하기라도 하려는 듯 그를 두 발로 꽉 끌어안는다. 그런 뒤에 그녀는 그에게 좀더 일찍 수영을 배울 걸 그랬다고 말한다. 이 말은 자책의 형식을 취하고 있지만 자신에게 무관심했던 아버지를 탓하는 것이다. 그렇다면 환각 같은 이 장면은 그 부녀 관계는 사후적으로 이상화될 뿐 처음부터 이미 균열이 있었다는 역설의 탁월한 증상이 아닌가?

요컨대 우울증적 상실은 라캉이 강조했듯이 (상실 이전부터) 타자는 이미 죽어있다는 것을, 타자는 구성적으로 결여를 내포하고 있다는 것을 은폐하고 완전한 타자에 대한 환상을 유지시키기 위해 주체가 감수하는 제스처에 다름 아니다. 박찬욱의 영화에서 사랑의 대상이 주로 근친(특히 〈올드보이〉)이나 동성(특히 〈공동경비구역 JSA〉)을 환기시키는 방식으로 존재하는 것처럼 보이는 것은 결코 우연이 아니다(〈복수〉에서도 남매간의, 부녀간의 근친상간의 암시는 발견된다). 그런 금기시된 유형의 연인이야말로 상실이 예정되어 있는 만큼 이상화된 연인의 환상을 유지하기에 가장 적합하기 때문이다.[10]

실패가 예정된 숭고한 사랑. 그것은 라캉이 '궁정식 사랑'이라 명명한 사랑의 한 형식이기도 하다. 귀부인과 기사의 불가능한 중세의 사랑을 모델로 한 그 사랑에서 주안점은 그 귀부인의 지위에 있다. 그녀는 기사가 도저히 접근할 수 없는 영적인 천상적 이상처럼 보인다. 하지만 라캉이 강조했듯이 그런 이상화는 그녀가 갖는 외상적 차원을 은폐하려는 주체의

---

10) 이 글에서는 본격적으로 다루지는 않을 것이지만 〈복수〉를 비롯한 박찬욱의 영화에서 여자는 주로 죄를 모르는 순수한 존재로 그려지는 것이 그 특징이다. 이는 여자들은 스스로 죽었다는 것을 알지 못하는 타자의 지위에 있다는 것을 뜻하기도 한다. 이 영화에서도 류는 자신의 죄(해고, 유괴)를 누나에게 알리지 않으려고 하며, 동진의 딸에게 자신이 유괴되었다는 사실을 알리지 않으려고 애쓴다. 동진 또한 마찬가지다. 그는 팽기사가 자해할 때 딸이 그것을 보지 못하게 한다.

나르시시즘적 투사이다. 가까이서 볼 때 그녀는 무의미하고 난폭하며 불가능하고 자의적이며 변덕스러운 시련(항문을 핥으라는 등)을 부과하는 실재로서의 '사물(Thing)' 혹은 비인간적 파트너라는 것이다. 그녀의 욕망이 무엇인지는 처음부터 주체에게 불가해한 것으로서 남아 있는 것이다. 하지만 주체는 그 욕망을 충족시키지 못하는 것은 외적 장애물 때문이라고 책임을 돌리면서 그녀의 욕망 자체에 있는 외상성을 부인한다.[11] 외적 장애물의 자리에 '사랑의 대상의 상실'을 대신 놓을 수 있다는 것을 안다면, 우울증적 상실에 가정된 사랑은 궁정식 사랑의 일종이라고 말하지 않을 수 없다. 그렇다면 궁정식 사랑에서 실재의 자리에 있는 귀부인이 다뤄지는 논리는 어떤 것인가? 그것은 라캉이 성 구분 공식에서 구분한 두 논리, 남성편 논리와 여성편 논리 가운데 전자에 해당한다.

라캉은 성과 같은 실재를 다루는 데는 두 가지 논리가 있음을 밝히고 각각을 남성적인 것과 여성적인 것으로 명명했다. 이 중 남성편의 논리는 '보편성과 그것의 구성적 예외'로 압축되는데 여기서 실재는 예외적인 것으로서 다루어진다. 문제는 이렇게 설정되어 있는 한 실재는 보편성에 해당하는 기존 상징적 질서를 여전히 보편적인 것으로서 재확인하도록 할 뿐이라는 것이다. 그렇기에 불가능한 실재에 열정적으로 매달리는 것은 보편성을 바꾸지 못한다는 점에서 윤리적으로 한계가 있다. 그렇다면 궁정식 사랑은, 귀부인이라는 실재를 결코 접근할 수 없는 예외로서 설정한다는 점에서, 남성편의 논리에 따르고 그런 한에서 윤리적이지 못하다. 〈복수〉에서의 사랑 역시 마찬가지다. 여기서의 사랑의 원형이 궁정식 사

---

11) 궁정식 사랑에 내포된 주체성의 함의에 대한 자세한 설명은 Slavoj Žižek, *The Metastases of Enjoyment: Six Essays on Woman and Causality*, London: Verso, 1994, pp.89-94를 참조하라.

랑이라면 그 사랑 또한 남성편의 논리에 따르는 것으로서 윤리적으로 한계가 있다고 볼 수 밖에 없다.

그렇다면 〈복수〉에서의 사랑에 함축된 이런 윤리적 한계는 단순히 그 텍스트 자체만의 한계인가? 물론 영화는 몇몇 숭고한 이미지들(류가 누나의 몸을 닦는 장면, 동진의 죽은 딸의 환영)을 동원하여 우리가 불가능한 예외적 사랑을 환기시키도록 유혹한다. 하지만 그런 이상적 사랑의 예외적 존재를 궁극적으로 보증하는 것은 그런 존재를 환기해내고 그 존재가 존재할 수 있음을 묵인하는 관객인 우리 자신이 아닐까? 그렇기에 류와 동진이 자신의 혈육을 잃고 오열할 때 우리는 그들의 관계 속에 애초부터 있던 균열, 영화 속 증상으로 미미하게나마 존재하던 균열을 쉽게 망각하고 그 관계들을 이상적인 것으로서 회향하기 시작하지 않는가?

복수의 숭고함 혹은 무의식적 죄책감 속으로의 탈출

〈복수〉에 나오는 인물들의 상실은 우울증적이지만 그들이 우울증적 증상을 보여주지는 않는다. 프로이트가 명시하듯이 우울증 환자의 가장 대표적인 증상은 공공연하게 자기를 비난하는 것이다. 그런데 그와 동시에 프로이트가 강조한 것은 이 비난 혹은 그것이 보여주는 죄책감은 원래 사랑하는 대상에 대한 비난이 환자 자신에게 돌려진 것이라는 점이다.[12] 라캉의 용어로 재기술해 본다면 타자가 자신의 구성적인 비존재 혹은 비일관성을 깨닫지 못하도록 주체가 대신 죄를 떠맡는 것이 정확히 우울증에

---

12) 지그문트 프로이트, 앞의 글, pp.251-255를 참조하라.

서 일어나는 일이다. 그런데 영화에서 류와 동진은 누나와 딸을 잃어버리는 우울증적 상실을 겪었는데도 적어도 외관상으로는 전혀 자기 비난을 하지 않는다. 자기 비난은커녕 이들은 복수하려는 의지를 품는다. 하지만 복수의 당위성도 없다. 류와 동진은 자신들이 복수하려고 하는 자들(장기밀매단, 류)이 애초에 상실된 대상을 박탈할 의도가 없었다는 것을 잘 알고 있는 것이다. 요컨대 타자의 비존재에 직면하지 않기 위해서는 자신이 됐든 타인이 됐든 죄인이 있어야 하는데 어느 누구도 죄인이 아니라는 것이다. 그런데도 복수를 하게 되는 것이ー그것도 잔인하고 끔찍하게ー이 영화가 우리에게 가하는 가장 큰 불안일 것이다. 실재와의 조우에서 오는 감정이라는 불안에 대한 라캉적 정의에서 말이다.

이 불안의 절정이자 동시에 해소인 계기는 이 영화에서 가장 수수께끼 같고 일종의 헤겔의 무한판단과도 같은 동진의 말로부터 온다. 동진은 류를 잡아 죽이기 전에 "너 착한 놈인 거 안다, *그러니까*, 내가 너 죽이는 거 이해하지?"라고 말한다. 그러니까? 이 접속사를 '하지만'으로 당장 바꿨으면 싶을 것이다. '하지만'이라면 그 말은 고의가 없었어도 일어난 사고에 대해 책임을 지라는 뜻으로 손쉽게 받아들여질 수 있을 것이며, 동진 또한 터무니없는 단죄로 인해 죄책감을 가질 것이기 때문이다. 하지만 문자 그대로 취할 경우 그 말은 '나는 착한 놈을 죽이는 인간'이라는 말일 뿐이기에 그 말에서 그 어떤 죄책감의 기미도 찾아볼 수 없다.

이런 불가해한 행동을 하는 인물은 단순히 극에서만 존재할 수 있는 비현실적인 것은 아니다. 이미 프로이트는 분석 과정 중에 이런 사례를 목격하고서 그것에 '도덕적 마조히즘'이라는 명칭을 부여했다. 이 범주에 속하는 주체의 특징은 끊임없이 노골적으로 죄를 저지르지만 그에 따른 양심과 같은 의식적 죄책감을 전혀 느끼지 못한다는 데 있다. 하지만 마치 형벌의 고통을 자초하기라도 하듯 죄가 되는 행동에 그토록 집착하는 것으로부터 프로이트는 그 배후에 '무의식적 죄책감'을 가정한다. 이것은 죄의 결과로서 생겨나는 것이 아니라 죄를 짓는 원인으로서 작용한다. 마치 죄책감이 스스로의 존재를 사후적으로라도 승인받기 위해 주체에게 실제로 죄를 짓도록 하는 것처럼 말이다.[13] 따라서 그런 위반은 상징적 질서를 무력화시키려는 행동이기는커녕 처벌을 통해 경각심을 불러일으켜 그 질서를 강화하려는 행동이다. 요컨대 도덕적 마조히스트는 역설적으로 자신의 도덕적 실패를 통해 여전히 기존 상징적 질서가 문제없이 기능하고 있다는 것을 증명하고자 한다.[14]

그렇다면 동진의 류에 대한, 류의 장기 밀매단에 대한 복수는 상징적 질서 내에 회복 불가능한 균열이 발생했지만 그 죄를 누구에게도 귀속시킬 수 없을 때 그 질서의 유지를 위해 필요한 극단적 제스처에 다름 아니다. 그것은 누구도 고의로 하려고 하지 않는 도덕적 실패를 누군가 고의적으로 떠맡고서 타자로 하여금 거세의 처벌을 내리도록 하려는 것이다. 여기에 앞의 두 복수와는 상이한 두 복수, 즉 류와 혁명적 무정부주의 동맹이 동진에게 하려는 복수의 지위가 있다. 그 두 복수는 도덕적 마조히즘적 행위가 아니라 그런 행위에 대해 상징적 질서의 이름으로 행해지는 처벌이다. 혁명적 무정부주의 동맹 소속 회원들이 동진에게 복수하는 마지막 장면에서 그들이 법의 심판이라도 되는 양 판결문을 가져온 것은 결코 우연

---

13) 도덕적 마조히즘에 관한 프로이트의 논의는 「마조히즘의 경제적 문제」, 『프로이트 전집 14, 쾌락원칙을 넘어서』, 박찬부 옮김, 열린책들, 1997, pp.177-183을, 그것의 기제로서의 무의식적 죄책감에 관해서는 「자아와 이드」, 같은 책, pp.143-148을 참조하라.
14) 카자 실버만(Kaja Silverman), 게일린 스터들러(Gaylyn Studlar) 등이 정치적으로 전복적인 행위로서 마조히즘을 제안하는 시도의 한계는 여기에 있다. 지젝은 마조히즘의 정치적 유효성의 한계를 분명히 밝히고 있다. 그것은 주체가 고통을 통해 상징적 질서로부터 최소한의 존재를 보증받으려는 시도라는 점에서 그 질서에 내속되어 있을 뿐이라는 것이다. 슬라보예 지젝, 『까다로운 주체』, 이성민 역, 도서출판 b, 2005, p.455를 보라.

이 아니다.[15] 결국 실재를 실현하는 것처럼 보이는 도덕적 마조히즘으로서의 복수와 타자의 처벌로서의 복수는 각각 예외와 보편의 지위로서 기존 상징적 질서를 유지시킬 뿐이다.

실재를 현시하는 표상 일반과 마찬가지로 동진과 류의 잔혹한 복수는 숭고의 감정을 환기시키기에 충분하다. 그런데 이 감정은 단순히 심미적 영역의 문제인 것만이 아니라 윤리적 함축을 갖는다는 점에 유의할 필요가 있다. 이 점은 이미 칸트가 시사했고 알렌카 주판치치는 그것을 프로이트-라캉의 관점에서 좀더 정교하게 제시했다. 칸트에 의하면 막대한 크기나 힘을 가진 것으로 보이는 표상에 대해 우리는 숭고의 감정을 느낀다. 하지만 그가 명확히 구분하듯이 숭고한 것은 그 표상에서 현시된 것 자체가 아니라 그것이 환기시키는, 그보다 한 층 더 막대한 우리 안의 이성 혹은 도덕 법칙이다.[16] 막대한 표상 앞에서 우리는 순간 압도되면서 무능함과 무력함을 느끼지만 이런 좌절은 그 표상보다 더 전능하고 유력한 우리 안의 이성을 환기시키면서 숭고의 감정이 일어난다는 것이다. 주판치치는 칸트가 숭고한 것이라고 보았던 (실천) 이성을 초자아로 해석한다. 그런데 라캉에 의하면 초자아는 자아와의 대립 속에서 규정되는 한 예외 없는 보편으로서의 본연의 윤리적 행위의 심급이 아니라 불가능한 예외적 행위의 심급이다. 따라서 숭고함의 감정은 우리가 윤리적 행위를 할 수 있게 하기는커녕 그 행위에 영원히 다가갈 수 없다는 것을 우리가 실감하게 할 뿐이라는 것이다.[17]

---

15) 그들이 내거는 구호가 '미군 축출, 재벌 해체, 신자유주의 반대' 라는 것은 아이러니 같아 보인다. 하지만 그 것을 굳이 농담으로 받아들일 필요는 없을 것이다. 동진의 복수와 같은 행위 앞에서 그런 구호를 내거는 단체 또한 상징적 질서 편에 설 것이라는 가정을 한다면 말이다. 그렇다면 이 영화의 중상 중의 하나는 정치적인 것과 윤리적인 것의 분열이라고 말할 수도 있을 것이다.
16) 임마누엘 칸트, 『판단력 비판』, 이석윤 옮김, 박영사, 1998, p.115.

〈복수〉는 상징적 층위에서뿐만 아니라 상상적 층위에서도 숭고의 감정을 환기시키는 표상들을 제시한다. 상징적 층위에서 숭고의 표상의 대표적인 예가 동진의 수수께끼 같은 말('……그러니까……')이라면, 상상적 층위에서 숭고의 표상의 예로는 잔혹한 자상의 이미지를 들 수 있다. 주목할 만한 것은 이 이미지들은 대개 클로즈업으로 과장되어 제시된다는 것이다. 그것들은 이렇게 막대한 힘과 크기 모두를 현시함으로써 칸트가 말하는 역학적인 숭고함과 수학적인 숭고함 모두를 환기시키게 된다. 상처받기 쉬운 인간으로서 우리는 저 잔인하고 끔찍한 복수에서 무력하지만 그것은 결국 초자아적 처벌 앞에서 실패로 돌아갈 것이라는 것을 알기에 숭고함을 느끼는 것이다.

그런데 우리는 우울증적 상실의 역설이 주는 효과에서와 마찬가지로 이 영화에서 복수 행위의 원인이 무의식적 죄책감으로 설정되는 것이 단지 텍스트상의 효과만으로 국한될 수 있는지 물음을 던질 필요가 있다. 우선 분석자(analysand)에게서 무의식적 죄책감을 가정한 것은 상징적 질서의 한계이기도 하지만 궁극적으로는 그 한계를 암묵적으로 승인한 분석가(analyst) 프로이트의 한계 아니었던가? 초자아의 윤리를 넘어설 수 없는 한계로 가정한 것은 누구보다도 그였지 않은가?[18] 이집트인들의 비밀은 이집트인들조차 몰랐다는 유명한 헤겔의 명언이나 원시 부족의 수수께끼 같은 의례에서 알 수 있듯이 주체의 불가해한 행동이 겨냥하는 것은 궁극적으로 그것에 대한 타자의 물음과 대답이다. 마찬가지로 이 영화에서 복수

---

17) 알렌카 주판치치, 『실재의 윤리』, 이성민 옮김, 도서출판 b, 2004, pp.240-242를 보라. 숭고의 논리를 초자아 심급과 연관지음으로써 그 윤리적 한계를 밝히는 유사한 다른 논의로는 Joan Copjec, *Imagine There's No Woman : Ethics and Sublimation*, MIT Press, 2002, pp.125-127을 보라.
18) 같은 책, pp.17-18 참조. 이 점에서 주판치치는 프로이트에서 라캉으로의 도약이 갖는 의의가 초자아의 윤리에서 본연의 '실재의' 윤리로의 이행에 있다고 주장한다.

행위는 단순히 복수당할 자만을 향해 있는 것만은 아니다. 동진이 류를 죽이기 직전에 던지는 '이해하지?' 라는 물음은 단지 류만을 향해 있는 것은 아니다. 그가 말 못하는 청각장애자라는 점에 유의하자. 류가 답을 하지 못하는 곳에서 대신 답하는 (혹은 답해야 한다는 압박을 받는) 것은 우리 관객이 아닐까? 혁명적 무정부주의 동맹 테러리스트들이 유령 같아 보이는 것에 의아해할 것도 없다. 사실 그들은 텍스트 상에 존재할 필요가 없었던 인물들이다. 그들은 단지 저 악의 화신인 동진을 어떻게 해야 할 것인가에 당혹해 할 우리 관객을 안심시키기 위해 영화 밖 상징적 질서에서 파견된 존재들일 뿐이다.

유머의 숭고함 혹은 운명의 환상

류와 그의 여자친구 영미가 함께 있는 한 장면에서 영미는 호주에서 있었던 한 사건을 이야기한다. 머리가 둘 달렸다는 환각에 시달리는 한 남자가 있었는데 그는 두통이 너무 심해서 한 쪽 머리를 총으로 쏴버렸다는 것이다. 이 때 류의 물음, "왼쪽, 오른쪽?" 〈복수〉는 한편으로 복수를 가능한 끔찍하고 잔혹하게 보여준다는 점에서 과잉 진술적이기도 하지만 다른 한편 과소 진술적이기도 하다. 바로 그와 같은 유머를 곳곳에서 볼 수 있기에 말이다.

물론 유머는 일종의 여유의 미덕으로 보일 수 있을 것이다. 사실 프로이트도 유머에서 발생하는 쾌락을 설명하면서 그 점을 강조하고 있다. "유머를 보이는 사람의 정신적 움직임이 자아에서 초자아로 이동했을 때 유머가 나온다"고 그는 설명하고 있다.[19] 그런데 이는 숭고의 감정이 발생하는 기제와 유사하지 않은가? 주판치치는 유머가 농담이나 희극적인 것과는 달리 칸트의 숭고의 논리와 정확히 동일한 논리를 따른다고 지적한다. 유머에서 "주체는 (위협적인) 사물의 외상적 근접성에 직면하며, 새로운 거리를 도입함으로써, 어떤 맹렬한 관심사 앞에서 일종의 무관심을 도입함으로써 반응하"는데[20] 이 거리는 바로 초자아에 의존하고 있다는 것이다. 그리고 거대해진 초자아의 관점에서 자아의 고통 따위는 대수롭지 않은 것으로 보인다는 것이다. 이렇게 압도적인 실재와의 조우로부터 훨씬 더 압도적인 초자아로 나아간다는 방향성에 관한 한 유머는 숭고의 감정이 발생하는 논리와 동일하다. 단지 차이가 있다면 그것은, 숭고의 감정을 발생시키는 표상은 그 자체로서 압도적이며 그것을 무시하는 거리를 만들어내는 것은 주체의(초자아의) 정신적 힘인 반면에, 유머의 표상은 이미 그 표상 자체 속에 압도적인 실재로부터의 거리가 각인되어 있다는 점일 것이다. 간단히 말해 숭고의 표상이 그 자체로는 과잉된 표상이라면 유머의 표상은 그 과잉 자체가 이미 축소되어 보이는 표상 혹은 그 축소 과정 그 자체이다.

〈복수〉에서는 극도로 고통스러운 실재와 조우하자마자 그것과 거리두는 특유의 유머적 제스처들이 종종 눈에 띈다. 몇 가지만 예로 들어보자. 류 남매가 사는 방에서 들려오는 신음소리에 옆방의 청년들은 자위를 하

---

[19] 지그문트 프로이트, 「유머」, 『프로이트 전집 18: 창조적인 작가와 몽상』, 정장진 옮김, 열린책들, 1998, pp.14-15. 프로이트는 유머가 일어나는 두 가지 방식을 구분한다. 하나는 현실적 고통을 겪는 자가 유머를 구사함으로써 그 고통에 대해 거리를 두는 경우이고, 다른 하나는 작가나 이야기 꾼이 실제의 인물이나 허구적인 인물들의 행동거지를 유머러스하게 묘사하는 경우이다. 전자의 예로 프로이트가 드는 것은, 죄수가 교수대로 가는 중에 "일주일이 보기좋게 시작되는 군"이라고 말하는 경우이다(프로이트, 같은 책, pp.10-11). 반면에 〈복수〉에서는 고통받는 자들 자신이 유머를 구사하는 것은 아니라는 점에서 유머가 일어나는 방식은 후자에 한정되어 있다.
[20] 알렌카 주판치치, 앞의 책, p.238.

는데, 카메라가 패닝하면서 우리는 그 신음소리가 류의 누나가 통증으로 인해 내는 신음이었다는 것을 알게 된다. 더욱이 그녀가 고통스러워하는 동안 그녀와 등지고 있던 류는 그 소리를 듣지 못한 채 라면을 먹고 있다. 또 팽기사의 자해 장면을 보자. 해고된 그는 동진에게 절박하게 복직 요청을 하지만 거절당하자 이내 자해를 하려고 한다. 그런데 그 심각한 순간에 그는 준비해 온 칼을, 어디 뒀는지, 잘 찾지 못한다. 그러자 그 심각한 상황은 일순간 우스꽝스러워진다. 유사한 또 다른 장면을 보자. 류가 비통해하며 죽은 누나를 강가에 묻는 중에 어디선가 나타난 뇌성마비 장애자는 (고의는 아니겠지만) 옆에서 그를 자꾸 귀찮게 한다. 이 세 장면 모두에서 우리는 한편으로 고통스러운 인물이나 상황을 보게 되지만 그와 동시에 그 고통에 무관심한 관찰자를 보게 됨으로써 그 고통과 거리를 둘 수 있게 된다.

이와는 좀 다른 예들도 있다. 단순히 익스트림 롱 쇼트와 클로즈업 쇼트를 몽타주함으로써 유머의 효과와 유사한 효과를 내는 장면들이 있다. 팽기사의 자해 장면이나, 류의 복수 장면, 그리고 동진의 복수 장면 모두에서 우리는 그런 식의 대위법적 몽타주를 동일하게 볼 수 있다. 칼과 송곳으로 신체를 베는 순간은 관객에게 거리를 요청하듯 익스트림 롱 쇼트로 포착되는 반면 그 결과 생긴 자상의 이미지는 관객을 압도할만한 클로즈업 쇼트로 포착되며 그 둘은 서로 교차하고 있는 것이다. 이런 장면들은 앞의 예들만큼 효과적인 유머를 발생시키지는 않지만 고통을 대수롭지 않게 여기는 듯한 거리두기를 도입한다는 점에서 근본적으로는 유머와 동등한 효과를 낳는다.

흥미롭게도 이런 쇼트 변화 패턴은 프로이트가 매맞는 아이의 환상 사례에서 발견한 환상의 서로 다른 층위 사이의 변화 패턴과 동형적이다. 프로이트에 따르면 분석자가 기억해낼 수 있는 한에서 매맞는 환상은 통상 두 개의 층위로, 즉 '아버지가 (내가 미워하는) 아이를 때리고 있는' 장면과 '선생님 같은 권위적인 누군가가 익명의 아이들을 때리는 것을 분석자 자신이 관찰하는' 장면으로 이루어져 있다. 전자의 장면에서 환상의 주체는 아버지와 사디즘적으로 동일시하면서 아이를 처벌하고자 하는 의지에 공감한다면 후자의 장면에서 그/녀는 매맞는 아이들과 마조히즘적으로 동일시하면서도 그 광경과 얼마간 거리를 둔 채 관찰만 한다.[21] 그렇다면 이 두 층위의 환상 장면이 앞의 대위법적 몽타쥬를 이루는 잔혹한 클로즈업 쇼트와 거리두는 익스트림 롱 쇼트에 각각 상응함을 알아차리기는 어렵지 않을 것이다.

이로부터 〈복수〉에서 숭고의 표상(잔혹한 복수의 압도적 이미지들 등)과 관련하여 유머가 갖는 기능이 어떤 것인지를 알 수 있다. 그것은 궁극적으로 복수의 잔혹한 이미지가 숭고의 감정을 환기시키는 것을 돕는 데 있다. 복수의 잔혹한 이미지 앞에서 관객인 우리가 무력감으로부터 벗어나는 유일한 길은 그것을 능히 제압할 수 있다고 가정된 초자아를 환기시키는 것이다. 이 때 익스트림 롱 쇼트로의 전환과 더불어 생겨나는 유머는 그 잔혹한 이미지들과의 거리를 쇼트 속에 가시화함으로써 어떤 의미에서 우리 대신 초자아를 환기시켜 준다. 덕분에 우리는 좀더 여유 있게 사태를 관망하면서 잔혹한 복수에 대해서 일정 정도 연민까지도 가질 수 있게 된다(〈복수〉의 영어 제목이 'Sympathy for Mr. Vengeance'라는 것에 유의

---

21) 프로이트는 분석자가 기억할 수 있는 두 가지 환상 외에 그 사이에서 추론되어야 할 환상을 추가한다. 그것은 결코 분석자가 기억할 수도 없고 받아들이려고 하지도 않는 구성물의 지위를 갖는다. 이 환상의 논의에 관해서는 지그문트 프로이트, 「매맞는 아이」, 『프로이트 전집 12, 억압, 증후, 그리고 불안』, 황보석 옮김, 열린책들, 1997을 보라.

하자). 하지만 유머는 결국 그런 복수 따위에 신경쓸 것 없고 그것은 곧 소멸할 것이라는 인상을 준다. 요컨데 유머의 전략은 숭고의 표상보다 실재를 훨씬 더 예외적인 것으로 설정하는 것에 있다. 마치 그것이 변함없이 유지되는 이 세계 속의 작은 얼룩에 불과하다는 듯이 말이다.

많은 사람들이 지적하듯이 〈복수〉의 불편함 중의 하나는 그것이 주는 운명론적 인상인데, 여기에 가장 크게 일조하는 것은 아마도 그 특유의 유머이다. 그것은 아무리 우리가 절대적인 욕망의 충족을 향해 나아간다고 해도 기존의 상징적 질서는 여전히 그것을 무시하면서 견고하게 유지될 뿐이라고 말하고 있는 것만 같다. 그럼에도 불구하고 운명론의 수긍과 그에 따른 체념은 단순히 이 영화 텍스트만의 효과일까? 무엇보다 이 유머의 효과는 영화 속 인물들이 아니라 관객을 위해 마련된 것이 아닌가? 영화 속 인물들은 모두 자신들의 고통에서 괴로워하고 있을 뿐 그로부터 거리를 둘 수가 없다. 오직 그런 유머 효과인 거리두기는 관객에게만 가능하지 않은가?

실재의 인간화 혹은 사랑의 길

〈복수〉는 최근 한국 영화에서 일어나고 있는 리얼리즘에서 장르로의 이행이 윤리-정치적 관점에서 어떤 함의를 가질 수 있을지 숙고할 계기를 마련해준다. 그런 이행은 물론 우리에게 많은 자유를 주었다. 그 자유는 무엇보다 리얼리즘의 속박 혹은 역사적 특수성의 고려로부터의 자유다. 이는 현실에서 불가능한 것으로 자리매김된 인물, 사건을 다룰 수 있게 되었다는 것을 의미하며 이를 통해 우리는 욕망의 실재와 대면할 기회를 얻게 되었다. 하지만 영화를 통해 우리가 확인한 것은 그런 대면 자체가 곧바로 주체의 욕망에서의 어떤 근본적인 변화로 이어지지는 않는다는 것이었다. 문제는 실재를 '불가능한 예외로서' 다루는 남성적 논리를 〈복수〉가 여전히 고수하고 있다는 것인데 그런 한에서 우리는 주체의 근본적 변화, 즉 윤리적인 의미에서의 변화는 기대할 수 없다. 우리는 두 가지 선택지 가운데 하나를 택할 수밖에 없다. 점근선적으로 영원히 실재에 다가가기만 하는 운명을 수긍하거나 아니면 실재에 발을 딛자마자 일종의 본보기로서 처벌을 감수해야만 하는 것이다. 결국 이는 현존 질서의 근본적 변혁의 여지는 존재할 수 없거나 무한히 지연될 뿐이라는 체념의 정치학으로 이어지게 된다. 하지만 라캉에 의하면 그런 악무한의 고리가 인간 주체에게 열려 있는 전부는 아니며 그 고리를 끊고 나가는 길이 있다. 라캉이 실재를 다루는 여성적 논리라고 부르는 것이 바로 그것이다. 그는 그것이 또한 궁정식 사랑과 대비되는 진정한 사랑의 길이라고 말한다.

라캉에 따르면 남성적 논리가 '보편과 그것의 구성적 예외'로 요약될 수 있다면 여성적 논리는 '예외 없음과 비-전체(not-all)'로 요약될 수 있다. 여성적 논리는 두 가지 양상을 내포한다. 우선 실재를 예외로서 상징적 질서의 한계로서 자리매김하는 남성적 논리와 대조적으로 여성적 논리에서 실재는 예외가 아니다. 여기서는 그 어떤 주체도, 혹은 주체의 그 어떤 부분도 불가능한 실재의 낙인이 찍히는 것을 면할 수는 없다. 남성적 논리에서 여성적 논리로의 이런 이행에 걸려 있는 것은 단순히 인식의 변화가 아니라 행위의 반복이다. 배설물과 같은 지위로 전락하는 굴욕적 행위가 한 주체 내에서 끊임없이 반복되거나 다른 주체들을 통해 무한히 증식 반복될 때에야 그 행위는 더 이상 예외가 아닌 것이다. 이 국면에서 주체는 더 이상 주체가 아니며 이미 대상 편에 있는 자신을 발견할 뿐이다.

그럼에도 불구하고 우리가 스스로 배설물과 같은 대상에 지나지 않음을 언표하는 순간 상황 전체는 달라진다. 물론 그 배후에 아무것도 없는 실재를 언표하는 한 그 언표행위는 그 어떤 다른 진실도 환기키지 못한다. 하지만 그 언표행위는 그 비천한 상황이 우리가 바라는 '전부는 아니라는 (not all)' 최소한의 표지로서 기능하기 시작한다. 거짓말쟁이가 "나는 거짓말하고 있다"고 말하는 순간 거기에는 자신이 그런 비천한 존재인 것으로 남고 싶지는 않다는 최소한의 거절의 제스처가 새겨져 있다. 바로 여기서 상징적 질서에 의해서만 규정될 수 있을 뿐인 정체성 이상의 그 무엇인 주체 본연의 차원이 부상한다. 이는 상징적 질서의 규정으로부터 선험적으로 독립된 그 어떤 실체가 있다는 것을 말하는 것이 아니다. 그 질서의 규정 바깥은 없다는 바로 그 이유에서 그 질서가 비-전체로서 그 본래적 결여를 내포하고 있는 것으로 나타나며, 바로 그 곳에 주체가, 창조하는 행위로서의 주체가 출현해야 한다는 윤리가 있다는 것이다.

이런 여성적 논리로의 이행, 즉 윤리적 행위는 어떻게 구현될 수 있을까? 그것은 어떤 점에서 〈복수〉가 실패하는 지점에서 다른 한 걸음을 내딛는 것이 아닐까? 그렇다면 그 이행은 1)우울증적 상실이 아니라 타자 속의 결여를 공공연하게 떠맡는 것에 2)향유를 의욕하는 것이 아니라 향유를 욕망하는 것에 3)유머가 아닌 희극적인 것에 있다고 말할 수 있다. 이 세 가지가 어떻게 구체화될 수 있는지를 두 가지 묘사 속에서 살펴보자. 하나는 라캉이 세미나 『전이』에서 제시하는 사랑에 대한 신화적 묘사이며 다른 하나는 모성 멜로드라마 장르의 대표적 사례인 킹 비더 감독의 〈스텔라 달라스〉(1937)의 마지막 장면이다.

라캉은 사랑을 두 손의 합장이라는 신화적 이미지를 통해 묘사한다. 우리의 손은 어떤 열매, 꽃 혹은 타오르는 장작을 향해 내뻗친다. 그 시도는 열매를 가지려는, 꽃에 접근하려는, 장작을 불타오르게 하려는 시도이다. 그런데 우리의 손이 대상을 향해 충분히 움직였을 때 또 다른 손이 열매, 꽃, 장작으로부터 튀어나와 우리의 손을 맞잡기 위해 내뻗친다. 그 순간 우리의 손은 얼어붙는데 바로 그 속에서 일어나는 것이 사랑이라는 것이다.[22] 이 묘사는 접근 불가능성으로 특징지어지는 궁정식 사랑과 달리 사랑을 숭고한 것이 아니라 우스꽝스러운 것으로 보여준다. 게다가 라캉은 그 세미나에서 반복적으로 사랑이 희극적 감정임을 강조하고 있다.

우선 그 묘사에서 또 다른 손의 출현은 사랑에 전제되는 것은 상실이 아니라 예외가 없다는 사실에 직면함으로써 생겨나는 실망임을 보여준다. 즉 사랑은 우리가 욕망하는 대상을 실제로 얻게 될 때 발생하는 실망으로부터 발생한다. 타자가 이상적이고 일관된 것으로서 유지되는 것은 그/녀가 자신의 손을 내밀지 않는 한에서이다. 하지만 그 묘사에서처럼 타자가 자신의 손을 내뻗칠 때 타자는 초라하고 진부하며 무능한 존재로서 드러난다. 다시 말해 이 때 발생하는 것은 타자 속의 결여이다. 이 계기는 예외없음과 비-전체라는 여성적 논리의 두 가지 양상을 모두 내포하고 있다. 한편으로 우리는 예외적으로 온전하리라고 기대되었던 것(타자)이 결여를 안고 있다는 것에 직면한다. 즉, 우리는 결여와 고통에서 예외인 그 어떤 경우도 그 어떤 주체도 존재하지 않는다는 사실을 인정해야만 한다. 하지만 다른 한편으로 바로 그 때 우리는 전체라고 생각했던 것(타자)이 실상 전부가 아니라는 것에, 실현되지 않은 그 무엇이 있다는 것에, 결국 우리는 근본적으로 다른 것이 되어야 한다는 요청에 직면한다.

앞의 사랑의 묘사에서 주목할만한 또 다른 것은 또 다른 손의 출현으로

---

22) Jacques Lacan, *Le séminaire, livre VIII : Le transfer*, Paris : Edition du Seuil, 2001, p.67.

처음에 내뻗었던 우리의 손이 일순간 얼어붙는다는 사실이다. 라캉은 사랑의 순간, 즉 윤리적 행위의 순간을 정확히 이 동결 지점에 위치시킨다. 이는 윤리적 행위를 실재 혹은 향유와 관련하여 어떻게 자리매김해야 할지에 대해 다시 생각하도록 한다. 라캉은 「칸트를 사드와 더불어」에서 칸트의 윤리학이 어떻게 사드적 도착으로 귀결됨으로써 실패로 돌아가는가라는 물음에 답하고 있다. 그의 결론의 핵심은 그 실패의 결정적인 원인은 실재를 의지의 대상으로 간주하는 데 있다는 것이다. 그것이 의지의 대상이 되는 순간 우리는 더 이상 윤리적 행위가 아니라 테러를 감행한다는 것이다. 〈복수〉의 류와 동진이 잘 체현하고 있는 이런 사드적 주체는 상징적 법에 충실한 주체 못지않게 소외되어 있다. 그는 부단히 향유하지 않을 수 없는, 향유 명령의 노예인 것이다. 결국 진정 자유로운 본연의 주체로 재탄생하기 위해서는 향유 명령으로부터도 자유로워야 한다. 그런데 이것은 향유를 포기하는 것이 아니라 아직 현실화되지 않은 향유의 여지를 만드는 것, 욕망의 대상으로서 다른 향유를 창조하도록 스스로에게 요청하는 것이다. 남근적 향유가 아닌 여성적 향유, 거짓된 궁정식 사랑이 아닌, 진정한 희극적 사랑이 출현하는 것은 바로 다른 향유에 대한 욕망에서이다. 요컨대 라캉의 두 손 신화에서 손의 동결이 표현하고 있는 것은 향유에 대한 의지력을 늦추는 것인데 그것은 욕망함직한 다른 향유의 여지를 열어준다.[23]

라캉이 사랑을 희극적이라고 말할 때 그는 농담, 유머, 희극적인 것 사이의 프로이트적 구분을 암묵적으로 참조하고 있다. 사랑은 농담 및 유머와

---

23) 향유에 대한 의지와 향유에 대한 욕망의 구분에 대한 더욱 더 상세한 설명은 알렌카 주판치치, 『실재의 윤리』, 5장과 8장이나 그녀의 다른 저서, *The Shortest Shadow: Nietzsche's Philosophy of the Two*, Cambridge, Massachusetts : The MIT Press, 2003의 Appendum 부분을 참조하라.

구분되는 것으로서의 희극적인 것과 관련된다는 것이다. 이런 엄밀한 구분은 사랑을 묘사하는 두 손 신화의 우스꽝스러움이 정확히 어떤 성격의 것인지를 해명하는 열쇠이다. 프로이트는 초자아 심급의 압력을 전제로 하는 농담과 유머와는 달리 희극적인 것이 작동하는 것은 그런 압력이 무효화되는 것 속에서라는 것을 밝혔다.

농담은, 그 가장 대표적인 예인 음담패설을 상기해보면 알 수 있듯이, 실재를 간접적이거나 암시적으로 드러내려는 전략이다. 농담은 이처럼 실재를 금기시된 예외적인 것으로 규정하는 초자아 심급의 압력을 전제로 한다. 유머는 앞서 살펴본 것처럼 고통스러운 실재에 과도하게 근접했을 때 그로부터 무관심의 거리를 도입하는 전략인데 거리 둘 수 있는 능력은 초자아의 능력이라는 점에서 유머 역시 초자아의 힘에 의존하는 전략이다. 반면 희극적인 것은 그렇지 않은데, 프로이트가 든 예 중 두 가지만 언급해보자. 하나는 어린이들의 '천진난만한 행동'이 웃음을 유발하는 경우이다. 어린이들은 미처 초자아가 형성되지 않았기에 외설적이거나 공격적인 말이나 행동을 거리낌없이 하곤 한다. 이 경우 그 말이나 행동을 접하는 어른들은 순간 초자아의 압력이 사라져버린 듯한 경험을 하게 되며 그것이 웃음을 유발한다. 또 다른 예는 자신도 모르게 희극적 상황에 놓이는 것과는 달리 그것을 가장하거나 연기하는 경우이다. 이 경우에는 그것을 구경하는 사람뿐만 아니라 연기하는 사람까지도 희극적인 것의 효과를 경험할 수 있다.

이 두 예로부터 희극적인 것을 라캉적으로 재정위해본다면 그것은 숭고한 실재를 예외 없는 것으로, 누구나 떠맡을 수 있는 가면 혹은 외양으로 구성하는 전략이 된다. 하지만 그것은 동시에 그것이 외양이라는 바로 그 점에서 실현되지 않은 것이 출현할 최소한의 간극을 구성한다.[24] 요컨대 희극적인 것은 라캉적 의미에서 여성적 논리를 구현하는 본연의 윤리적 행위이다. 그렇다면 사랑을 묘사하는 두 손 신화에서 웃음을 유발하는 것은 두 가지 행위 모두에 걸쳐 있다. 사랑받는 편에서 손이 뻗어나오는 것과 사랑하는 편의 손이 동결되는 것 모두에 말이다.

라캉이 제시한 두 손 신화라는 단순한 장면에서와 마찬가지로 좀더 복잡한 형식을 갖는 영화에서도 사랑의 순간, 혹은 여성적 향유의 순간과 조우할 기회는 있다. 〈스텔라 달라스〉는 그런 여러 차례의 기회 중 단지 하나일 뿐이지만 중요한 두 가지 의미에서 되짚어볼 만한 가치가 있다. 그 영화가 고전적 헐리우드 시기에 나온 장르 영화(모성 멜로드라마)라는 점이 일단 시사적이다. 그 점은 장르 영화가 헤게모니를 잡은 현 한국 영화의 지형에서 윤리적 행위의 계기는 어떻게 가능할 것인가를 가늠하는 데 도움을 줄 수 있을 것이기 때문이다. 그 영화는 무엇보다 관람성에 관한 이론적 논쟁을 촉발시킨 중요한 사례이기도 하다는 점 또한 이 글의 맥락상 의미가 있다. 앞서 보았듯이 〈복수〉가 윤리적 한계를 갖는 것은 단순히 그 영화 텍스트 자체만의 문제 때문이라기보다는 궁극적으로 관객 자신의 한계에 기인한 것이다. 여기서 영화에서 윤리적 행위가 발생할 수 있는 것인지, 그렇다면 관객은 여기서 어떤 몫을 하는 것인가라는 물음이 나오게 된다. 그런데 이 물음에 답하는 좋은 방법 중 하나는 〈스텔라 달라스〉의 관람성을 이전의 관람성 논쟁을 배경삼아 재고해보는 일일 것이다.

---

24) 주판치치는 이런 의미에서 좋은 희극을 다음과 같이 설명한다. "(좋은 희극)은 사물을 발가벗기지 않는다. 그것은 오히려 사물의 옷을 가리키며 "이건 면이고 이건 폴리아미드고 여기엔 작은 신발이 있다. 이 모든 것을 합쳐서 사물을 보여주겠다"고 말한다. 희극은 라캉의 이른바 'a 요소'(환상의 상상적 요소)라고 부르는 것으로부터만 사물을 구성하는 과정을 함의한다는 것이다. 하지만 좋은 희극의 핵심은 사물과 'a 요소' 사이의 간극을 단순히 말소하지는 않는다는 점이다"(Alenka Zupancic, *The Shortest Shadow: Nietzsche's Philosophy of the Two*, Cambridge, Massachusetts : The MIT Press, 2003, p.167).

영화 후반부에서 스텔라는 딸이 자기를 떠나 상류 계급 사회로 진입하도록 자기가 어머니로서 자격이 없는 것처럼 가장한다. 그녀는 방탕한 자신의 삶에만 몰두하며 딸에 대한 무관심으로 일관하는 것처럼 보인다. 그리고 마지막 장면. 결국 딸은 스텔라를 떠나 한 상류 계급 청년과 결혼식을 올리고 스텔라는 그 장면을 남몰래(정확히 말해 딸의 계모인 헬렌을 제외하고는 아무도 모르게) 창 밖에서 지켜본다. 이 영화에서 가장 문제적인 부분은 바로 그 직후에 스텔라가 취하는 제스처이다. 그녀는 환희에 찬 표정을 한 채 가벼운 발걸음으로 결혼식 장소를 떠나 카메라 쪽으로 걸어 나온다. 그리고 영화는 끝난다.

이 영화의 관객에게 가능한 관람성이 어떤 것인지에 대해서는 여러 상이한 입장이 있었다. 그 중 대표적인 두 입장은 이 앤 캐플런과 린다 윌리엄스로부터 제기되었다.[25] 캐플런의 주장은 영화가 부적격의 어머니를 처벌하는 이상적인 가부장제의 입장에 관객이 동일시하도록 한다는 것으로 요약된다. 반면 윌리엄스는 좀더 복잡한 관람성을 제시하면서 가부장제적 시선과의 동일시만 있는 것이 아니고 모녀간 애착 관계에도 일정 정도 관심이 투여된다고 보았다. 캐플런의 요지는 마치 거울단계에 있는 아이처럼 관객은 스크린의 이상적인 이미지에 동일시할 수 밖에 없다는 것이다. 하지만 윌리엄스가 비판적으로 지적하고 있듯이 이 설명은 마지막 장면을 독립적으로 볼 때만 타당한 것이다. 대신 윌리엄스는 영화의 진행 과정 속에서 관객은 모든 인물들과 어느 정도 동일시할 기회를 가졌으므로 그 마

---

25) 각각 E. Ann Kaplan, "The Case of the Missing Mother : Maternal Issues in Vidor's Stella Dallas", *Issues in Feminist Criticism*, ed. Patricia Erens, Bloomington : Indiana University Press, 1990과 Linda Williams, "'Something Else Besides a Mother' : Stella Dallas and the Maternal Melodrama", *Home is Where the Heart Is:Studies in Melodrama and the Woman's Film*, Christine Gledhill ed., BFI, 1987을 참조하라.

지막 장면에서는 그 동일시들이 중첩된 효과가 나온다고 주장했다. 하지만 이렇게 상이함에도 불구하고 그 두 주장은 관객이 여기서 보는 것은 스텔라의 모성적 '희생' 이라는 점을 공유하고 있다.

하지만 스텔라의 마지막 표정과 걸음걸이를 단순히 욕망의 대리 충족으로 보지 않는 선에서 진지하게 다루려고 하자마자 스텔라의 희생처럼 보였던 가장은 전혀 다른 성격을 갖는 것으로 판명된다.[26] 무엇보다 딸 로렐이 수치심을 갖게 되는 결정적인 전환 국면이 있음에 유의해야 한다. 언젠가 로렐은 대형 거울에 비친 천박하게 차려입은 스텔라를 보고서 도망간다. 자신이 그 여자의 딸로 판명나는 것이 싫어서였다. 라캉에 의하면 수치심은 죄책감과 근본적으로 다른 것으로서 구분된다. 죄책감이 "타자에 대한 지울 수 없는 빚을 우리에게 부과하는"[27] 초자아적 심급에 의존한다면 수치심은 "우리가 갑자기 타자 속의 결여를 지각할 때"[28] 일어나며 우리에게서 그 빚을 제거한다는 것이다. 다시 말해 죄책감은 타자의 눈에 비친 우리의 결함과 관련되는 데 반해 수치심은 타자 없이도 감지되는 우리의 결함과 관련된다. 우리는 결함 없는 이상적인 자가, 결함을 탓할 자가 더 이상 없다는 바로 그 이유에서 우리의 결함에 대해 수치심을 느낀다는 것이다. 죄책감과 수치심의 구분은 앞에서 제시한 향유에 대한 의지와 향유에 대한 욕망의 구분에 상응하는 것이기도 하다. 죄책감은 초자아가 금지

---

26) 스텔라의 환희는 딸의 사회적 계급 상승을 통해 욕망을 대리 충족할 수 있게 된 것에서 온 것이 아니다. 무엇보다 스텔라는 자신의 고유한 삶을 위해 이전에 자신에게 주어진 상류 사회의 삶을 기꺼이 내던졌기 때문이다(상류 계급 남편과의 이혼). 또한 그것은 마조히즘적인 고통 속의 쾌락에서 오는 것도 아니다. 만약 그렇다면 영화는 스텔라가 희생되었음을 분명히하기 위해 스텔라가 딸의 결혼을 지켜보는 것에서 끝났을 것이기 때문이다. 즉 스텔라의 삶이 계속됨을 암시하는 걸어나가는 제스처는 불필요했을 것이다.
27) Joan Copjec, *Imagine There's No Woman : Ethics and Sublimation*, 2002, MIT Press, p.128.
28) 같은 곳. 수치심의 라캉적 함의에 대한 더 상세한 설명을 위해서는 같은 책, p.213이나 슬라보예 지젝, 『진짜 눈물의 공포』, 오영숙 외 옮김, 울력, 2004, pp.129-130을 참조하라.

하는 향유가 어떤 것인가에 대한 확신에 기초한다는 점에서 향유를 의지의 문제로서 다룬다. 반면 수치심은 죄 없는 결함과 상관적이기에 향유는 아직 실현되지 않은 것으로서만, 욕망함직한 그 결함의 해결에만 있다.

이렇게 스텔라가 죄책감을 갖지 않는 한 그녀의 가장된 행동들은 결코 모성적 희생이 아니다. 그것은 타자 속의 결여를 공공연하게 떠맡는 행동들이며 앞서 보았듯이 그것은 다름 아닌 사랑을 구성하는 두 계기 중 하나이다. 그렇다고 해도 그 행동들을 떠맡는 것에 그친다면 여전히 윤리적 행위와 그에 따른 여성적 향유는 일어나지 않은 것이다. 하지만 스텔라는 그 가장으로 그치지는 않을 것임을, 그 가장이 전부는 아님을 환희의 표정과 가벼운 발걸음이라는 최소한의 제스처를 통해 가까스로 각인시킨다. 윤리적 행위 혹은 사랑이 일어나는 것은 바로 여기에서다. 그녀는 그 때에서야 비로소 가부장제를 지탱하는 어머니도 아니고 가부장제적 이상을 방해하는 여자도 아닌 실현되지 않은 것에 대한 욕망을 가진 주체로서 재탄생한다.

조운 콥젝은 이 영화가 마지막 장면 덕분에 더 이상 장르적이지 않게 된다고 말하고 있다.[29] 이는 처음부터 이 영화가 장르와 무관한 영화라는 것을 의미하는 것이 아니다. 오히려 그 영화는 가능한 한 장르 영화의 관례를 충실히 따른다. 그런데도 이 영화가 장르적 제약으로부터 벗어나는 것은 마지막 결정적인 최소한의 제스처를 추가함으로써이다. 이 점은 장르 영화의 헤게모니가 압도적이게 된 최근 한국 영화의 지형에서 시사하는 바가 크다. 〈복수〉를 통해 보았듯이 장르화는 한편으로 실재에 대한 접근을 손쉽게 하지만 동시에 윤리적 한계에 봉착할 수 있다. 하지만 그렇다고

---

29) 같은 책, p.129.

해서 영화가 윤리적 행위를 구현하기 위해서는 처음부터 장르와 무관해야 한다는 것은 아니다. 윤리적 행위로의 이행은 장르적 제약 내에서 최소한의 차이를 내는, 하지만 결코 쉽지만은 않은, 추가적인 제스처의 각인만으로도 가능하다는 것이다. 그것은 리얼리즘으로의 회귀라고 부를 수도 있겠지만 그럴 경우 그 리얼리즘은 실현되지 않은 '리얼(실재)'에 대한 욕망을 그 특징으로 하는 리얼리즘일 것이다.

〈스텔라 달라스〉에서 윤리적 행위가 어떻게 일어나는지를 기술하면서 나는 그것을 순전히 관객과는 무관한 영화 텍스트상의 결과인 것처럼 다루었다. 하지만 윤리적 행위 혹은 사랑은 정의상 보편적인 실현을 요구하는 한 그것이 영화만의 효과라고 말할 수는 없다. 진정으로 그것이 실현되기 위해서는 관객인 우리의 현실적 행위가 추가되어야 한다. 이 점에서 〈스텔라 달라스〉의 관람성에 대한 상이한 견해들이 있었다는 것은 전혀 이상할 것이 없다. 이는 어떤 관람성이건 간에 그것이 처음부터 존재하는 것이 아니며 유효화되기 위해서는 결국 관객의 추인이라는 행위가 요구된다는 것을 뜻할 뿐이다. 캐플런이 주장한대로 어떤 관객은 부르주아적 가부장제적 시선의 존재만을 보증할 수도 있고, 윌리엄스의 주장대로 다른 어떤 관객은 그 시선뿐만 아니라 동시에 그것을 보충하는 모녀 관계에 대한 환상의 존재까지도 보증할 수 있는 것이다. 하지만 이 영화는 동시에 그것들 외에 추가적인 다른 무엇인가의 존재를 인정할 기회를 관객에게 열어주는데 그것은 이 영화와 더불어 윤리적 행위가 일어날 수 있는 문턱으로 기능한다. 하지만 캐플런과 윌리엄스가 주장한 관람성의 양태와는 달리 여기서 요구되는 관객의 인정은 인식론적인 차원에 있는 것이 아니다. 그것은 스텔라의 마지막 제스처로 압축되는 행위를 해야 한다는 윤리적 차원에서의 인정이다. 다시 말해 그것은 이 영화를, 스텔라를 이해하는 차원에 있는 것이 아니며 스텔라가 가벼운 발걸음으로 알 수 없는 어딘가로 떠나는 제스처 자체를 관객의 현실적 행위로 반복하는 것에 있다. 사랑을 묘사하는 두 손 신화는 단지 영화 속 인물들 사이에서뿐만 아니라 영화(내의 인물)와 관객인 우리 사이에서도 실현될 것을 요청하고 있다.

박제철 | 한국예술종합학교 강사.

오이디푸스 느와르, 혹은 소포클레스를 읽는 박찬욱
— 〈올드보이〉를 위한 10개의 주석(註釋)

신형철

하나인 두 이름

영화가 시작되면 어둠 속에 쌓여 있는 정체불명의 한 사내가 등장한다. 그는 누군가의 넥타이를 움켜쥐고 다짜고짜 "이야기를 하고 싶다고 했다"고 말한다. 넥타이는 묻는다, 당신 도대체 누구야? 정체불명의 사내가 "내 이름은……" 이라고 말하는 순간 화면은 전환되고, 이제 밝은 경찰서에 와 있는 이 정체불명의 사내는 이전과는 전혀 다른 모습을 드러내며 말한다, "오, 대, 수"라고 말이다.

영화의 서론은 단도직입적이며, 경제적이다. 이 영화가 다름 아니라 저 '넥타이'의 질문에 대한 긴 대답이라는 점을 우회하지 않고 명시한다는 점에서 단도직입적이며, 우리가 조사해야 할 그 사내의 정체가 몇 가지 요소로 정리될 수 있다는 사실을, 그리고 그 요소들이 무엇인지까지를 경제적으로 알려준다. 그 요소들은 우선 장면 전환을 통해 갑작스럽게 대비되는 어둠과 밝음, 그리고 전혀 다른 분위기의 두 얼굴 같은 것들이다. 그러나 더 중요한 것은 그의 성격과 이름이다. 어두운 데서나 밝은 데서나, 그 상대가 넥타이든 경찰이든, 이 사내는 도대체가 남의 말을 들을 줄을 모른다. 그는 그저 자기 이야기가 하고 싶을 뿐이다. 이 말 많은 사내의 이름은, 만약 그가 거짓말쟁이가 아니라면(물론 그는 거짓말을 하지 않는다, 그리고 그것이 그의 화근이다), '오대수' 다. 다시 한번 그의 말을 믿어준다면, 그의 이름은 '오늘만 대충 수습하자' 는 뜻을 갖고 있다. 그러나 이토록 친절한 설명은 왠지 이상하다. 무언가를 은폐하기 위한 것처럼 보이기 때문이다. 게다가, 다들 아시다시피, 그는 대충이 아니라 실로 '필사적으로' 수습하는 인물인 것이다. 그는 그 자신의 이름을 모르고 있다. 그렇다면 그 이름의 의미는 무엇인가?

  실로 필사적으로 수습하는 인물, 이라면 우리는 오이디푸스를 잊을 수 없다. 부친살해와 근친상간을 저지른, '발이 부은' 사내 오이디푸스 말이다. 스핑크스의 수수께끼를 푼 덕택에 낯선 이웃나라 테베로 들어와 왕이 된 이 사내의 근본을 아는 사람은, 예언자 테이레시아스 정도를 제외한다면, 테베에는 아무도 없었다. 아무도 풀지 못한 수수께끼를 풀만큼 명민한 이 사내도 정작 중요한 것에 대해서는 모르고 있다. '발 부은'이라는 이름의 내력을 모를 뿐 아니라, 뒤에서 살펴보겠지만, 실은 그 자신이 푼 수수께끼가 무슨 뜻인지조차도 모르고 있는 것이다. 그는 명민함 때문에 왕이 된 것이 아니라 그 '무지' 덕분에 왕이 될 수 있었던 것이고, 곧이어 이 모든 것들을 필사적으로 수습하기 시작할 것이었다.

  다름 아니라, '오대수' 는 곧 '오(이)디(푸)스' 라는 말을 하려는 참이다.

유폐 혹은 감금

소포클레스의 비극 〈오이디푸스 왕〉에서 오이디푸스는 신탁과 더불어 태어난다. 누구나 알고 있듯이, 테베의 라이오스 왕과 그의 왕비 이오카스테가 낳는 아이는 제 아비를 죽이고 제 어미와 결혼할 것이라는 신탁이다. 왕과 왕비는 그 아이의 두 발목에 구멍을 뚫어 두 다리를 묶고, 목자(牧者)에게 아이를 죽이라고 명한다. 그러나 그 목자가 아이를 죽이지 않은 탓에 아이는 이웃 나라 코린토스로 보내진다. 장성하여 청년이 될 동안 코린트소의 왕 폴뤼보스와 그의 왕비 메로페를 친부모로 알았던 그는 어느 날 그에게 내려진 신탁을 알게 되고, 그 예언의 실현을 막기 위해 고향을 떠난다. 문제는 바로 여기에 있다. 그의 운명은 테베에서 이미 시작되었지만, 그가 그것을 알게 된 것은 코린토스에서였다는 것 말이다. "시간의 마디는 어긋나 있다(Time is out of joint)"라는 햄릿의 유명한 대사는 여기에서도 울려 나온다. 부친살해의 신탁을 피하기 위해 서로 떨어져야 했던 두 부자는 바로 그 헤어짐 때문에 다시 만나 살해/죽음에 이르고, 근친상간을 피하기 위해 서로 떨어져야 했던 모자는 바로 그 헤어짐 때문에 상간/죽음에 이른다. 오이디푸스는 신탁의 실현을 막아내기 위해 코린토스를 떠났지만, 그는 오히려 신탁을 실현하러 떠났던 것이며,[1] 코린토스에서 머문 그 기간은 운명을 피하기 위해서가 아니라 오히려 운명을 실현시키기 위해서 필수적인 유폐였던 것이다.

자신의 이름이 '오대수'라는 사실을, 그리고 자기에겐 소중한 딸이 있

---

[1] Slavoj Žižek(이수련 역), 『이데올로기의 숭고한 대상』, 인간사랑, 2002, p.109 참조: "우리는 자신의 운명을 미리 알게 되고 그것을 피하려고 한다. 그런데 예정된 운명이 실행되는 것은 바로 그러한 도망침을 통해서다."

다는 사실을 힘주어 강조하던 오대수는 마침내 경찰서에서의 취중 난동 사건을 '오늘도 대충 수습' 하는 데 성공하고 비 오는 거리로 나선다. 그리고 알 수 없는 어떤 이에 의해 감금된다. 15년 동안의 감금은 오이디푸스의 코린토스 체류와 구조적으로 동일한 기능을 한다. 그리고 단지 부모와 자식을 뒤집기만 한다면, 그 이후의 사건 역시 동일하다. 어머니를 알아보지 못하는 오이디푸스처럼 오대수 역시 딸을 알아보지 못한다. 오이디푸스가 아버지를 살해한 것처럼, 오대수 역시 아내를 살해하(는 것으로 되)고 만다. 아들은 아버지를 죽이고 어머니를 얻으며, 남편은 아내를 죽이고 딸을 얻는다. 운명을 피하기 위한 노력 덕분에 오이디푸스가 기어이 운명을 실현시키듯, 복수에 대한 필사적인 열정의 절정에서 오대수는 스스로 복수당한다. 테베를 저주받게 한 부친살해범을 집요하게 추적하던 오이디푸스는 자신이 찾던 범인이 자기 자신임을 발견하며, 집요한 추적 끝에 이우진의 근친상간을 밝혀낸 오대수가 그 사실을 공표하는 순간, 그것은 곧 자기 자신의 근친상간에 대한 폭로가 되고 만다.

오이디푸스 서사와 오대수 서사의 이와 같은 동일성을 요약할 수 있는 개념 중의 하나는 '느와르' 일 것이다. 오이디푸스 서사의 플롯은 느와르의 세계에 근접해 있는데, 왜냐하면 주인공이 어떤 범죄의 내막을 추적해 들어가다가 스스로가 사건의 핵심부로 휩쓸려 들어간다는 식의 플롯을 공유하고 있기 때문이다.[2] 그러나 고전적 느와르에서 주인공은 사건의 핵심부에서 무사히 빠져나오면서 자신의 정체성을 상징적 질서 속으로 재통합한다. 고전적 느와르는 오이디푸스 서사에서 자기 정체성의 전면적 붕괴

---

[2] Alenka Zupančič, *Ethics of the Real*, Verso, 2001, pp.245-6, n 16. [국역본 : 알렌카 주판치치(이성민 역), 『실재의 윤리』, 도서출판 b, 2004. 9, 근간]

라는 결정적 요소와는 일정한 거리를 둔다는 말이다. 그렇기 때문에 지젝(Žižek)을 따라 고전적 느와르와 80년대의 뉴 웨이브 느와르를 구분해 본다면[3], 오이디푸스 서사에 더욱 본질적으로 근접해 있는 것은 후자라고 해야 한다. 왜냐하면 이 둘은 '잃어버린 기억-기억의 회복-정체성의 붕괴'라는 내러티브 라인을 따라가고 있기 때문이다. 〈올드보이〉의 내러티브도 이 라인을 엇비슷하게 따른다. 그렇기 때문에 우리는 오대수에게 '뉴 웨이브 느와르 오이디푸스'라는 명칭을 붙여 주기로 하자.

스핑크스의 해석학

느와르의 세계를 구성하는 핵심 중의 하나가 '팜므 파탈(femme fatale)'의 존재라는 것은 잘 알려져 있다. 그녀는 남성 주인공을 '어둠의 핵심'으로 인도하는, 또 그의 정체성을 붕괴시키는 검은 사이렌(Seiren)이다. 오디세우스와의 대결에서 결국 패배하는 사이렌의 운명 그대로, 팜므 파탈은 파멸한다. 오이디푸스 서사에서 팜므 파탈의 기능을 담당하고 있는 것은 물론 스핑크스일 것이다.[4] 소포클레스의 희곡에는 등장하지 않지만, 오이디푸스가 테베의 왕이 되고 결국 근친상간에 이르게 되기까지, 스핑크스라는 팜므 파탈의 기여는 적지 않다. 이 괴물이 얼굴은 여자이며, 몸은 사자이고, 거기에 날개까지 달린 새이기도 한 잡종이라는 것, 그리고 테베의

---

3) Slavoj Žižek, *Tarrying with the Negative*, Duke UP, 1993, pp.9-12 참조. 지젝은 느와르적인 세계에 오컬트(occult)적인 요소를 도입한 『앤젤 하트(Angel Heart)』와 SF적 요소를 도입한 『블레이드 런너(Blade Runner)』를 뉴 웨이브 느와르의 대표적인 사례로 거명한다.
4) Alenka Zupančič, op.cit., p.189.

서쪽 산에 앉아서 행인에게 수수께끼를 내고 풀지 못하면 잡아먹었다는 것, 오이디푸스가 그 수수께끼를 풀고 테베를 구원하여 왕위에까지 올랐다는 것, 그리고 팜므 파탈의 운명 그대로, 스핑크스 역시 오이디푸스로 인해 (일반적인 입사식 신화에서처럼 칼에 베어지는 것은 아니라 할지라도) 무대에서 사라지게 된다는 것을 모르는 사람도 없다. 그러나 오이디푸스가 수수께끼를 풀었으되, 사실은 풀지 못했다는 것을 아는 사람은 많지 않다.

스핑크스의 수수께끼는 "아침에는 네 발로, 낮에는 두 발로, 저녁에는 세 발로 걷는 것은 무엇인가?"였고, 오이디푸스는 "인간"이라고 답했다. 문제는 오이디푸스가 답은 알았으되, 그 의미를 알지 못했다는 것이다. 베르낭(Jean-Pierre Vernant)에 따르면, 오이디푸스의 대답은 자기-지칭적(self-referential)이다. 그 수수께끼의 정답은 추상적인 인간 일반이 아니라 특정한 인간, 즉 '오이디푸스' 그 자신이었다. '네 발→두 발→세 발'로 이어지는 이 연쇄가 '자식(네 발)→나(두 발)→부모(세 발)'라는 세 세대의 응축을 의미한다고 읽을 수 있다면, 오이디푸스 자신이야말로 세 세대를 뒤섞어버린 인물, 세 세대를 자기 한 몸에 다 가져버린 인물이다. 그는 무엇보다 일단 '자기 자신'(1)이지만, 어머니와 결혼함으로써 스스로 자신의 '아버지'(2)가 되었으며, 어머니로부터 그 자신의 자식을 얻음으로써, 자신의 '자식들'(3)과 형제간이 되어버렸다. 그는 나(두 발)이고, 나의 아버지(세 발)이면서, 동시에 나의 자식들(네 발)이니까 말이다. 그렇다면 스핑크스의 수수께끼는 아폴론의 신탁이 담고 있는 전언의 개정판이었던 셈이다.[5] 코린토스에서 장성한 뒤에야 뒤늦게 신탁을 알게 된 오이디푸스는 여기서 그 신탁의 개정판("너는 네가 누구인지 아느냐?")을 읽어내

---

5) 베르낭의 독해에 대해서는 Alenka Zupančič, op. cit., p. 200을 보라.

는 데에도 실패하고 있다.

이를 좀더 밀고 나가면 우리는 '스핑크스의 해석학'[6]("너는 곧 나다")에 도달한다. 세 세대를 한 몸에 응축한, 그래서 '나'이자 나의 '아버지'이며, 나의 '자식'이기도 한 삼종 혼합 인간 오이디푸스는 결국 인간의 얼굴, 새의 날개, 사자의 몸통을 한 몸에 가진 삼종 혼합 괴물 스핑크스이기도 하다. 스핑크스가 오이디푸스의 대답을 정답으로 인정한 까닭은 오이디푸스의 대답이 스핑크스에게는 "그것은 인간(이며, 특히 나 오이디푸스이고, 나는 결국 스핑크스와 똑같은 괴물)이다"라는 의미를 모두 포괄하는 것처럼 보였기 때문이다. 그러나 오이디푸스에게는 괄호가 없었다. 오이디푸스의 비극은 스핑크스의 문제의 숨은 뜻을 읽어내지 못했다는 것, 그 자신의 대답이 무엇을 의미하는지 스스로도 알지 못했다는 데에 있다. 이런 맥락에서 라캉은 "진리는 절반만 말해진 것이다"라고 말한다. 그리고 말해진 절반이 나머지 절반을 가동시킨다. 그리고 오이디푸스는 그 자신의 일련의 행동으로 나머지 절반을 완성하고, 진리를 현실화할 것이었다. 그렇다면, '뉴 웨이브 느와르 오이디푸스'인 오대수에게도 스핑크스가 있는가? 물론 그것은 이우진이다.

세 개의 신탁

스핑크스가 절반은 여자, 절반은 사자인 괴물이라면, 이우진은 절반은

---

[6] 이는 도정일의 표현이며, 스핑크스의 수수께끼가 "너는 나다"를 의미한다는 통찰도 그의 것이다. 도정일, 「20세기의 오이디푸스」, 『문학동네』, 1999년 여름 참조.

소년(boy), 절반은 어른(old)인 괴물(old boy)이다(그럼 스핑크스의 '날개'는? 이우진에겐 자본주의의 '날개', 엄청난 '돈'이 있다!).[7] 스핑크스-이우진은 오이디푸스-오대수에게 간헐적으로 신탁을 내린다.

첫 번째 신탁. 감금방 벽에 걸려 있는 제임스 앙소르(James Ensore)의 그림 '슬퍼하는 남자'(1892)와 그 아래 쓰여져 있는 엘라 윌콕스(Ella Wheeler Wilcox)의 시(詩) 「고독」의 첫 2행, "웃어라, 온 세상이 너와 함께 웃을 것이다. 울어라, 너 혼자 울게 될 것이다(Laugh, and the world laughs with you. Weep, and you weep alone)." 윌콕스는 웃으라고 말하지만, 앙소르의 그림 속 사내는 입으로 웃고 있으되 눈으로는 울고 있다. 그림은 글귀를 배반하고 미끄러져 나간다. 이는 오대수의 미래를 예언하고 있지만 오대수 자신 그것을 알지 못한다는 점에서 하나의 수수께끼라고 해야 한다. 그는 글귀가 시키는 대로 '세상과 함께' 웃으려고 하지만, 그의 얼굴은 자꾸만 그림 속 사내를 닮고 만다. 기억을 삭제하길 원한 오대수가 최면을 끝낸 뒤, 설원 속에서 미도를 만나 포옹할 때조차도 그는 세상과 함께 활짝 웃지 못한다. 그는 여전히 입으로 웃고 있으되 눈으로 울고 있는, 그림 속 그 사내다.[8]

두 번째 신탁[9]. "노루가 사냥꾼의 손에서 벗어나는 것같이, 새가 그물 치는 자의 손에서 벗어나는 것같이, 스스로 구원하라."(개역 성경, 「잠언」 6

---

7) 따라서 이우진과 오대수가 동창생(old boy)으로 설정되어 있음에도 불구하고, 최민식보다 훨씬 어려 보이는 유지태를 이우진 역에 캐스팅한 것은 당연해 보인다.
8) 오대수가 웃는 듯 우는 표정으로 특징화되어 있다면, 이우진은 우는 듯 웃는 표정으로 특징화되어 있다. 오대수가 이우진의 신발을 핥을 때, 손수건으로 입을 막고 있는 이우진은 사실 웃고 있는 것이지만, 영화는 잠깐 동안 고의적으로 그가 울고 있는 것처럼 보이게 만든다. 그 효과는 강렬하며, 여기서도 역시 두 인물은 서로를 반대로 비추는 거울이다.
9) 영화에 등장하는 순서대로라면, 두 번째와 세 번째의 순서가 바뀌어야 한다. 그러나 그 순서에 논리적 필연성이 있는 것은 아니기 때문에 편의적으로 순서를 바꿨다.

장 5절)[10] 이 구절에서 "스스로 구원하라(deliever thyself)"는 "스스로를 구원하라"(킹제임스 성경)로도 옮겨질 수 있다. 주체적인 해결을 도모하라는 뜻이 아니라, 구원해야 할 대상이 다름 아닌 자기 자신이라는 맥락에서 말이다. 그러나 오대수의 관심은 자기 자신의 구원이 아니라 이우진에 대한 복수다. 그 때문에 그는 '사냥꾼의 손'으로, '그물 치는 자'의 손으로 점차 들어간다. 오이디푸스가 스핑크스의 문제를 풀고(풀었다고 믿고) 테베로 입성하듯, 오대수는 이우진의 신탁을 풀었다고 믿고('잠언(Maxim) 6장 4절'이 '맥심' 빌딩의 펜트하우스로 들어가는 비밀 번호라는 것만을 알아낸 채로), 펜트하우스로 간다.

세 번째 신탁. 감금방에서 방출된 오대수가 일식집에서 처음으로 이우진의 전화를 받았을 때, 이우진은 말한다. "명심해요, 모래알이든 바위덩어리든, 물에 가라앉기는 마찬가지예요." 이 말은 일차적으로는, 당신은 당신이 의도했건 의도하지 않았건, 당신의 말이 초래한 그 결과에 책임을 져야 한다는 뜻으로 읽힌다. 그러나 이차적으로는, 나 이우진이든 당신 오대수든 우린 결국 동일한 결과에 도달하게 될 것이라는 뜻으로도 읽힌다. 그렇다면 이우진의 메시지는 '스핑크스의 해석학'과 동일한 전언을 내포한다. 그것은 '너는 나다'이다. 실상, 오대수 역시 '올드+보이'이며, 대수(大獸)라는 것이다. 물론 오대수는 오이디푸스보다는 빨리 스스로를 '괴물'이라고 지칭하게 되지만(오대수의 아이디(ID)는 '몬스터'다), 오이디푸스가 자기 답의 진짜 의미를 모르고 있듯 오대수 역시 자신이 받은 소년

---

10) 흥미롭게도 「잠언」 6장은 '말'로 인해 겪는 곤란에 관해 충고한다. 그 내용을 쉽게 옮기면 이렇다. "아들아, 네 이웃의 담보를 서거나 남의 보증을 서지 말아라. 네가 한 말에 네가 걸려들고 네가 한 약속에 네가 얽매이리라. 아들아, 그렇게 하면 네 이웃의 손아귀에 든 것이니, 어서 그 이웃에게 가서 간청하여 거기에서 벗어나도록 하여라. 잠잘 궁리도 말고 눈 붙일 생각도 말아라. 산양이 사냥꾼 손에서 달아나듯, 새가 그물에서 빠져 나가듯 벗어나거라."

이고 반은 어른인 이우진과 정확히 동일한 괴물, 근친상간적 괴물이 되리라는 점을 모르고 있다.[11] 이우진과 오대수가 짝패라는 사실은 중요하다. 이야기는 계속된다.

분신들

이우진과 오대수는 서로를 되비추는, 그러나 일그러진 거울이다. 영화 후반부 펜트하우스에서 이우진이 오대수에게 자초지종을 순서대로 설명할 때, "누구냐, 너……"라는 오대수의 질문이 반복되고, 이우진과 오대수의 얼굴은 분할화면으로 반씩 합쳐져서 한 사람의 얼굴이 된다. 이런 장면은 일종의 상투형이므로 아무래도 좋다고 하자. 그러나 이우진과 오대수는 여러 번 포개지며 이중화(doubling)된다. 영화 도입부, 옥상에서 뛰어내려 자살하려는 남자를 오대수가 아슬아슬하게 붙잡고 있다. 영화 결말부, 소양강 댐 난간에서는 이수아가 목하 떨어지기 직전이고, 이우진이 누나의 손을 아슬아슬하게 잡고 있다. 오대수가 자살남의 말을 들어주지 않음으로써 결국 자살남의 손을 놓아버린 것과 마찬가지인 결과에 이르는 것처럼, 이우진은 그 자신 괴로워하며 울부짖지만 결국 누나의 손을 놓아 버린다. 영화 도입부의 옥상과 영화 후반부의 댐은 가운데가 접혀지는 책처럼 영화를 열고 닫는다.

이번엔 펜트하우스. 이우진은 오대수에게 "재미있지 않아요? 말 한 마

---

11) 이우진은 한 번 더 힌트를 준다. 오대수가 친구 주환의 도움으로 알아낸 아이디 '에버그린'의 사용자의 이름은 '수대오' 다. 자기는 뒤집혀진 오대수라는 사실을, 혹은 오대수는 뒤집혀진 이우진이라는 사실을 다시 한 번 상기시켜주는 것이라고 볼 수 있다.

디로 임신하고, 말 한 마디로 사랑에 빠지고……"라고 말한다. 이우진은, 자신과 누나의 상간 장면을 오대수가 발설했기 때문에 누나가 죽은 것이라고 생각한다. 오대수로부터 비롯된 말이 소문의 엄청난 위력을 통해 결국 이수아를 상상임신으로까지 몰아갔고, 임신을 믿어버린 이우진과 이수아는 비극으로 치닫는다. 결국 이수아를 임신시키고 죽인 것은 오대수의 '말'이다. 이우진은 동일한 방식으로, 즉 최면술사의 '말'의 힘으로, 오대수와 미도를 근친상간하게 만드는 데 성공한다. 오대수의 말이 이우진-이수아에게 최면(상상임신)을 걸었고, 이우진-최면술사의 말이 오대수와 미도에게 최면("사랑에 빠져라!")을 걸었다.

이번엔 '상록고등학교' 과학실. 이 곳은 두 사람의 욕망-환상이 무대화되는 곳이다. 오대수가 목격하는 바로 그 근친상간의 장면에서 이우진은 이수아에게 연신 카메라 셔터를 눌러댄다. 그들에게 카메라는 매우 소중한 도구처럼 보인다. 카메라를 통해 이수아를 바라보던 이우진은, '문득', 카메라를 내버려둔 채, 피사체를 향해 다가간다. 이우진에게 카메라는 다름 아니라 이수아를 바라보는 환상의 프레임이다. 이수아가 그 창 속으로 들어올 때, 이우진은 이수아를 욕망한다. 아울러 이수아는 이우진이 자신을 애무할 때, 작은 손거울을 꺼내 그 속에 비치는 자기 모습을 바라보면서, 이우진의 창 속에서 욕망의 대상이 되어 있는 그 자신의 모습을 나르시즘적으로 '즐긴다'(이수아의 이름은 '빼어난 나[秀我]'로 읽힌다).[12]

---

[12] 이 장면에서 스탠리 큐브릭(Stanley Kubrick)의 『아이즈 와이드 셧(Eyes Wide Shut)』의 한 장면(영화의 포스터로 사용된)을 떠올리지 않을 도리란 없다. 파티가 끝난 뒤, 각자가 모종의 유혹을 뿌리치고 돌아온 빌(톰 크루즈)과 앨리스(니콜 키드먼)는 마치 하마터면 그들을 집어삼켰을 수도 있었을 그 성적 유혹/환상으로부터 빨리 벗어나야만 하겠다는 듯이 정사를 나눈다(이는 영화의 마지막 장면에서도 반복된다. 그리고 지젝은, 섹스가 환상으로부터의 방어라는 점을 보여주는 것이 이 영화의 주제라고 단언하고 있다. Slavoj Žižek(오영숙 외 역), 『진짜 눈물의 공포』, 울력, 2004, pp.306-308. 거울 앞에서 빌이 앨리스를 애무할 때, 앨리스는 빌의 애무를 받고 있는 자기 자신의 몸을 찬미라도 하고 싶다는 듯이 바라본다. 물론 이 장면은 남근적 질서

그리고 그 광경을 오대수가, 다름 아닌 교실 '창'을 통해 응시한다. 우리는 어쩌면 이 창을 매개로 오대수 또한 이수아를 욕망했다고 말할 수 있을지 모른다(오대수가 과학실에서의 관음(觀淫)을 전혀 기억하지 못한다는 점은 의미심장한데, 이는 뒤에서 다시 다룰 것이다). 말 그대로 '환상적'인 이 장면에서 카메라의 눈은 바로 오대수의 눈이니까 말이다. 이우진의 카메라와 오대수의 창은 동일한 기능을 하며, 그 둘은 '환상의 창'(Lacan)인 것처럼 보인다.

이우진에게 카메라의 프레임이 환상의 창으로 기능한다면, 오대수의 창은 텔레비전 브라운관으로 이어진다. 감금방에 갇혀 있는 동안 오대수는 브라운관 속 가수 '민해경'을, '보고 싶은 얼굴'을 부르는 민해경을 보며 자위를 한다. 감금방에서 나온 뒤, 오대수와 미도가 관계를 맺게 될 때, 이 장면은 다시 반복된다. 미도가 '보고 싶은 얼굴'을 부르며 브라운관 속 민해경의 자리로 갈 때, 두 사람은 정사를 나눈다(이 '일방적인' 정사가 실상 '자위'와 다를 바가 없다는 것을 부연할 필요가 있을까?). 이 정사는 과학실 창으로부터 시작된 오대수의 근본 환상이 마침내 섬뜩하게 실현되어 버린 것이라고 할 수도 있을 것이다. '이수아를 바라보는 이우진, 그런 두

외부에 있는 '여성적 향유'의 차원을 개시(開示)한다. 이어지는 대화에서 노골화되듯 이 '여성적 향유'의 차원은 빌에게 충격을 주며, 이는 남성 관객들에게도 역시 동일한 충격을 준다(이에 대한 보다 상세한 언급은 Mark Pizzato, "Beauty's Eye : Erotic Masques of the Death Drive in Eyes Wide Shut", Todd Mcgowan & Sheila Kunkle(eds.), Lacan and Contemporary Film, Other Press, 2004를 보라). 그리고 그것은 『올드보이』에서 이수아의 그 기묘한 제스처가 (남성) 관객들에게 주는 낯설은 느낌과도 다르지 않다. 그러나 거기에는 또 다른 차원이 있어 보인다. 그 충격 혹은 낯섦은 또한 어떤 매혹을 동반한다는 것이다. 앨리스와 이수아의 거울 보기가 (남성) 관객에게 매혹적인 이유 중의 하나는 그녀들이 어떤 응시를 요구하고 있다는 사실 때문인 것처럼 보인다. 그녀들은 그녀들을 애무하는 그녀의 남편/남동생이 아닌, 애무의 대상이 되고 있는 자기 자신을 봐 줄 또 다른 제 3의 응시를 필요로 하는 것처럼 보인다는 것이다. 그리고 그것은 (남성) 관객(의 환상)을 즉각적으로 소환하고, 마치 그 장면 어느 곳에 바로 '당신을 위한' 자리가 있을지도 모른다는 느낌을 준다. 그리고 오대수는 바로 그 '제 3의 응시'의 자리에 놓여 있었다.

사람을 바라보는 오대수'라는 구도는 역전되고, 오대수와 미도의 정사를 응시하는 것은 이제 이우진이다. 정사 이후 잠들어 있는 두 사람의 방으로 몰래 들어간 이우진은, 오대수가 이수아를 응시하듯, 천천히 미도의 몸을 응시한다. 그리고 그 자신, 과학실 창 밖으로 자신들을 훔쳐보던 오대수를 반복한다.

그러나 이 모든 것보다 더 중요한 것은 '괴물의 계통발생'이라고 할 만한 것이다. 이우진은 오대수를 통해 그 자신을 반복한다. 근친상간을 '대충 수습하던' 이우진은 오대수의 '말'로 인해 누나를 잃고 복수의 여신 네메시스에게 영혼을 판다. 세월이 흐른 뒤, '오늘만 대충 수습하던' 오대수는 이우진의 개입 때문에 아내를 잃고 "복수심이 이젠 성격이 되어버린" 괴물이 된다. 두 사람 다 한 여자를 잃고 괴물이 된다. 이우진이 오대수에게 "아무튼 당신은 자기 여자를 잘못 지키기로 유명한 남자잖아요."라고 조소할 때, 물론 이 조소는 누나를 지키지 못한 자기 자신을 향한 이우진의 억압된 자조일 것이다. 이리하여 괴물은 또 하나의 괴물을 만들고, 퇴장한다. 스핑크스가 오이디푸스에게서 자기의 모습을 확인한 뒤("너는 나다") 바다에 몸을 던졌던 것처럼 말이다. 그들은 이제야말로 진정한 동창생(old boy)이 된다.

향유와 앎

이우진과 오대수가 서로를 비추는 일그러진 거울이라고, 혹은 그 둘이 한 인간의 두 분신이라고 볼 수 있다면, 이 둘의 관계는 보다 일반적이고 추상적인 차원에서 검토될 수도 있을 것이다. "누나하고 난 다 알면서도 사랑했어요. 너희도 그럴 수 있을까?'라고 이우진은 말한다. 이것은 이미 세 개의 신탁—수수께끼를 던진 이우진의 최종적인 질문이다. 그런데 '안다' 는 것은 대체 무엇일까? 라캉은 앎(knowledge, 지식)을 두 가지로 구분한다. '스스로를 알고 있는 앎' 과 '스스로를 알지 못하는 앎' 이 그것이다. 쉽게 말해, 우리가 알고 있다는 것을 스스로 '알고 있는' 앎과 우리가 알고 있다는 것을 스스로 '모르고 있는' 앎 말이다. 우리의 향유(jouissance)와 우리의 진리(truth)가 존재하는 곳은 후자 쪽이다.[13]

오대수는 이우진과 이수아의 과학실에서의 근친상간을 기억하지 못한다. 그것은 그의 '스스로를 알지 못하는 앎' 이다. 그 기억은 상실되는 한에서 그의 진리와 향유의 장소가 된다. 오대수가 기억을 되찾는 장면에서, 현재의 오대수는 과거의 이우진을 따라 초현실적인 계단을 오른다. 영화는 의도적으로 이 두 인물을 어지럽게 교차시킨다. 그리고 상징적인 한 장면에서, 급히 계단을 오르는 어린 이우진과 다른편 계단을 급히 내려오는 (스스로를 알지 못하는 앎이 스스로를 알아내기 위해 심연으로 내려가듯) 어린 오대수를 한 화면에 담는다. 그리고 이우진이 카메라를 들고 이수아를 찍기 위해 과학실로 들어갈 때 오대수는 '창' 을 통해 그 두 사람을 '찍는다'. 그렇다면 이우진과 오대수는 앎의 두 유형을 육화하고 있는 것이라고 할 수 있지 않겠는가. '알면서' 사랑한 이우진과 '모르면서' 사랑한 오대수는 각기 '스스로를 알고 있는 앎' 과 '스스로를 알지 못하는 앎' 의 표상처럼 보인다. 오대수가 '내려간' 그 계단을 진리로 가는 계단이라고, 그 창을 향유의 장소를 열어주는 창이라고 할 수 있다면, 오대수는 이우진을

---

13) 나는 나의 진리를 모른다. 그리고 내가 모르는 그 곳에서 나는 '즐긴다.' 주판치치는 이렇게 요약한다. "스스로를 알지 못하는(알려지지 않은 상태로 남아 있는), 하지만 여전히 노동을 하고 있는 이 앎은, 그것이 상실되는 한에서, 우리가 향유와 진리에 접근하는 지점을 구성한다." (Alenka Zupančič, op.cit., p.201).

뒤따라가서 잃어버린 과거를, 즉 그 자신의 진리와 향유의 장소를 발견하고 있는 셈이다. 그렇다면 우리는 오대수의 진리는 이우진이라고, 오대수의 향유는 과학실에서의 그 근친상간적 향유라고 말할 수 있을 것이다.

이런 진술은 일견 과장되어 보인다. 오대수가 과학실에서의 근친상간을 기억하지 못한다는 것과 그가 '순전히' 최면에 의해 근친상간으로 내몰리게 된 비극이 무슨 상관이 있느냐는 반문도 가능할 것이다. 그러나 우리는 이 영화에서 흥미로운 누락(漏落)을 발견한다. 누락이라니? 이우진은 오대수에게 말한다. "재미있지 않아요? 말 한 마디로 사랑에 빠지고……" 이우진은 이죽거리고 있지만, 그러나 이건 확실히 이죽거릴 일이 아니다. 이전에, 미도와 오대수의 관계를 관찰하던 이우진은 미도를 지키기 위해 물불을 가리지 않는 오대수를 보면서, 어딘가 쓸쓸한 말투로 말한 적이 있다. "실장님…… 미도는 진짜로 오대수를 사랑하게 된 것일까요? ……벌써?" 이우진의 이 당혹감은 어디에서 기원하는 것일까? 단지 예상보다 너무 빠르다는 이유 때문에? 이상하지 않은가, 최면을 통해 이 모든 것을 기획한 그가 말이다. 최면을 거는 이우진은 단지 신탁의 개정판인 수수께끼를 던지는 스핑크스인 것이 아니라, 거의 운명을 설계하는 비극에서의 신(神) 그 자체처럼 보이지 않는가 말이다.

사랑 기계

물론 이우진은 최면술사 '형자'를 통해 오대수와 미도에게 '최면 후 암시'를 걸었다. 그러나 중요한 것은 그 암시의 효력이 미치는 범위가 과연 어디까지인가 하는 점이다. 오대수를 앞에 두고 하나하나 암시의 내용과 그 결과를 복기해 나가던 이우진은 일식집에서 쓰러지(기로 되어 있)는 오대수를 미도가 집으로 데려가(도록 되어 있)는 장면까지를 더듬다가 돌연 멈춘다. 그는 왜 거기서 중단하는가? 그 이후에 발생한 '사랑'까지가 철저하게 프로그램된 것이(아니)라고 왜 말하지 않는 것일까? 해명이 누락된 이 지점은 우리를 헷갈리게 한다. 오대수의 기억상실이 최면 때문이 아니라는 점을 힐난할 때의 이우진의 말투를 빌려 말하자면, 정답은 이렇다. "아니, 여태까지 최면 때문에 당신 둘이 사랑에 빠진거라고 생각한 거예요? 당신들이 사랑에 빠진 진짜 이유가 뭔지 알아? 그건 말야, 그냥 빠진거야."

믈라덴 돌라르는 정신분석 상담 과정에서 분석가(analysist)와 분석주체(analysand) 사이에서 거의 필연적으로 발생하는 '전이 사랑(transference love)'에 대해 논하면서 이렇게 말한다. "그것은 인위적으로 만들어진 사랑이다. 단지 분석 상황의 한 기능이자 그것의 불가피한 결과일 뿐이다. 하지만 그럼에도 불구하고 그것은 진정한 사랑이다. (……) 만약 그것이 병리적인 것으로 보인다면, 우리는 사랑 그 자체가 고도로 병리적인 상태라는 사실을 명심해야 한다."[14] 모차르트의 오페라 〈여자는 다 그래〉에서부터 호프만의 『모래인간』과 헨리 제임스의 일련의 단편들에 이르기까지, 그리고 오늘날 차이고 밟히는 연애담들 속에서 우리는 돌라르의 말을 수긍하게 된다. "사랑에 빠지는 일 속에는 자동적이다 못해 거의 기계적인 무언가가 존재한다. 그것은 이용될 수 있고, 또 남용될 수 있다." 만약 오대수와 미도의 사랑이 병리적인 것으로 보인다면, 우리는 사랑 그 자체가

---

14) Mladen Dolar, "At First Sight", Renata Salecl and Slavoj Zizek (ed.), *Gaze And Voice As Love Object*, Duke UP., 1996, p.146.

고도로 병리적인 상태라는 것을 명심해야 한다. 우리는 오대수와 미도가 '최면 후 암시' 상태 속에 있다는 것을 모르는 채로 상당 시간 동안 영화를 보지만, 거기서 '병리적인' 그 어떤 것도 알아보지 못한다. 그 둘의 사랑은 당신과 나의 사랑과 다를 바 없기 때문이다.

그러므로 우리는 오대수와 미도의 사랑이 단지 최면의 산물이며, 따라서 더 이상의 논의는 불필요하다고 단정하고픈 유혹에 저항해야 한다. 둘의 사랑이 과연 '최면 후 암시'의 산물인지에 대해서 영화는 충분히 설명하지 않는다. 그래서 오대수와 미도는 서로에게 단지 "그냥 빠진" 것이라고 의심해 볼 수 있다. 사랑은 그것이 가장 자연스럽게 발생하는 듯 보일 때 가장 기계적인 메커니즘에 의해 발생하는 것일 수 있다는 점을 잊지 않는 한에서 말이다. 도대체가 모든 사랑은 최면 상태에서 발생하는 것이라고 말해도 좋다. 그리고 이 영화에서 최면이라는 설정은 오히려 사랑의 기계적 성격을 그것의 가장 순수한 상태로서 보여주는 것이라고 해야 한다. 다시 이 절의 처음의 질문으로 돌아가자 : 오대수가 과학실에서의 근친상간을 기억하지 못한다는 것과 그가 '순전히' 최면에 의해 근친상간으로 내몰리게 된 비극과 무슨 상관이 있는가? '순전히' 최면 때문만은 아니라는 것이 우리의 대답이다.

물론 두 사람이 사랑에 빠진 것이 순전히 최면 때문만은 아니라는 점을 지적한다고 해서 오대수가 '알고서' 미도를 사랑했다고 상상하는 것은 불가능하다. 그렇게 된다면 오대수와 이우진은 완전히 하나로 겹쳐진다. 그러나 반대로 그가 아무것도 모르고 있었다고 말할 수도 없다는 것이 요점이다. 오대수에겐 '스스로를 알지 못하는 앎'이 있었다는 말이다. 그리고 이것은 그가 '아무것도 몰랐다'고 말하는 것과 같지 않다. 오대수 그 자신의 '스스로를 알지 못하는 앎'을 둘러싼 모든 것은 과학실에서 펜트하우스로 옮겨오면서 비로소 그 실재(the real)를 드러낸다. 이렇게 본다면 암시의 효력이 어디까지 미쳤는가가 애매하게 처리되어 있는 것은 이 영화의 얼룩이라고 해야 한다. 오대수와 미도가 특별히 최면 감수성이 높아서 일이 순조로웠다는 식의 설정은 단지 타협일 뿐이다. 그 둘의 '기계적이지만 진정한' 사랑을 불편해할 '건강한 관객'과의 타협. 요컨대 오대수는 '스스로를 알지 못하는 앎'이다. 그리고 그 앎이 '스스로를 알고 있는 앎'이 되는 순간에, 오대수는 이우진이 된다. 이우진은 오대수의 진리다. 그리고 여기에서부터 비로소 오대수의 '(무)죄'에 대해 논할 수 있는 길이 열린다.

말과 비극

오이디푸스에게 죄를 물을 수 있을까? 이미 우리는 오대수에 대해 이야기하면서 '몰랐다'는 것에 대해 손쉽게 판단을 내려선 안 된다는 점을 말했다. '몰랐다'는 것과 '알고 있다는 것을 몰랐다'는 것은 많이 다르다. 나는 몰라도 나의 욕망은 알고 있는 그 무언가가 있다. 우리에겐 "인생을 통째로 복습해도" 알 수 없는, '스스로를 알지 못하는 앎'이 있으며, 거기엔 나의 진리와 향유가 걸려 있다는 점을 다시 상기해야 한다. 그리고 우리가 '죄'에 대해 말할 수 있는 것은 오로지 그 욕망의 차원에서이다.[15] 그렇다면 오이디푸스는? 주판치치는 오이디푸스가 "처음부터 자신의 욕망을 강탈당했기 때문에" 무죄라고 말한다. 그는 욕망을 도둑맞았다는 것이

---

15) "주체는 타자의 욕망이 주체의 욕망이 되는 순간, 다시 말해서 주체가 객관적으로 필연적인 것을 이용해 먹고 거기서 자신의 잉여-향유를 발견하는 순간, 유죄가 된다." Alenka Zupančič, op.cit., p.182.

다. 욕망이 없는 곳에 (정신분석학적인 의미에서의) 죄는 없다. 위에서 우리는 오대수의 '몰랐다'에 대해 주의를 요청했었다. 적어도 오대수의 경우엔 욕망의 흔적이 있다고, 오대수의 일그러진 거울이자 분신인 이우진이 있다고 말이다. 그래서 오대수의 경우에는 욕망을 강탈당했기 때문에 무죄, 라고 말할 수만은 없어 보인다. 그런데 여기에는 또 하나의 차원이 있다. 그것은 오대수가 여하간 무언가를 '말했다'는 점이다.

"오대수는요……말이 너무 많아요"라는 것이 오대수의 기소 이유다. 그것은 죄가 될 수 있는가?[16] 어린 오대수는 이우진과 이수아의 근친상간을 친구 주환에게 말한다. 그 말은 주환을 거치면서 엄청난 위력을 갖게 된다. 그 말이 이수아를 임신시키고, 죽인다. 정말 물어보고 싶을 지경이다. 도대체 '왜' 말했는가? 라캉은 "사랑에 관해 말하는 것은 그 자체가 향유다"[17] 라고 말한다. 그렇다면 말을 바꿔서 "비밀에 관해 말하는 것은 그 자체가 향유다"라고 할 수는 없을까. 나의 내밀한 비밀을 털어놓는 것이 노출증적 쾌락을 동반한다면, 반대로 타인의 내밀한 비밀을 또 다른 타인에게 폭로하는 것은 관음증적 시선의 연장선상에 있다. 그것은 관음의 대상이 된 그 현장 속에 내가 있었더라면……이라고 하는 좌절된 욕망을 일정하게 보상한다. "완전히 걸레였다 아이가, 걸레. 이게 겉으로는 새침한 요조숙녀인데, 이게 속으로는 완전 걸레인기라. 개나 소나 안 따먹은 놈이 없다고, 소문이 파다했지 아마. (……) 아, 난 그 때 뭐 했나 몰라."라는 주환의 말이 투명하게 보여주듯, 소문을 퍼뜨리는 행위는 그 주체에게 '그 때

---

16) 사실상 이것은 죄라기보다는 하나의 성격적 결함이 아닌가? 그러나 그것이 전혀 죄로 보이지 않는다는 바로 그 이유 때문에 이 설정은 '비극적으로 올바른' 설정이다. 고대 그리스 비극에서 주인공들은 바로 이 사소한 결함 때문에 파멸한다. 아리스토텔레스는 이 '하마르티아(hamartia, 사소한 결함 혹은 비의도적 과오)'가 비극에서 '공포와 연민'을 유발하는 핵심적 요소라고 말한다. 『시학』, 13장 참조.
17) Jacques Lacan, *Seminar XX*, trans. Bruce Fink, Norton, 1998, p.83.

그곳'에 없었던 것에 대한 안타까움을 보충하는 잉여-향유를 제공한다. 어린 오대수가 어린 주환에게 자기가 본 '그것'을 털어 놓은 다음, "니 말 하면 죽는데이"라고 말하는 것은 바로 그와 같은 향유가 그 자신에게 부과해올 지도 모를 책임을 미리 타자에게 떠넘기는 제스처라고 해야 한다. 우리는 늘 그렇게 말한다. 이건 너한테만 이야기하는 거야, 다른 사람한테는 절대로 말하지 마. 내 말을 들은 그는 또 다른 그에게 말한다. 이건 너한테만……. 욕망과 잉여-향유가 있는 곳에 죄가 있다면, 오대수에겐 '최소한의 죄'가 있다.

설령 그렇다고 한들, 그 향유의 대가는 너무 과도했다. 그러나 이우진의 입장에서는 모든 것이 공평한 계산의 결과일 뿐이다. '사랑하는 누나'를 잃은 슬픔을 오대수에게 정확히 되돌려주려면 그에게 일단 '사랑하는 딸'을 만들어주어야 하고, 그 뒤에 죽여야 하기 때문이다(아마도 이우진의 계획은 근친상간 사실을 미도에게 알려서 미도가 이수아의 자살을 반복하게끔 만드는 것이었을 터이다). 그러나 오대수는 사랑하는 누나를 잃는 슬픔까지를 이우진에게 주려는 의도는 없었다. '말' 그 자체가 생물처럼 살아 움직여서 이수아를 죽였을 뿐이다. 이우진으로부터 비롯된 말(최면 후 암시)이 예상한 효력 이상으로 그토록 빨리 오대수와 미도를 사랑에 빠뜨려 버린 것처럼 말이다. 말의 수행적(perfomative) 위력은 그토록 강력하다. 그리고 그 위력이야말로 이 작품을 비극으로 만드는 핵심적인 요소라고 해야 한다. 가라타니 고진은 비극적 인식이란 구조의 밖에 있는 사건에 대한 인식, 혹은 구조에 회수될 수 없는 것에 대한 인식이라고, 그리고 그 어찌할 수 없는 '사건성'의 핵심에는 '커뮤니케이션의 착오'가 존재한다고 말한다. 이것은 인간의 근본적인 조건이며, 이 근본적 조건에 대한 강렬한 인식의 결과가 바로 비극이라는 것이다.[18]

실로 이 작품의 비극성의 핵심에 바로 오대수의 '말'이 놓여 있다는 것은 분명해 보인다. 내 운명을 결정하는 것은 내가 아니다라는 인식이 비극의 중추라면, 그와 유사한 맥락에서, 내 말의 의미/효과를 결정하는 것은 내가 아니다라는 인식 또한 '비극적'이다.[19] 이 점에 있어서도 오이디푸스와 오대수의 사례는 상호공명한다. 오이디푸스에게 내려진 신탁이 일종의 자기 실현적 예언이 되어서 그로 하여금 우리가 알고 있는 바로 그 오이디푸스가 '되도록' 만든 것처럼, '임신했다 임신했다'라는 주술적인 반복이 이수아가 (상상적으로) 임신하게 '되도록' 만든 것처럼, 이우진의 신탁과 최면은 오대수를 오대수가 '되도록' 만든다. 특히 최면이라는 '은유'는 말의 수행적 위력(최면적 효과)의 비극성을 그 순수한 형태로, 즉 문자 그대로 보여준다. 이제 이 비극의 끝으로 가보자. 고대 그리스 극장에서 그러했듯, 데우스 엑스 마키나(Deus ex machina)가 이 모든 피투성이 난장을 또 다시 숭고한 그 무엇으로 해소해 주기를 바라면서.

숭고와 괴물

복수가 끝나고 이우진은 자살한다. "상처받은 자한테 복수심만큼 잘 듣

---

18) 가라타니 고진(조영일 역), 『언어와 비극』(도서출판 b, 2004), 3장 참조.
19) 박찬욱의 전작인 〈복수는 나의 것〉에 대해 이성민은 "이 영화는, 사체의 소유권에 대해 최초로 자각한 철학자가 제러미 벤섬인 것처럼, 복수의 소유권에 관해 자각한 최초의 영화로 기록될지도 모르는 일"이라고 말한다. "여하간 영화에서는 마치도 자신의 복수가 더 진정한 복수인 것이라도 되는 것인 양 복수의 경쟁을, 혹은 좀더 정확히 말해서 '복수는 누구의 것인가?'를 놓고 경쟁을 벌이고 있는 듯하" 기 때문에 (cafe.daum.net/9876 : '증상과 해석' 게시판의 49번 글). 이 영화의 제목에 대한 이 특별한 통찰을 우리 식대로 재진술해 본다면 이렇게 될 것이다. "〈복수는 나의 것〉의 주제는 '복수의 주체/객체를 결정하는 것은 내가 아니다' 라는 비극적 인식이다."

는 처방은 없어요, (……) 하지만 복수가 다 이루어지고 나면 어떨까? 아마 잊고 있었던 고통이 다시 찾아올걸?"이라는 그 자신의 말을 증명하기라도 하듯이 말이다. 그러나 이우진의 일그러진 거울 오대수는 죽지 않는다. 그는 대신 혀를 자른다. 그가 오이디푸스를 반복하고 있다는 것은 두 말할 필요도 없다. 이우진과 오대수를 분별하는 한 가지 방법은 그 둘의 결말이 초래하는 효과를 대비해 보는 것이다. 주판치치는 "오이디푸스가 죽었더라면, 그의 부친살해와 근친상간은 중심적인 사물(the Thing)로 남아 있었을 것이며, 그 주위로 그의 이미지와 운명은 우리의 욕망을 억류하고 사로잡을 스크린을 세워 놓았을 것이다."[20]라고 말한다. 이 진술이 말하고 있는 것은 카타르시스 작용이다. 그것은 우리를 강하게 끌어당기고, 거기에다 붙들어 매버린다. 그리고 '그래, 볼만큼 봤고, 이젠 충분해'라고 하는 안온한 느낌을 유발한다. 여기에는 어떤 윤리적인 집요함이 끼어들 자리가 없어 보인다.

이우진의 죽음은 바로 이 층위에 놓여 있다. 이우진으로부터 그 자신의 진리를 전해 듣기 전에 오대수는 이우진에게 이우진의 몫으로 할당된 진리를 전달한다. "넌 누나와 잤다"를 뒤따라 나오는, "그래서 넌 누나를 죽였다"라는 진리 말이다. 오대수의 말대로 이우진은 누나의 손을 자발적으로 놓았다. 복수라는 방식으로 겨우 굴절될 수 있었던 그 자신의 진리가 비로소 선명하게 다가온 셈이다. 그리고 오대수에게서 넘겨받은 그 자신의 진리 속에서 이우진은 비로소 '죄'를 본다. 운명을 만드는 것은 욕망이며, 운명이라는 필연을 이용하여 자신의 잉여-향유를 누렸을 때 주체에게는 죄가 발생한다고 앞에서 말했다. 이우진은 바로 그 점에서 죄가 있다

---

20) Alenka Zupančič, op.cit., p.179.

고 말해야 한다. 그는 그것과 대면하여 죽음을 택한다. 그의 죽음은 우리를 얼마간 울게 한다. 그리고 이우진은 우리가 끔찍한 그것(the Thing, 사물)을 보긴 하되, 너무 많이 보지는 않게 해주는 스크린으로 기능한다.

그러나 오이디푸스는 죽지 않았고, 오대수도 죽지 않았다. 눈 먼 오이디푸스와 혀 잘린 오대수는 그 모습으로 살아남기를 선택함으로써 치명적인 향유를 가시화하는 끔찍한 그것 그 자체가 되어 버린다. 오대수가 혀를 자르는 장면은 과연 말로 형언하기 힘든 느낌을 불러일으킨다. 물론 이것은 오대수가 죽었더라면 발생할 수 없는 효과일 것이다. 실상 오대수는 이미 한 번 죽은 셈이다. 15년 동안의 감금 기간 동안 그는 살인범이 되었고 상징적 질서 내에서 그의 자리를 완전히 말소 당했다. 상징적으로는 이미 죽어 있는 상태였고 단지 실제적으로 죽지 않았을 따름이었다. 이와 같은 '두 죽음 사이'의 공간 속에서[21] 그는 그 자신의 욕망과 향유가 결과적으로는 근친상간이었다는 끔찍한 실재와 대면한다. 근친상간이란 실로 상징적 질서 그 자체를 폭파시킬 수 있는, 상징화될 수 없는 '불가능성'의 가장 급진적인 표상이 아닌가. 오대수는 실재와의 거리가 제로 상태가 되어버리는 상황에 처하며, 거기서 그 자신이 바로 실재적 사물(the Thing) 그 자체, 혹은 'the Thing'의 흔한 의역어 그대로 '괴물(怪物)'이 되어버린 것을 발견한다.

---

21) 이를 가장 잘 보여주는 장면은 오대수가 7.5층 감금방을 다시 찾아가서 소위 '장도리 액션'을 치르고 난 뒤 피를 흘리면서 거리를 걸어가는 그 장면일 것이다. 그리고 바로 그 때 오대수는 말한다. "나는 이제 괴물이 되어버렸다"라고 말이다.

미친 사랑의 노래

눈 먼 오이디푸스는 『콜로누스의 오이디푸스』에서 딸 안티네고의 부축을 받으며 테베를 떠나 떠돈다. 영화의 마지막 장면에서 (이국적인) 눈 덮인 설원을 미도에 의지해 서 있는 오대수처럼 말이다. 콜로누스의 사람들은 제 나라로 들어온 괴물 오이디푸스를 어찌해야 좋을지 난감해 한다. 그때 오이디푸스는 숭고한 죽음 속으로 기적처럼 걸어 들어감으로써 모든 이들의 난감함을 스스로 감해준다. 이 난감함은 영화의 마지막 장면에서 입을 다문 채 힘없이 고개를 끄덕이는 오대수를 볼 때 우리가 맞닥뜨리게 되는 고통스러운 난감함과 다르지 않다. 저 괴물 오대수를 어찌해야 할 것인가. 관객은 이 골치 아픈 윤리적 질문 앞에서 실로 난감하다. 오이디푸스가 콜로누스인들에게 자신에겐 죄가 없음을 주장하며 그곳에서의 체류를 허락해 달라고 호소할 때 이스메네는 신의 새로운 신탁을 가지고 온다. 오이디푸스에게 신의 구원이 있을 것이라고 말이다. 오대수 역시 최면술사를 만나고, 오이디푸스의 애원을 반복한다. "아무리 짐승만도 못한 놈이어도 살 권리는 있는 거 아니겠습니까?" 신이 오이디푸스를 구원하듯, 최면술사 형자는 "바로 그 말에 마음이 움직였어요"라고 말하면서 오대수에게 망각이라는 구원을 허락한다.

다시, 저 괴물 오대수를 어찌해야 할 것인가? 최면이 성공하면, 우리는 이 곤란한 질문에 대답해야 하는 의무를 면제받을 수 있을까? 그러나 오대수에겐 그 어떤 숭고한 결말도 준비되어 있지 않다. 괴물을 죽이고 오대수로 돌아가기 위한 최면은 실패한 것처럼 보이기 때문이다. 미도를 안은 채 클로즈업 되어 있는 오대수의 얼굴은 여전히 감금방 그림 속 남자의 표정 바로 그것이다. 감독이 진지했건 진지하지 않았건, 이 결말은 집요하다.

우리는 오대수를 설명할 수 있는 그 어떤 말도, 오대수를 받아들일 수 있는 그 어떤 상징적 질서도 갖고 있지 않다. 그리고 그 공백은 메꿔질 수 없다. 오대수는 바로 그 난감한 공백 속에 다시 한 번 서기를 '반복' 한다. 〈공동경비구역 JSA〉가 이수혁(이병헌) 병장의 급작스러운 자살을 통해 끝내 '적대(antagonism)' 의 간극을 '다시' 고지하기를 멈추지 않았듯이, 〈복수는 나의 것〉이 그 마지막 장면에서 기습적으로 동진(송강호)의 가슴에 칼을 꽂음으로써 복수의 악무한을 '재' 가동시키기를 멈추지 않았듯이, 이미 괴물인 오대수는 (최면이 실패함으로써) '다시' 한 번 괴물이 되고, 미도는 기어이 "사랑해요……아저씨"라고 말하기를 멈추지 않는다.

그들은 그들의 비극을 '선택' 하지 않았다. 그들은 단지 '겪는' 주체였을 뿐, '행한' 주체가 아니다. 그리고 진정으로 윤리적인 행위는 그 순간, '다시' 라고 말할 때 발생한다. 불가능한 것 앞에서 '다시' 라고 말할 때, 그것은 이 사회가 모든 것을 처음부터 다시 시작해야 한다고 말하는 것과 같다. 영화가 '반복을 통해 윤리적 · 혁명적 행위가 되기를 기다리는 일련의 실패한 행위들"로 규정될 수 있다면[22], 이 영화는 과연 "외상을 그 자체로, 그 불가능성 속에서, 그 통합될 수 없는 공포 속에서, 어떤 '텅 빈' 상징적 몸짓을 통해 반복해서 표지하는"[23] 영화라고, 그래서 우리에게 어떤 식으로든 이 영화를 윤리적 행위로 '반복' 해야 한다는 의무를 부과하는 영화라고 해야 한다. 무엇을 반복할 것인가?

오대수와 미도, 이우진과 이수아의 서사는 결국 실패한 사랑, 불가능한

---

22) 이 규정과, 앞에서 거론한 〈JSA〉의 결말에 대한 독법은 박제철의 것이다. 이 단락에서 우리는 박제철의 힘 있는 논의를 우리가 이해한 방식대로 참고하고 있다. 박제철, 「영화—감각을 윤리적 행위로 '반복하기' : 체화된 관람성의 실재의 윤리학으로의 재정식화」, 『영화언어』, 2003, 가을 참조.
23) Slavoj Žižek(박정수 역), 『그들은 자기가 하는 일을 알지 못하나이다』, 인간사랑, 2004, p.513.

사랑의 이야기이다. 그리고 이 세상에 불가능한 사랑은 있을 지라도 해서는 안 될 사랑 따위는 없다라고, 우리는 '반복'해서 말할 것이다. '미친 사랑의 노래'는 이렇게 끝나고, 우리의 이야기도 여기서 끝이 나지만, 그러나 '다시'.

부기 : 소포클레스는 오이디푸스 가문의 비극을 세 번에 걸쳐서 썼고, 그 세 편은 '오이디푸스 삼부작'이라고 불린다. 『오이디푸스왕』, 『콜로누스의 오이디푸스』, 『안티고네』가 그 세 편이다. 우리가 본 바대로, 〈올드보이〉를 찍을 때의 박찬욱은 『오이디푸스왕』을 읽고, 『콜로누스의 오이디푸스』의 도입부 어디쯤에서 독서를 끝낸 것처럼 보인다. 이 영화에서 이수아와 미도의 목소리를 듣기 어려운 것은 그 때문이다. 그런데 박찬욱은 현재 〈친절한 금자씨〉의 시나리오를 집필중이라고 한다. 우리에겐 '금자'라는 이름이 흥미롭다. 금자는 '禁者'가 아닐까? 그렇다면 이것은 마치 안티고네(Antigone)의 이야기처럼 들린다. 적국의 편에 서서 조국을 침공한 오빠의 시체를 테베시의 국법을 어기면서까지 매장하려 했고, 그래서 테베의 왕 크레온에 의해 동굴에 갇혀 죽은 '금지된 여자'이자 '인류의 화신(化神)'인 안티고네야말로, '친절한 금자(禁者)'씨가 아닌가. '이우진'의 표현을 빌자면 그녀야말로 '알면서도 하는' 인물의 대명사가 아닌가. 우리는 어쩌면 우리가 미처 다 듣지 못한 '미도'의 이야기를 조만간 듣게 될지도 모른다. 아마도, '안티고네 느와르'를.

신형철 | 문학평론가.

은둔자의 피, 벼랑 끝의 불온성

김춘식

1. 충혈된 두 눈과 현란한 불빛

'새로운 시대의 글쓰기'라는 주제는 어쩌면 지금까지 늘 되풀이 해온, 일종의 통과의례 같은 것은 아닐까. 변화의 필요에 의해서 성급하게 기억의 '망각'을 부추기고 이제부터는 어제와 달라야 한다고 말하는 강박관념이 이 문구 안 어딘가에 숨어 우리를 지켜보고 있다는, 그래서 언제나 조롱당하는 쪽은 내가 속한 '이곳'이고 반대로 그런 게임의 규칙을 만든 '제도적 관념'은 여유롭게 팔짱을 끼고 있다는, 그런 서글픈 생각이 든다. 이 지루한 게임 밖으로 나갈 수 없는 '처형된 자의 고독감'이 그래서 '지금, 이 순간' 감당할 수 없을 정도로 몰려든다. 무척 피곤하다.

　새로운 글쓰기를 '모색'한다는 말은, 자의식 안에 처형된 자가 그 자의식 바깥의 '제도'와 소통하고 갈등하는 팽팽한 '긴장'의 순간들을 먹고 산다. 이처럼 '타자와 진정한 자아' 사이에 존재하는 갈등과 긴장에 대한 모색이 새로운 글쓰기를 낳듯이, '시대' 혹은 '제도'의 변화는 어떤 식으로든 글쓰기 주체의 자의식에 '변화'라는 '강박관념'을 불러일으킬 수밖에 없다. 그런 점에서 '새 천년'이 시작된 '현실적 시간과 공간' 안에서 새로운 글쓰기를 말하는 것은, 곧 우리 마음속의 '변화'에 대한 '강박'을 다시 한 번 꿰뚫어보는 행위로 여겨진다. 과연, 우리는 마음 바깥의 현실이 변화하고 있다고 진정으로 느끼고 있는지, '좁은 방' 바깥에서 지금 시끄러운 소란이 벌어지고 있다는 걸, 알면서도 애써 무시하고 있는지, 곰곰이 생각해 볼 일이다.

'Y2K'의 위기의식은 표면적으로는 새 천년을 무사히 넘긴 것 같다. 그러나 내면적인 심리적 공황은 여전히 우리 마음속에 'Y2K'의 휘발성을 남겨 놓고 있다. 기억과 역사, 진정성, 도덕, 절대적 가치의 '휘발' 앞에서 '제로(0)'의 순간을 체험하고 있는 우리의 '내면', '무의식'은, 지금 벼랑 끝에 몰린 '자의식'을 바라보고 있다. 더 이상, 피곤한 '몸과 마음'으로 어렵게, 팽팽한 긴장감을 안고 살고 싶지 않다는 절규와 함께, 잠시 후면, 우리의 자의식은, 주체는, 저 벼랑 아래로 몸을 던져 버릴지도 모르리라. 그래서 '지금 이 순간'이 더욱 피곤하고 처참하다.

제로(0)의 체험과 휘발된 기억은 '초월'의 다른 이름이다. 벼랑 끝으로 추락하는 것과 초월은 역설적으로 행복하게 만나고 있다. 삶에 대한 초월과 죽음의 선택은, 그래서 한 순간 모든 집착과 강박 너머로 우리를 인도한다. 과연 그럴 것인가? 문을 열고 나가 소란스러운 군중 속에 몸을 던지거나 자의식의 골방에서 빠져 나와 '제도' 속으로 당당히 걸어간다고 해서 새로운 자아와 글쓰기의 출구가 열릴 것인가. 그러나 언제나 그랬듯이, 초월은 현기증 나는 도약이다. 아니, 걷잡을 수 없는 추락이다.

한 세기가 저문 지금도 우리는 '처형된 자의 고독감'으로, 피곤하지만 여전히 충혈된 두 눈으로 변화하는 시대를 지켜볼 수밖에 없다. 충혈된 두 눈과 현란하게 반짝이는 자본주의의 불빛이 상징하는, '자의식과 시대' 사이의 대결과 긴장 속에서 진정 새로운 글쓰기가 나오기 때문이다. 망각이 아니라 기억이, 그리고 초월이 아니라 맞섬과 대결이, 선택이 아니라 극단의 순간에 대한 견딤이, 현실을 관통하는 진정한 '혜안(慧眼)'을 우리에게 가져다 줄 것이다.

2. 새로운 글쓰기와 작가 개념의 변화

'새로운 글쓰기와 작가 개념의 변화'라는 주제는 글쓰기의 의미차원과 '작가'라는 사회적 존재 또는 그 기능 중에서 어느 쪽에 초점을 두고 있는 것일까. 이런 질문은 글쓰기 전략 또는 방식의 변화와 작가 개념의 변화가 상호 연관된 것이라는 생각에서 나온 것이다. 다시 말해서 이 질문은 '작가' 개념이나 기능을 묻는 것이 아니라 오히려 새로운 글쓰기의 파급효과와 그 원인을 묻고 있는 질문이다. 따라서 지금, 다루고 있는 이 주제에서 작가 개념의 변화는 이미 피할 수 없는 현실이라는 숨겨진 '의도'가 강하게 느껴지는 것도 어쩔 수 없는 일이다.

그럼, 이 자리에서 "무엇을 말할 것인가." 라는 문제에 직면한 나로서는 결국 문제의 핵심적 본질인 '새로운 글쓰기'에 논의의 초점을 맞출 수밖에 없으리라. 그러나 이런 논의는 「21세기 작가란 무엇인가」라는 주제의 심포지엄에서 여러 논자들에 의해서 이미 논의된 것이므로 굳이 다시 재론할 필요는 없으리라 생각된다. 단지 작가 개념이 얼마나 역사적 상대성을 지니고 변천해 왔는가 하는 정도만 아래의 인용문을 통해서 살펴보기로 하겠다.

〈고전주의 시대의 시인들은 이성적 진리에 도달하려는 탁마의 도제들〉이었고, 낭만주의 시대의 시인은 〈눈에 보이는 세계를 넘어서고 초월하여 보이지 않는 세계에서의 진실함을 포착〉하려는 〈세계 밖의 존재〉였으며, 19세기의 작가는 〈사회와 인간의 삶에 대한 통찰과 진술을 수행〉하는 〈세계 내적 존재〉였고, 20세기의 모더니즘 작가는 〈자신의 소외와 파탄을 드러냄으로써 현대 사회와 인간의 소외와 파탄을 입증〉하고 그럼으로써 〈반(反)정치적 작업을 통해 정치적 역할을 수행〉하는 자이다. (…중략…) 근대 문학 내에서의 작가상의 변화는 사회 역사적 현실의 변화와 동궤의 것인바 그 변화에도 불구하고 일관되는 원리가 있다는 점이다. 〈세계를 상투적으로 보기를 그치고 끊임없는 부정을 통해 새로운 창조를 도모한다는 행위〉와 〈한없는 외로움과 고통, 절망과 도전, 모험과 패배의 무거운 짐을 지겠다는 실존적 결단〉이 그것이다. (…중략…) 이 일련의 작가상의 변화는 각 시대의 작가 정체성이 실제와의 괴리에 부딪히고 그 위기를 극복하면서 새로운 정체성을 획득해가는 과정의 되풀이라고 할 수 있다.[1]

인용문에서 보듯이 '작가' 라는 개념은 근대적 시·공간의 한 산물이며 동시에 근대성의 원리를 따라서 유동해 왔다. 다시 말해서 '작가' 란, 근대적 의미의 글쓰기에 부차적으로 소속된 한 개념이다. 평론가 성민엽은 김병익의 발언을 인용함으로써 근대적 '작가' 라는 정체성의 유동과정이 근

---

1) 성민엽, 「21세기 작가란 무엇인가」, 『21세기 문학이란 무엇인가』, 민음사, 1999. pp.17-18.

대라는 시·공간을 헤치고 현재에 이르렀음을 강조한다. 이런 견해는 '지금, 여기'에서 '작가의 개념'을 묻는 것이 곧, 흔들리는 '작가적 정체성'과 '작가의식의 위기'를 묻고 있는 것임을 나타낸다. 글쓰기 조건과 환경 그리고 글쓰기 패러다임 자체의 변화에 직면한 작가들이, 과거에 그들의 정체성을 확고하게 보장해 주던 근대적 제도와 규범, 장르체계 등에 모종의 균열이 생기고 있음을 느끼기 시작했기 때문이다.

이런 균열과 붕괴의 조짐은 글쓰기에 대한 반성적 자의식을 촉구하면서 '문학의 죽음'이라는 위기의식을 불러일으킨다. 따라서 '지금, 여기'에서 행해지고 있는 '작가 개념의 변화'에 대한 질문은 더 깊이 들어가보면 '작가의 죽음'이나 '작가의 권위 추락', '작가로서의 정체성의 혼란' 등을 우려하는 목소리를 한결같이 담고 있다. 새로운 글쓰기의 출현은, 이 점에서 '작가 개념의 변화'를 묻는 목소리의 주체들에게는 다소의 경계와 혼돈의 대상으로 여겨지는 것은 당연하다. 여기서 행해질 수 있는 논의도 결국은 '새로운 글쓰기', 그것이 '작가의 정체성' 회복의 새로운 대안인가, 아니면 그 '종언'을 향한 최후의 질주인가 하는 문제로 좁혀질 수밖에 없는 것이다.

자기 작품에 대해서는 의미의 기원이며 다른 작가에 대해서는 독창성이라는 점에서 구별되고 사회에 대해서는 자율적이라고 믿어 왔던, 그것을 자연스럽고 당연한 것으로 여겨왔던 작가의식이 실제로는 하나의 환상에 지나지 않을 수 있다는 것이 밝혀졌다. 그리고 그런 의미에서 작가는 자신의 죽음을 선고 받았다. 이제 작가는 글쓰기의 조건에 대한 반성과 더불어 글을 써야 한다. 게다가 그의 글쓰기는 끊임없이 제도 속으로 흡수되어 가므로 작가는 끊임없이 자기의 글쓰기를 갱신해 가지 않으면 안 된다. 그러한 점은 단순히 문학적 글쓰기의 어려움만을 말하는 것이 아니다. 오히려 어려운 만큼 그 만큼 더 진정한 문학에 접근해 갈 가능성이 거기에서 열리는 것이 아니겠는가. 정말로 어려운 것은 기술발전 및 문화산업과 관련하여 문학이라는 것의 정체성과 작가라는 것의 정체성이 동요되고 있고, 심지어는 문학도 작가도 그 존재마저 박탈당할 위기에 처해 있다는 점이다. 개인의 문제가 아니고 사회의 문제이고 역사적 필연이므로 어쩔 수 없는 일이라고 해버릴 수는 없다. 왜냐하면 문학과 작가의 정체성을 동요시키고 문학과 작가의 존재를 박탈해 버리려 하는 것들이 수상쩍은 것들이기 때문이다.[2]

인용한 성민엽의 주장은 글쓰기와 관련해서 '작가' 라는 고정된 실체는 더 이상 실제하지 않는다는 것으로 요약된다. 이 점은 푸코나 바르트의 견해처럼, 글쓰기를 좌우하는 것은 더 이상 작품에 대한 소유권과 자기귀속을 보장해 주는 작가가 아니라, 제도·구조·담론 등의 비인간적 시스템이라는 것을 의미한다. 즉, 근대적 작가가 주장하던 '작가의식' 과 '주체성', '총체적 사고' 등은 더 이상 글쓰기의 근원적 추동력이 되지 못한다는 것이다. 사회내적 존재인 작가는 이데올로기와 담론의 '생산물이자 파생물' 로 그 지위가 추락했을 뿐만 아니라 그 사회적 메카니즘의 지배 아래 놓이게 되었다는 것이다. 그러나 이러한 포스트모던한 '우울한 풍문' 은 다른 한편에서 '글쓰기에 대한 반성적 자의식' 을 촉구하고 새로운 글쓰기를 시도하는 '새로운 세대' 의 가능성을 담지해 주는 것이라고 성민엽은 말한다.

'글쓰기의 위기' 는 언제나 그렇듯이 낡은 것이 사라지고 새로운 것이

---

2) 성민엽, 앞의 글, p.42.

나타나는 시기의 전형적인 현상을 가리키는 것이다. 결국, '작가'라는 존재와 그 정체성을 지탱하는 힘은, 온갖 근대적인 수사(修辭)들이 아니라 글쓰기에 대한 반성적 자의식을 통해서 끊임없이 새로운 대안과 비판력을 밀고나가는 부정적 상상력에서 솟아나는 것이다.

그러나 성민엽의 주장이 결국 장인(匠人)으로서의 '작가 개념'으로 회귀하는 것은 그가 여전히 근대적 글쓰기의 신화를 버리지 않고 있음을 보여준다. 엘리트도 아니고 서양말의 작가[autuor]가 아닌 장인으로서의 작가를 말하는 것은 아직도 여전히 근대적 '생산'을 지탱하던 '노동의 정치학'에 얽매인 개념인 것이다. 따라서 그의 이런 생각은 신세대 작가로서 새로운 글쓰기의 주체로 떠오르고 있는 김영하, 배수아, 백민석, 송경아 등의 생각과는 다소의 이견을 나타내기도 한다.

키치 혹은 잡동사니로부터 대중적 감수성을 전수받은 젊은 세대의 글쓰기는 독창성을 '개성'으로부터 발견하는 것이 아니라 '전략적인 차원'에서 사고하는 경향이 강하다. 이런 점은 글쓰기를 지배하는 외부적인 힘을 전략적으로 이용하거나 전복시키는 글쓰기의 방법이 '미완성된 주체'와 '정체성'을 역으로 형성시켜나가는 절실한 '자기발견'의 과정으로 나타나는 젊은 세대 글쓰기의 중요한 특징이다. 이들 네 작가의 글쓰기가 다분히 '성장소설' 적인 면모를 드러내는 것도 이런 이유 때문이다. 다시 말해서 이들의 글쓰기는 여전히 형성의 단계에 있으며 완결된 형식을 지니고 있지 못하다. 불완전한 정체성에 어울리게 이들의 글쓰기는 여전히 진동하고 부유하는 해체된 상태에 머물러 있다. 이 점은 이들이 이미 30세를 넘겼거나 30세에 이르렀다는 사실에 비추어보면 과거의 작가들과 달리 '장인 정신' 혹은 '성인의식'이 취약한 '비정상적인 미숙성'을 보여주고 있는 것처럼 보인다. 하지만, 이런 특징은 앞에서 이미 말한 것처럼, 제도적이고 관습적인 주체 생산의 메카니즘을 의식적으로 전복시켜나가는 이들의 주요한 전략이다. 이들 작가들은 의도적으로 성장을 멈추고 근대적인 아버지(성인)의 담론을 비판하고 해체하고 있는 것이다. 예를 들면 백민석의 소설에 등장하는 주인공의 다음과 같은 사고는 작가의 글쓰기에 대한 자의식이 비교적 잘 투영되고 있는 부분이다.

> 진실/일인이역(탐정이면서 범인)
> 역사적 사실/암호
> 건강한 삶/알리바이
> 시대의식/죽임의 미로
> 교훈/변장
> 존재/돌연변이
> 중심/얼굴없는 사체[3]

 말장난과 가벼운 넌센스로 무장한 백민석의 주인공이 보여준 인용문과 같은 글쓰기에 대한 관념은 '즉흥성과 회의, 그리고 상대주의, 기존의 체계에 대한 불신'으로 점철되어 있다. 근대적이고 정치적이며, 권위적인 발명품의 일종으로 기존의 글쓰기 패러다임을 통찰하는 자의 '의혹에 가득 찬 시선'이 전형적으로 나타난 대목이다.
 백민석은 또 다른 작품에서 "생산의 속도가 너무 빨라, 의미의 속도를 추월하는 것이다. 인류는 인류가 상상할 수 있는 모든 걸 먹어치우는 것이

---

3) 백민석, 『내가 사랑한 캔디』, 김영사, 1996. p.96.
4) 백민석, 「캘리포니아 나무까」, 『16민거나 말거나 박물지』, 문학과지성사, 1997. p.22.

다./지금―여기의 세계에서 말이다."[4]라고 하여 근대성의 핵심을 관통하는 발언을 한다. 결국, 그의 글쓰기는 생산의 속도를 따라갈 수 없으므로 언제나 '의미의 흔적' 만을 안고 있을 수밖에 없는 불완전한 결핍의 작업이 된다. 이 점에서 백민석의 소설이 알레고리적인 측면을 많이 포함하고 있는 것은 특정한 대상을 풍자하기 위한 것이 아니라는 사실을 알 수 있다. 그의 소설은 언제나 그를 둘러싼 세계의 더러움과 종잡을 수 없는 광폭성을 빗대는 데 치중한다. 이런 점은 『16믿거나 말거나 박물지』가 메니폽스적인 풍자 혹은 아나토미의 형태를 취하고 있다는 점에서도 확인할 수 있는 것이다.

최근 젊은 작가들의 작품이 종종 비현실적인 몽상이나 허구적 세계에 갇혀 있다는 비난을 받는 것도 이런 맥락에서 보면 재고할 여지가 많은 것이라고 여겨진다. 사실 근대적인 가부장 담론에 대해서 의식적이든지 무의식적이든지 가장 적극적인 비판을 보여주고 있는 것이 이들 젊은 작가들이고, 이러한 비판에 필수적인 전략이, 바로 현실을 왜곡시키거나 의도적으로 굴절시킨 악몽, 몽상, 환상, 풍자 등의 글쓰기 수법이기 때문이다. 송경아의 다음과 같은 발언은 그의 글쓰기가 새로운 글쓰기 주체의 환경을 반성하는 진지한 '작가의식'의 실천임을 보여주는 예이다.

제가 통신에서 영향받은 가장 큰 것, 제 글 전체를 관통하는 한 흐름이 있다면, 그것은 〈사소한 것으로서의 글쓰기〉라는 정신입니다. 글이 세계의 중압감에 짓눌러야 할 필요는 없습니다. 글이 현실을 외면하라는 말이 아닙니다. 현실을 표현하는 데는 여러 가지 방법이 있고, 힘차고 논리정연한 목소리나 습습한 낭송 같은 표현방식들이 갖는 유효성과 무게를 무시하는 것은 아니지만, 사소하고 장난스러운 중얼거림도 무시받아서는 안 된다고 생각합니다. 저는 그 사소한, 장난스러운 중얼거림이 좋습니다. (…중략…) 제가 통신에서 받은 가장 큰 선물은, 언어의 힘과 영역은 끝이 없다. 알려진 한 영역에 구애받을 필요는 없다, 사소한 것도 존중받아야 한다는 깨달음이 아니었을까 합니다. 이 자세로는 장인은 될 수 없을지 모르지만, 최소한 계속해서 글쓰기를 즐길 수는 있겠지요.[5]

성민엽이 강조하고 있는 장인의식과는 다소 어긋나 있지만 송경아의 자의식은 명확한 '작가의식'을 지향하고 있다. 자질구레한 세계의 실상을 주목함으로써 글쓰기의 영역을 확장해 나가는 전략을 취하고 있는 것이 그녀의 특징이다. 이 점은 세계를 중심 혹은 체계, 구속, 억압과 동일시하고 있는 작가의 '사고방식'을 잘 나타낸다.

새로운 글쓰기 주체들에게 세계는 이제 해석의 대상으로서 뚜렷한 중심이 존재하는 실체가 아니라, 다원적이고 뒤죽박죽인 자잘하고 쓸데없는 것들이 마구 들끓는 만화경 혹은 몽상으로 느껴진다. 그러한 몽상은 현실을 말하는 것보다도 더 현실을 욕망하는 주체의 결핍을 드러낸다. 다시 말해서 자질구레한 쓰레기와 잡다함을 원천으로 하는 '악몽 혹은 몽상'은 '지금, 여기'에 존재하지 않는 '현실'을 갈구하는 자의 신경증적인 질환과 같은 것이다. 환상의 세계로 완전히 몰입하지 못한 채, 현실과의 분열에 대한 두려움을 온몸으로 겪을 수밖에 없는 문화적 탈주자들의 운명이 이러한 불안한 악몽이다.

---

5) 송경아, 「문자와 비트 문학의 새로운 영토」, 『21세기 문학이란 무엇인가』, 민음사, 1999. pp.673-674.

3. 악몽과 현실

김영하의 소설 「호출」에서 인용한 다음과 같은 장정일 시의 한 구절에는 현실을 부정하고 몽상에 빠진 자들의 심리가 잘 나타나 있다.

몽상가들이 꿈꾸는 것은 바로/현실입니다. 제발, 할 때마다/몽상가들이 꿈꾸는 것은 현실입니다.

—장정일, 「실비아 플러스에 빠진 여자」 중에서[6]

「삼국지라는 이름의 천국」에서 시뮬레이션에 중독된 자의 심리를 냉철하게 분석한 김영하는 나르시즘과 몽상, 그리고 죽음, 섹스가 어떤 연관성을 지니고 있는지를 집요하게 파헤치는 작가이다. 나르시즘에 내포된 결핍이 결과적으로는 충족으로서의 '죽음', '자살'을 필요로 하듯이 '현실'의 결핍을 바라보는 나르시스트 혹은 몽상(아니면 가상현실)에 대한 매혹자, 중독자의 시선은 절제가 아니라 소모와 탕진(결코 충족이 없는)을 갈망한다. 현실을 지배하는 노동의 정치학에 대해서 그들은 '쾌락의 정치학'이나 '소모의 정치학'으로 생을 허비해 버리는 것이다. 그것은 현실의 잉여로서 자신들의 삶을 바라보는 자의 특징이라고 할 수 있다. 중심이 포용할 수 없는 '쓰레기', '잉여 생산품'은 이미 비현실의 세계로 추방된 몽상이거나 나쁜 꿈일 뿐이다.

그러나 김영하의 소설이 현대적 결핍과 비인간화를 조장하는 현실에 대한 고발 혹은 계몽적 전언을 일부 포함하고 있는 점은 다음과 같은 인용에

---

6) 김영하, 「호출」, 『호출』, 문학동네, 1997. p.28.

서 쉽게 파악할 수 있다. 이런 점은 김영하뿐만이 아니라 배수아를 제외한 김영하, 송경아, 백민석에게서도 종종 발견되는 특징이다.

> 저는 여전히 귀족주의자입니다. 귀족도 되지 못하고 그렇다고 대중문화를 향유하는 자도 되지 못한 어설픈 귀족주의자입니다. (…중략…) 불법체류자의 한 사람으로서, 그렇기에 당연히, 저는 대중문화 자체보다는 대중문화가 소비되고 유통되는 방식에 더 관심을 가지고 있습니다. 〈삼국지〉라는 게임이 어떻게 인간의 소외를 더 극대화시키는가, 〈아름다운 청년 전태일〉은 어떤 층위에서 〈쇼걸〉과 만나고 소비되는가, 그것들은 어떤 맥락에서 키치로 전화되는가, 따위에 무게 중심을 얹고 있는 것이지요. (…중략…) 전 대중문화의 소비양상이 인간의 소통 불가능성을 증폭시킨다는 것을 인정하면서도 현대사회의 소외가 그렇게 단순치는 않다는 것을 알고 있습니다. 따라서 제 역량의 훨씬 큰 부분을 그보다 더 다양한 층위에서 나타나는 비인간화를 서술하는 일에 투여하고 있습니다.[7]

대중문화와 키치에 대한 대응이 이들의 글쓰기에서 얼마나 중요한 비중을 차지하고 있는가를 알 수 있는 인용문이다. 이밖에도 이런 의식적인 노력의 외부에서 무의식적으로 혹은 순수한 감수성만으로 허구를 복제하고 있는 작가를 또한 우리는 만날 수 있다.

배수아의 글쓰기는 앞의 세 작가와는 달리 나르시시스트의 시선 그 자체를 이미 아무 저항 없이 표방하고 있다. 현실은 나르시시스트에게는 꿈을 꾸기 위한 재료에 불과하다. 배수아의 소설은 재료로서의 현실과 그 현

---

[7] 김영하, 「한 불법체류자의 변」, 『21세기 문학이란 무엇인가』, 민음사, 1999, pp.279-280.

실을 끊임없이 환상과 허구로 요리하는 자아만이 존재한다. 따라서 그녀의 글쓰기 주체는 이미지와 상상을 전파하는 매체의 힘에 의해서 전적으로 영향받으며 동시에 그러한 이미지의 영향을 굴절된 환상적 이미지로 변형, 복제해서 전파시킨다. 따라서 그녀의 글쓰기에 포함된 '그럴듯함'은 대중적 허위와 감수성이 감싸 안은 '욕망의 파편'이라고 할 수 있다. '은밀한 소통' 그것은 나르시시스트끼리 주고받는 '자기 허위'이다. 아래의 인용문에서처럼 '거짓말을 하는 자'의 자기도취는 아무런 죄책감도 낳지 않는다.

> 나는 끝까지 내가 누구인지, 내가 밤에는 무엇을 꿈꾸는지, 누구에게 전화를 하는지 아무에게도 말하고 싶지 않고 당신에게 거짓말을 하고 싶다. 그래서 절대로 절대로 당신은 내가 누구인지 알 수 없을 것이다. 어느날 밤에 내가 당신의 집으로 전화해 말없이 끊어버린다 해도 당신은 내가 누구인지 상상할 수 없을 것이다. 한 사람의 생애에서 일어난 가벼운 에피소드는 다른 사람의 생애로 그렇게 전염되어간다. 그래서 세상의 모든 인생이 복사된다.[8]

소통이 단절된 현실의 저편에서 오고가는 '거짓말의 전언'. 배수아의 소설은 거짓말을 통해서 소통을 모방하고 결핍을 채우는 그러한 글쓰기의 전형을 보여준다. 그것은 현실적 '소외'를 '거짓말'로, 그것도 그럴듯한, 혹은 너무 그럴듯해서 신파가 돼 버린, 이야기를 늘어놓음으로써 넘어서는 방식이다. 너무나 많이 복제되어서 이미 신파가 되어 버린 '거짓말'이

---

8) 배수아, 「작가의 말-나는 당신에게 거짓말을 한다」, 『심야통신』, 해냄, 1998. p.10.

우리를 위로한다. 이것이 바로 대중의 무의식적인 욕망이 응결된 '신파' 의 위력이다. 그리고 그 신파에 위로받는 자와 신파를 늘어놓는 자의 '처량함' 이, 동병상련적인 나르시시즘이 그녀의 소설을 읽게끔 하는 것이다.

신파의 위력은 다시 말하면 '신파' 의 직정성이 우리에게 결핍되어 있음을 말하는 것이기도 하다. 배수아의 소설적 전략 또는 매력은, '신파' 의 직정성으로 독자의 '진정성' 에 대한 결핍감을 대리충족시켜 준다는 점이다. 대리충족을 선택한 세대의 공통점은 '현실' 보다 현실의 결핍을 보상하는 '몽상' 을 더 선호한다는 것이다. 이 점에서 그들에게 문학은 현실의 결핍을 지시하는 '기호' 이다. 즉 '부재' 를 말하는 문학을 '구체화' 시켰다는 점에서 이들의 문학은 현실 자체를 모사하는 것이 아니라 현실의 '부재' 를 모방한다. '그럴듯함' 을 말하는 능청스러운 입담으로 그들은 부재하는 진정성을 수다스러운 나르시시스트가 되어 '넋두리' 처럼 말하는 것이다.

이런 사실에 비추어 보면 젊은 작가들의 글쓰기는 현실과 시대의 변화를 앞서서 예고하는 징후적인 측면을 지니고 있음은 명확한 사실이다. 그들의 글쓰기 전략은 어떤 방식으로든 현실을 살아가기 위한 '자기 위로' 와 '자의식적 탐색' 을 포함한다. 그들에게 위로와 고통스러운 탐색이 그다지 멀리 떨어져 있지 않다는 점에서 새로운 세대의 글쓰기는 나르시시즘적 자기애를 패러디한 '위선과 위악' 을 표면화시킨다. 이런 위선과 위악의 돌출은 '현실' 과 '시대' 에 대한 그들의 생각이 이전의 세대와 다르기 때문이다. 그들이 바라본 역사와 시대는 '발전' 과 '진보' 의 화려함 뒤에 숨겨진 '퇴폐' 와 '타락' , '폐허' , 한 마디로 '쓰레기' 그 자체이다. 근대성에 대한 생리적인 적대감을 가지고 태어난 이들에게 모든 근대적인 산물은 조롱 섞인 패러디의 대상이고 또한 제도에 대한 위반과 일탈 충동의 근원이다. 이 점에서 새로운 글쓰기를 지배하는 위반과 일탈 충동은 현실과 시대의 한 반영이다. 그들은 일그러진 근대가 낳은 '괴물'이기를 자처하는 위악자들이다.

4. 문학적 순교, 문학에의 순교

90년대 시에서 '불한당들의 문학사'로도 지칭되는 일련의 해체적이고 위악적인 젊은 시인들의 출현은 이점에서 위반의 충동을 생리적으로 지니고 있는 세대의 한 단면이 그대로 노출된 것이라고 할 수 있다. 밀란 쿤데라에 의해서 웃음이 "세계의 도덕적 모호성을 발견케 하고 타인들에 대한 뿌리 깊은 판단불능을 발견케 하는 신성한 빛, 인간사의 상대성에 대한 도취와 확실한 것이 없다는 확신에서 오는 야릇한 쾌감"이라고 정의되었듯이, 이들에게 '현실'은 도덕적으로 모호한 공간이며 타인은 판단불능의 대상이고 또한 인간의 역사란 불확실성의 연속일 뿐이다. 이런 자각은 위반의 충동과 조롱, 한없이 가벼운 유희에 대한 동경과 쾌감 속에 그들을 거주하게 한다.

90년대 초반의 시단이 정신주의와 신서정, 그리고 요설과 유희, 대중적 감수성과 문화의 등장으로 시작되었던 것처럼, 90년대 시의 행로는 줄곧 근대성의 산물과 그 본질에 대한 불신과 위반, 회의로 점철되었다. 따라서 새로운 세기가 열린 지금도, 근대성에 대한 불신이 여전히 지속되는 한 이러한 글쓰기의 관성은 계속될 것이다. 그러나 이러한 징후적이고, 충동적이고, 전략적인 글쓰기 이면에 내면적이고 자의식적인, 갑갑하고 폐쇄적인 글쓰기가 또한 존재하고 있음을 상기할 필요가 있다. 반항과 위반을 불온성의 핵심으로 지목하고 있는 시인들 이외에 오히려 반성과 성찰 혹은 지독한 자의식의 집착 또는 내면적 탐구에 몰두하고 있는 시인들의 글쓰기 또한 존재하고 있는 것이다. 이들은 시의 전통적인 특징인 '자아와 내면의 발견' 속에서 '시대의 문'을 여는 열쇠를 찾고자 하는 사람들이다.

그러나 불한당들과 자폐적인 은둔자들이 꿈꾸는 세계는 많은 점에서 공통적이다. 어떤 면에서는 그 자폐성과 불온성이 서로 전도되어 있는 것처럼 보이는 이들 시인들은 90년대 이후 새로운 길을 걷고 있는 한국문학사의 상호 전도(顚倒)된 '역상(逆像)' 혹은 '빛과 그림자'라고 할 수 있다. '거울과 거울 속에 비친 상'의 관계처럼 이들은 서로 대조적이면서도 공통적이다. 전자에 해당되는 시인이 장정일, 유하, 함성호, 함민복, 이승하, 허혜정, 차창룡, 김중식, 성미정, 박용재, 함기석, 이수명, 이철성, 서정학, 김참, 조연호 등이라면 후자는 기형도, 남진우, 송찬호, 채호기, 김기택, 나희덕, 이윤학, 장석남, 박형준, 장대송, 연왕모, 장철문, 김선우 등이다. 그러나 90년대 시인 전체를 이 두 부류로 나누는 행위 자체가 얼마나 무모한 일인가. 따라서 위의 예는 어느 한 쪽에 속할 만한 근거를 다소라도 지니고 있다고 생각되는 시인만을 우선 나열한 것이다. 이 시인들은 범박하게 말하면, 90년도 한국문학의 두 가지 주류를 형성하고 있는 시인들이라고 할 수 있다.

위악적인 포즈나 유희, 독설을 전략적으로 앞에 내세우는 시인과 자신의 내면의 우물 속에서 새로운 언어와 욕망, 격정을 길어올리는 시인들의 작업은 새로운 세기에도 여전히 지속될 것이다. 그리고 이들의 글쓰기는 아직 그 한계를 드러내고 있지 않다. 오히려 너무나 미숙하기 때문에 그들의 '전략적인 미성숙'이 종종 드러나지 않아서 쉽게 폄하되는 상황까지 발생하고 있는 것이다.

새로운 세기의 글쓰기는 이들의 '전략'과 '자의식의 탐색'이 좀더 성숙한 경지에 도달하는 순간 나름대로 그 향방을 뚜렷하게 보여줄 수 있을 것이다. 현재의 상황에서의 새로운 글쓰기란, 자의식의 극단 그리고 불온성의 극단이라는, 두 개의 정점을 향해 달려가는 것만이 뚜렷한 지표가 아닌가 하는 생각이 든다. 90년대 시가 지나치게 '화두'에 집착하는 점에 대한 비판은 실제로 이러한 극단을 탐험하는 자들의 정신적 '긴장도'를 감안하는 상태에서 이루어져야 하리라고 본다. 단순히 유행에 그치는 현상이 아니라 진정한 세계와 존재의 탐구, 그리고 변화를 드러내는 글쓰기가 되기 위해서 자신의 창작적 '자의식'을 어느 정도의 '한계'에까지 끌고 갈 수 있는가? 하는 극단의 체험, 극단의 의지를 실험하는 창작주체에 의해서만 앞으로의 글쓰기 전망이 새롭게 발견될 것이다. 그렇지 않다면, 모든 것은 이 순간 지루한 되풀이, 안일한 반복에 불과한 것이 되어 버릴 뿐이다.

채호기의 시집 『밤의 공중전화』의 뒷표지에 실린 다음과 같은 '해사문'은 90년대의 시적 체험이 왜, 이번 세기까지 지속되는지를 단적으로 알려준다.

> 사건은 힘과 시간으로 구성되어 있다. 몸은 사건을 겪고 사건이 기록되는 활동하는 장소이다. 몸은 자기 내외부의 유동하는 힘과 시간의 실체들에 끊임없이 부딪치고 접속되는데, 그것이 사건이라는 확고한 덩어리로 굳기 전의 물렁물렁한 상태, 그것이 감각이다. 몸은 감각을 통해 자기 자신 혹은 세계를 표현한다. 그 감각을 언어로 생산하는 불가능한 작업이 이 시집의 시들이다.[9]

---

9) 채호기, 『밤의 공중전화』, 문학과지성사, 1997.

몸에 대한 존재론적인 발견은 곧 '감각'의 의미를 재구성한다. "내외부의 유동하는 힘과 시간들에 부딪치는" 것이 삶이라면, 삶은 내부의 욕망 혹은 충동과 외부의 억압 혹은 장애, 한계 사이의 갈등·긴장의 연속이다. 그리고 몸은 그러한 삶을 살아가는 주체인 것이다. 마음의 갈등, 투쟁 욕망과 외부의 물리적인 억압을 모두 그대로 기록하는 장소가 몸인 것이다. 몸에 대한 발견은, 이 점에서 내면과 세계 사이의 근본적인 불일치 혹은 충돌의 기록에 대한 재음미 혹은 사건 후(後) 독서를 가능하게 한다. 기억은 이렇듯 사건으로 몸 안에 기록된 흔적을 재음미하는 행위이다.

그런데 시인은 위에서 말했듯이 사건으로 굳어진 기억이 아닌 물렁물렁한 상태의 체험, 즉 감각의 흔적을 더 중요하게 생각한다. 이런 생각은 몸의 발견 과정 속에서 시인이 감각의 실체를 만나게 되었다는 고백과 다를 것이 없다. 모든 것을 다 알고 있는 듯이 말하고 있는 세계의 언어, 근대의 언어 바깥에서 시인은 '감각의 언어'를 발견한 것이다. 그러한 감각의 언어는 이제까지 언어화되지 못했던 전혀 새로운 상태의 체험이기도 하다. 언어화되지 않은 체험의 발견, 이것은 존재의 심층부 속에 있는 수많은 '마음의 오지' 중에 한 일부에 불과할 것이다. 시인은 관념화되고 언어화되기 이전의 물렁물렁한 기억 또는 체험을 언어로 생산하는 작업을 자신의 시적 지향점으로 삼고 있는 것이다. 이런 시인의 시도는 스스로 "불가능한 작업"이라고 부를 만큼 언어의 한계와 존재의 한계에 대한 도전의식을 그 안에 이미 포함하고 있는 것이다. 이 말은 시인이 곧 이렇게 말하는 것과 같은 것이다. "나는 존재의 끝에 서고 싶다. 나는 언어의 벼랑 끝에서 떨어져 죽고 싶다."

채호기 시인의 극단을 지향하는 체험은 이 점에서 그 언어적 불온성의 충동을 내면화시켜 일종의 시적 숙명 혹은 생리로 만들어 버린 상태라고 할 수 있다. 그의 시적 자의식은 극단을 향한 욕망으로 뭉쳐 있으며 마침내는 극단의 체험 속에서 '순교(殉敎)'하고자 한다. 이런 극단의 체험에 대한 지향은 실제로 시인들의 '은둔자 의식'에서도 잘 나타난다. 황지우가 「이제, 문학은 은둔하자」[10]라고 말하고, 유하가 「다시, 불온성을 생각한다」[11]라고 했듯이, 앞으로의 문학은, 시는, 새로운 '순교'를 준비하고 있는지도 모른다. 극단을 향해 달려가는 시인의, 작가의 자의식만이 문학을 구원할 수 있음을 그들은 이미 예감하고 있는지도 모르기 때문이다. 그러나 과연 누가 그러한 극단의 체험을, 극단의 삶을 철저히 살 수 있을 것인가. 누가, 벼랑 끝에 선 자의 위기의식으로 마침내 새로운 세기에도 여전히 지속되는 이 어둠을 헤쳐 나갈 수 있을 것인가.

이윤학의 "언제나 나에게 독기를 불어넣어 주는 고통이여,/나를 비켜가지 말아라"[12]라는 시구절처럼, 이제 고통에 대한 순교는 현실을 헤쳐나가는 하나의 수단이다. 위악이든지 또는 악몽이든지 관계없이 현실은, 고통스러운 자의식과 자기 변신의 의지에 의해서만 문학으로 바뀌어지는 것이다. 그러니 문학이란, 가벼운 위로가 아니라 여전히 고통스러운 결핍의 '기호', 그 '대리물'이다. 역설적인 웃음과 역설적인 자기애를 표면에 드러냄으로써 훼손된 현실을 말하는 전략과 내면의 극단을 드러내기 위해서 '고통'을 택하는 '견인주의'는 문학적 치열함과 '순교의식'이 과거에 비해서 젊은 시인들에게 더욱 심화되었음을 알게 한다.

예들 들면 나희덕 시인의 최근작 「눈의 눈」은 그들이 생각하는 '은둔'의 의미가 얼마나 극적인 상황을 말하고 있는지를 알려준다.

---

10) 황지우, 「이제 문학은 은둔하자」, 『21세기 문학이란 무엇인가』, 민음사, 1999. pp.96-109.
11) 유하, 「다시, 불온성을 생각한다」, 『21세기 문학이란 무엇인가』, 민음사, 1999.
12) 이윤학, 「진흙탕 속의 말뚝을 위하여」, 『나를 위해 울어주는 버드나무』, 문학동네, 1997.

봄이 가까워질수록/눈은 산꼭대기로 올라간다/햇빛이 시려워 시려워서 //피워 놓은 눈꽃을 자꾸만 꺼뜨리며 따라오는/햇빛의 눈을 피해/눈은 음지로 숨어든다/누구도 그를 알아볼 수 없는 곳으로//쫓기지 않고는 오를 수도 없었을 산정에서/그가 본 것은 무엇이었을까/겨우내 연기 한 번 피우지 않고/물 한 모금 마시지 않고/어느 바위 틈에나 간신히 서려 있다가/점점 잦아들어, 마침내/훅 꺼져버린/눈의 눈//시린 물/흘러내리는 이른 봄마다 나는/눈 어두워 알지 못했네/그것이 한 은둔자의 피라는 것을[14]

"햇빛이 시려워" "누구도 그를 알아볼 수 없는 곳으로//쫓기지 않고는 오를 수도 없었을 산정에서/그가 본 것은 무엇이었을까"라고 묻는 시인의 내면에는 이미 '극단의 운명'을 예감한 자의 비장함과 처절함이 그대로 감추어져 있다. "겨우내 연기 한 번 피우지 않고/물 한모금 마시지 않고/어느 바위 틈에나 간신히 서려 있다가" "훅 꺼져버린/눈의 눈"은 바로 시인의 진정한 '은둔'이 무엇을 의미하는지 말해준다. 시인의 운명은 이처럼 '존재의 극단을 보는 것'에서 찾아진다. 이 순간 눈(雪)의 소멸은, 바로 눈(眼)의 소멸이다. 존재의 소멸을 눈(眼)의 소멸에서, 다시 말하면 '본다'라는 행위의 소멸에서 발견하는 시인의 의식은, 어느덧 시인을 시대의 예언자의 위치로부터 '증인(證人)'의 위치로 옮겨 놓는다. 시대와 함께 최후를 마치는 시인의 죽음은, 은둔의 마지막 무렵, "훅" 하고 그의 눈이 사라져버리는 순간에 찾아오는 것이다.

시대의 타락 속에서 모두가 눈을 잃고 '눈 어두워 알지 못할 때' 시가 은둔하는 이유는 이렇게 암시된다. 은둔자가 되는 시인은 자신의 존재 자체

---

14) 나희덕, 「눈의 눈」, 『현대시』, 2000. 1. p.152.

를 의미하는 '눈'을 지키기 위해서 스스로 은둔한다. 언젠가는 벼랑 끝에서 마지막 순간을 피할 수 없을 것을 알지만, 은둔은 대중 속에서, 혼탁한 욕망의 구렁 속에서 '밝은 눈'을 지키는 일, 곧 소중한 행위인 것이다. 눈이 녹아 흘러내리는 물을 바라보며 '은둔자의 피'라고 말하는 시인의 내면에는 이미 진정한 순교가 무엇인가에 대한 '자각'이 동반되고 있다. 결국, 삶이란, 이렇듯 '순교'하는 것이 아닌가. 문제는 어떤 극단의 순간을 맞을 것인가에 따라 다를 뿐.

황지우나 유하의 은둔과 불온성은 현실적 삶의 느슨한 안주와 순응에 대한 일종의 반발이다. 그러나 이러한 반발과 위반의 심리는 실제로 일상성과 일상적 삶, 일상 속의 존재에 대한 우리의 뼈저린 자각과 반성을 불러일으킨다. 90년대 시가 이룩한 진정한 '공(功)'은, 일상에의 순응과 안주 저편에 있는 진정한 존재의미의 탐구, 그리고 그러한 순응과 안주를 위반하는 위악과 은둔, 고통에의 순교가 어떤 가치를 지니고 있는지를 알려주었다는 점에 있다. 따라서 새로운 세기의 글쓰기는 이런 현실적 충족과 결핍의 논리를 넘어 자리잡고 있는 존재의 진정한 극단을 탐구하는 일에 온전히 바쳐져야 할 것이다.

5. 최후의 인간

한국시의 새로운 기획과 전망이라는 문제를 앞에 두고 90년대 문학은 이미 오래 전부터 자본주의적인 일상과 진정성이라는 대립적 영역을 그 화두로 삼아 왔다. 이 점은 새로운 천년기의 도래를 결코 낙관적으로 바라볼 수 없는 세기말의 풍경화를 우리에게 보여준다. 문명과 기술의 진보가 더 이상 미래의 유토피아를 지시하는 징표가 되지 못할 뿐더러, 오히려 공허하고 몰가치적인 죽음과 소진의 병적 문화를 낳을 뿐이라는 예측이 서서히 확신으로 굳어지고 있는 것이 현실이다. 타락하고 병든 문화의 붉은 노을을 등에 지고 이 시대의 시인들은 지금, 무슨 생각을 하고 있는 걸까. 거기에는 자본주의적 현실을 지배하는 대중적 독선과 냉소, 상업주의적인 작품의 유통 · 생산 구조, 자기허위와 기만, 감정적 사치, 가상을 앞세운 현실의 도피 등이 시인의 숨통을 조여오는 폭력이 상주한다.

적(敵)은 안과 밖에 동시에 있다. 자기허위와 태만이라는 내부의 적은 외부의 폭력보다 더 무서운 적이다. 끊임없는 자기검열이 없이는 진정한 자아를 인식하기조차 어려울 만큼 우리의 욕망과 희망, 결핍의 대상은 타인의 그것을 반사할 따름이다. 그러니, 필사적으로 나를 찾는 작업만이 이러한 내면의 허위를 넘어서 이 시대를 비판적이고 반성적으로 살아가는 지름길일 것이다. 이런 맥락에서 '은둔'과 '불온성'은 90년대를 넘어 2000년대에도 여전히 동시대성을 가진 시적 덕목으로 부활한다. 현대시에서 공허한 형식과 기교를 앞세운 자기 허위와 망각의 특질을 직시해 낼 수 있었던 미학적 덕목인, 은둔과 불온성은 '정신과 양심'을 전면에 내세워 내부의 욕망과 적을 언제나 치열하게 반성하게 한다. 그것은 시적 양심과 자기 검열이 90년대적인 의미에서 자기 내부의 영혼을 구원하려는 '진정성'으로 계승되었음을 알려준다. 이런 점에서 유토피아가 말라버린 세기말의 사막을 건너온 새로운 세기의 현대 시인들에게 있어서 은둔과 불온성은 자신의 내부로부터 영혼의 샘물을 길어 올리려는 새로운 글쓰기의 핵심을 보여준다.

미래의 희망이란, 누구나 조금씩 자기기만과 허위를 먹고 사는 이 시대에는, 단지 사라져가는 '아름다움'의 마지막 불꽃인지도 모른다. 그러니 희망이 없는 시대에 메마른 사막을 건너는 시인의 운명은, 필사적으로 자신을 경계하고 비판하는 것이 될 수밖에 없지 않은가. 그렇다, 우리는 조금만 비껴서 있어도, 저 뜨거운 사막에 자신의 뼈를 묻을 수밖에 없는 최후의 운명을 사는, 최후의 인간이다.

김춘식 | 동국대 국문과 교수.

불안, 공포, 여성

벌거벗은 삶과 숭고
불안의 시대와 주변의 공포 – 우리시대의 노동하는 주체
구속과 처벌로서의 신소설
연애, 문학, 근대인
한국 대중음악에 나타난 대안적 여성성

2

벌거벗은 삶과 숭고
— 벤야민의 밤과 별, 그리고 예술의 의미

황호덕

1

숭고란 무엇인가, 라는 질문에 앞서, 숭고는 무엇이었는가라는 질문을 먼저 던져보는 것은 파란만장했던 개념적 부침을 살았지만, 이제 또 갱생의 삶을 준비하고 있는 '숭고'의 앞길에도 해로울 게 없으리라. 아마도 이제 숭고의 과거가 아니라 미래를 이야기해야 할 저자의 앞길에는 심히 불운을 던지는 일이 되겠지만 말이다.

먼저, 휴전선 북쪽의 '숭고'의 용례를 조금 들여다보고 싶은데, 왜냐하면 그 장소야말로 숭고의 미학이 도달할 수 있는 지극히 막다른 데라고 여겨지기 때문이다. 『혁명선배를 존대하는 것은 혁명가들의 숭고한 도덕의 리이다』(김정일, 조선로동당출판사, 1995), 『한별 동지를 위해 바친 숭고한 충성심』(김영진, 근로단체출판사, 1985), 『숭고한 은정의 품: 한길의 로혁명투사들이 새세대들에게 들려주는 이야기 2』(금성청년출판사, 1983). 이런 시구는 또 어떤가. "어느 누구보다도 그이께서/몸소 인민을 존중하시고/인민의 리익을 제일생명으로 여기시는/훌륭하고도 지중한 산모범을/누구나가 혁명생활의 거울로 삼고 있으며/숭고한 그 정신을 군률로 삼기 때문에//원쑤들에게는 사자처럼 용맹하고/범처럼 무자비하면서도/인민들 앞에서는 순하디 순한 양과도 같이/자기의 모든 것을 아낌없이 바칠줄 아는/김일성 장군님의 참된 전사들!" (리용악,「어느 한 농가에서」중에서)'.[1] "수령의 얼굴은 화면의 정중앙에 태양처럼 밝게 빛나야 한다"는 수령영화의 '숭고'한 창작법은 이미 이 '숭고' 국가의 초기부터 시도되고 있었던 것이 아닐까. 그러니까, '숭고'는 '이념'을 향한 탄복할 만한 삶과 관련되어 있고, 그 삶이란 극한의 고난과 초인적 극복의 연대기이며, '숭고'의 예술이란 견고한 정치성과 이념을 자연의 어떤 무한함(태양, 폭풍, 노도, 사자)에 가탁해 보여주는 방법에 다름 아니었던 것이 아닐까.

　그러니까 나는 '숭고'라는 이름에, 자꾸 따옴표를 쓴다. 써야 할 것만 같다. 아마 가능하다면, 나는 이 구원받기 힘들 정도로 정치화된 언어를 피해보고 싶은 것인지도 모른다. 독일 '정신'의 정치적 부침을 떠올리며, 정신(Geist)/정신적(geistig)라는 단어를 피해보려 끙끙거렸던 하이데거를 염두에 두며, 떠올려 보는 '숭고'의 용례에는 과연 미학적 전율보다는 20세기 한국의 정치적 무훈(武勳)과 협력의 그림자가 너무도 짙게 드리워져 있는 까닭이다. 이 용어를 포기할 수 없는 한에서, 나는 지금 '숭고' 위에 탈구축적인 지우기(×)를 하고도 싶어진다. 그러나 결국 태도와 읽기의 문제가 아니겠는가.

---

1) 이동순 외,『어디서나 보이는 집 : 북한현대대표문학선집』, 도서출판 선, 2005, pp.22-23.

과연 '숭고'가 남쪽에서 걸어온 개념의 역사를 뒤돌아보더라도, 거기에는 자주 애국과 독립, 건설과 근대화, 민주화와 혁명의 테제들이 어른거린다. 우리는 그 테제가 문학화된 글들을 통해 놀랄 만한 초인적 인내력을 읽기도 하고, 이념과 윤리를 향한 극한의 실천력에 탄복하기도 하며, 곧잘 거기에 '숭고'라는 어휘를 붙여주곤 하는 것 같다. 유관순과 이육사와 저 임과 노동의 이름 모를 산업역군들과 좌우 이쪽 저쪽의 혁명적 삶들에 관한 묘비명 혹은 예배의 언어들에는 과연 '숭고' 혹은 '숭고한 희생'이라는 어휘가 빠지지 않고 등장한다. 관례화된 수사들은 이렇게 말한다. 그들은 우리들의 '이념'이 승화(sublimaition)된 상징이고, 그들의 숭고한 '희생'은 우리의 갈 길, 즉 사명을 알려준다.

이를테면 실천과 사명의 한계지점에서 "꼭 내일이 아니어도 좋다"라고 외칠 수 있었던 인물형들은 아름답다기보다는 '숭고' 했으리라. 한국문학의 문제적 개인은 거의 언제나 '숭고' 했다. 한국의 문학에 있어서, 아름다움은 때때로 나쁜 사회계약에 눈감는 치욕의 이름이었던 반면, 숭고는 미학적 성취와 정치적 실천이 겹치는 장소에서 벌어지는 잔혹한 사건들과 초월의 의지를 기념하는 찬사로서 기능해왔다. 요컨대, '숭고'라는 술어에는 정치와 이념의 그림자가 강력한 기운으로 서려 있으며, 그 때의 정치란 대개 어둠 혹은 비상사태, 전쟁 상태, 계엄령 아래에서의 어떤 움직임을 지시해 온 것으로 생각된다. 실제로 예외상태에서의 정치와 희생들은 늘 '숭고'의 이름으로 역사 속에 등장하곤 한다.[2] 정치에 의한 숭고의 점유와

---

[2] 예컨대 5·18의 살육과 성스러움에 대한 관례화된 평가를 보라. "광주민주화운동은 우리 역사, 아니 세계의 민주주의 역사에 지울 수 없는 큰 발자취를 남겼습니다. 무엇보다 '정의는 반드시 승리한다.'는 역사의 교훈을 남겨주었습니다. ······ 5·18 광주에서 시작된 민주화의 뜨거운 열기는 87년 6월항쟁으로 이어져 마침내 평화적 정권교체를 이룩하는 토대가 되었고, 마침내 오늘의 참여정부를 탄생시켰습니다. 참여정부는 바로 5·18 광주의 숭고한 희생이 만들어낸 정부입니다." 노무현, 「광주민주화운동 23주년 기념사」, 청와대 정책자료실, 2003년 5월 18일.

예외상태 속의 살육에 대한 '숭고한' 해명.
그런데 이것은 예기치 않은 특별한 현상인가, 아니면 비상사태가 정상상태였던 지난 세기의 흔적들인가? 숭고는 정치의 술어인가 문학의 술어인가? 숭고를 승리한 자들의 기념비 혹은 정치적 의식(儀式)의 수사로부터 구해내는 진정한 정치성·미학의 길은 무엇일까. 요컨대, 정치와 미학의 분할불가능성을 지나치게 손쉽게 수습해온 이 '숭고' 라는 말의 근원에 무엇이 있으며, 오늘의 미학은 그것과 어떤 관계를 맺고 있는 것일까.

2

생각해보면 칸트가 그의 제3비판서인 『판단력비판(Kritik der Urteilskraft)』에서 설명한 '숭고(Sublime)' 의 개념에는 애초부터 정치의 그림자가 짙게 드리워져 있었다. 실상 『판단력비판』은 (숨은) 계몽과 그것이 치환된 아름다움―특히 숭고라는 영역을 통해 자연과 자유를 매듭짓는 서적에 다름 아니었기 때문이다. 여기서 칸트는 제1비판(『순수이성비판』)과 제2비판(『실천이성비판』)을 연결짓는 방법, 즉 이론 이성(자연)으로부터 실천 이성(자유) 에로의 '이행(Ubergang)' 이라는 문제를 취급하고 있다. "감각적 매력으로부터 도덕적 관심으로의 이행" 이 바로 그것이다.

아름다움에 관한 취미판단은 대상의 현존재에 관해서는 무관심하고, 오직 대상의 성질을 쾌·불쾌의 감정과 결부시키는데 지나지 않는 판단[3]으

---

[3] Immanuel Kant, *The Critique of Judgement*, translated by James Creed Meredith, Oxford : Clarendon Press, 1952(1988 printing), §5. (KU, §5).

로, 칸트에게 이는 지극히 관조적인 능력으로 인지된다. 그러나 그의 정교한 이행의 언어들을 따라가다 보면, 우리는 어느 순간 개념도 목적도 전혀 존재하지 않는 곳―그러니까 아름다움과 예술의 자리에서 비로소 우리는 사명과 실천, 자유를 향해 건너 뛸 수 있게 된다는 놀라운 전도를 대면하게 된다.

칸트가 계몽을 "올바르게 이성을 사용할 수 있는 능력"으로 정의했던 것은 유명한 일이다. 숭고는 바로 이러한 감각적 자연으로부터 이성의 자유로의 이행에 있어서, 결정적인 역할을 담당하며, 그것이 불러일으키는 감정은 어떤 의미에서 매우 정치적인 영역에 근접한다.

그도 그럴 것이, 미감적 판단에서 숭고의 분석으로 넘어가자마자 개진되는 수학적 숭고―크기와 무한감에서 발생하는 숭고의 감정은 매우 난폭하고 경계없는 고양감과 형태없음에서 오는 기괴한 공포심의 원천인 한편, 이 같은 동요는 결국 사명이나 규범·자유와 같은 어휘들에 의해 초감각적인 영역으로 이월되기 때문이다. 칸트는 이렇게 말하고 있다. "자연에 있어서 숭고한 것에 관한 감정은 우리들 자신의 사명에 대한 경외의 염(念)이요, 우리는 이 경외를 일종의 치환에 의해서 자연의 객체에 표시하는 것"(KU, §27)일 뿐이다.

무한한 것은 절대적으로 큰 것인데, 이 무한한 것을 하나의 전체로서 사유할 수 있다는 것만으로도 숭고는 감관의 모든 척도를 초월하는 하나의 초감각적인 영역―실천=자유의 영역이 있음을 알게 한다. 우리는 숭고라는 막막한 감정의 느낌을 통해, 더 큰 것―사명, 계몽, 이성, 자유의 존재를 '유추'할 수가 있는 것이다.

자연 현상의 직관이 그 현상의 무한성이라는 '이념'을 수반할 경우에, 그러한 자연은 그 현상에 의해서 숭고한 것이 된다(KU, §26). 그런데 바로 그 현상에 대해 자연을 숭고한 것으로 '판단' 하게 하는 초월적 심의의 근거가 이성과 자유, 아니 그것이 당대의 현실 속에서 결합한 "이성의 자유로운 사용"=계몽인 것이다. 사명과 얽힌 숭고의 개념을 통해 우리는 "우리는 무엇을 알 수 있는가"라는 질문에서 "우리는 무엇을 희망해도 좋은가"라는 질문으로 비약하게 되고, 윤리적 실천의 사명을 깨닫게 된다.

인간은 무한으로 열린 사명의 존재인데, 그러나 자연에 의해 제한된 존재이다. 그래서 인간은 최대의 감성 능력으로도 부족한 파악할 수 없는 대상을 이성의 자유라는 궁극목적의 전도된 형식으로 확인하며 결정적 쾌감을 느끼게 되는 것이다. 자연은 자연 이상의 것─사명의 존재를 '유추' 하게 한 후 뒤로 퇴각하고, 그 때 감각의 영역을 다루는 숭고의 미학은 초감각적인 것이 된다. 아름다움의 영역─특히 숭고의 감정을 통해 칸트는 자연─현실의 원리에서 자유─이념의 원리로 비약하는 지렛대를 얻으려 한다. '이행' 이란 바로 이런 것이다.

감성은 숭고의 상태에서 초감성적인 것이 되며, 사명과 합치하게 된다. 아름다움의 영역 특히 자연의 무한함과 사명의 무한성은 숭고를 통해 유추적으로 매개되며, 그런 의미에서 칸트에게 있어서 숭고란 자유의 알레고리에 가깝다. 방법적으로 그것은 분명 특수들 속에서 보편을 발견하는 '상징' 이지만, 제3비판서의 목적과 '이행' 의 시도에 있어서는 어쨌든 칸트는 헤겔과 유사한 예술의 종언─자연의 베일을 벗기는 예술 '철학' 을 작동시키고 있다. 왜냐하면, 그에 따르면 "진정한 의미의 숭고는 그 어떤 감각적 형태 속에도 담길 수 없"기 때문이다. 감성은 이성과 자유의 존재를 유추토록 하는 데 멈춘다.

그러나 내가 여기서 주목하고 싶은 것은 이 이행의 비판서의 본문 밖으로 튕겨나온 하나의 '예외적' 각주이다. 칸트는 숭고의 재현이 불가능함을 말하면서도 '자연'에 그 어떤 '유추'나 인간학적 점유를 봉쇄하는 '비밀'이 존재하고 있음을 이야기한다. 어머니 자연의 풀리지 않는 비밀. 칸트는 "나는 지금 존재하는 동시에 과거에 존재했고, 또한 앞으로 존재할 모든 것이니, 그 어떤 인간도 나의 베일을 들어올리지 못했다"(KU, footnote, 146th)라는 이시스(Isis) 신전의 경구를 인용하고 있다. 이행의 시도에도 불구하고, 자연상태-베일은 언제나 존재한다. 이 시구에 대한 칸트의 논평은 이렇다. "필시 인간이 지난 날 이시스(어머니 대지/자연)의 신전에 새긴 경구보다 더 숭고한 방식으로 어떤 사유를 표현한 적은 없으리라". 인간학적으로 열어 젖혀지지 않는 어떤 자연의 베일 앞에서 '멈춰 서게' 하는 이 느낌의 영역이야말로 진정한 숭고에 다름 아니었던 게 아닐까. 신전의 숭고한 시구는 자연의 베일을 들어올릴 수는 없으나, 어쨌든 그 들어올릴 수 없는 베일이 있음을 '제시'하는 일 자체는 가능함을 표시하고 있다.[4]

이시스=어머니 자연, 자연상태, 공포 안에서 그것들의 존재를 제시하는 숭고함 혹은 시의 언어. 이 자연=닫힘의 세계를 난폭하게 열어젖히는 인간학 기계 혹은 이성의 폭력은 이미 '사명'과 '규범' 혹은 '계몽'의 형태로 칸트의 텍스트 안에 남아 있었지만, 그러나 칸트는 이 숭고의 영역을 여전히 어떤 비밀의 장소로서 남겨두고 있는 듯하다. 시는 열지 않은 채, 경계의 지점에 육박해 우리의 이론 이성을 멈추어 버린다. 우리의 감성과 앎을 무한을 향해 확장하고 경계를 향해 밀어붙이는 숭고의 감정은 많은

---

[4] 인문학의 창시자 칸트는 종국에는 이 어머니 자연(Isis)의 비밀-베일을 벗기고야 마는데, 제3비판서에서 종종 '계몽'의 사명을 연상시키면서도, 어머니 자연의 베일을 염두에 두었던 숭고의 형상은 이후의 그의 작업에 있어서 '도덕 규범'으로 낙착되고 있다. "우리가 그 앞에 무릎을 꿇는 베일을 두른 여신은 바로 우리 안에 존재하는 도덕규범이다". 자곱 로고진스키, 「세계의 선물」, 장 뤽 낭시 편, 『숭고에 대하여』, 김예령 옮김, 문학과지성사, 2005, p.246에서 재인용.

경우 정치적 기획과 도덕 개념에 그 자신을 빌려줄 가능성을 품고 있었지만, 또한 숭고에는 그러한 것을 넘어서 우리의 감성과 앎을 극한까지 몰아세우고 인간학 기계 혹은 이론 이성과 현존하는 이념을 공중에 매달 수 있는 가능성 역시 존재하고 있다. 사회계약이나 이성의 이념의 저변에 항상 존재하는 어머니 자연 혹은 대지, 예외상태, 공포, 벌거벗은 삶, 그리고 그러한 것들의 존재를 알려주는 숭고. 이 결합은 어쩐지 홉스에서 슈미트와 벤야민을 거쳐, 아감벤에 이르는 어떤 서구 지성사의 한 축을 연상케 한다.

3

「기술복제시대의 예술작품」나 「아케이드 프로젝트」(Passagen-Werk)와 같은 근대적 예술의 존재방식에 대한 영감 넘치는 글들과 함께 언급되곤 했던 벤야민의 이름은, 오늘날 주권, 폭력, 법, 메시아주의와 같은 정치신학적인 논제들과 함께 운위되고 있는 듯 하다. 벤야민의 이름 뒤에 서명하고 있는 데리다와 아감벤의 글들은 한결같이 법과 폭력의 문제를 기론하며 주권의 서사의 안팎을 오간다. 현대적 삶의 꽃이 아니라 피와 살육의 흔적과 구원의 가능성을 더듬어 나가는 것이다. 예외상태와 법의 불가능성과 같은 근대 서사의 외부를 맴돌며 펼쳐지는 탈구축과 생정치의 담론. 그 속에서, 벤야민의 이름은 "벌거벗은 삶"(blossen Leben/bare life) 혹은 폭

---

5) '벌거벗은 삶'에서 「파사쥬」로 이동하는 벤야민의 사유와 그 궤적의 단서들에 대해서, 김항, 「댄디와 주권 : 벤야민의 문턱」, 『현대비평과 이론』 제23호, 2005년 봄·여름호, 옴니북스, 2005.

력 비판과 같은 그 특유의 개념의 성좌들과 함께, 우리 세기의 정치적인 기획들의 밑그림으로 새롭게 읽혀지고 있는 것이다.[5]

물론 나는 이 글에서 데리다나 아감벤의 논지를 요약·반복하며 싶지는 않다. 자연상태=예외상태의 삶, 법 밖에 있는 듯 법적 폭력의 대상이 되는 "벌거벗은 삶"이라는 잘 알려진 오늘의 정치적 술어들 주위에 포진한 몇 개의 어휘들, 특히 숭고의 예술이 갖는 의미에 약간의 주의를 기울여보고 싶은 것이다. 「운명과 성격」(1919), 「괴테의 선택적 친화력」(1921), 「폭력의 비판을 위하여」(1921)라는 글에 등장하는 "벌거벗은 삶"이라는 술어의 주위에서, 나는 마치 성좌처럼 따라다니는 예술, 비극, 성격희극, 파시즘의 근원적 극복, 무엇보다 '숭고'라는 말에 붙들린다. 벤야민은 어두운 밤―혹은 '구원된 밤'이라는 모티프 속에서, 이 베일과 숭고, 벌거벗은 삶, 자연의 개념을 하나의 성좌들로 펼쳐 놓고 있다.

죄와 속죄는 균형 속에 공정하게 재어지는 것이 아니라, 무차별적으로 섞인다. 거기에는 분류된 것으로서의 "도덕적 세계 질서"라는 질문이 존재하지 않는다. 대신, 도덕적 영웅, 아직 자신의 때를 만나지 못하여 침묵하며 입 다문 누군가가 고통스러운 세계를 흔들어 동요시키며 스스로를 일으켜 세우려 한다. 도덕적 말없음, 도덕적 유아성 속의 천재 탄생의 역설이야말로 비극의 숭고성이다. 이것이야말로 필시 신보다는 천재에게서 나타나는 숭고성의 근간이리라. 운명이란 심판된 것, 즉 근본적으로 처음에는 유죄선고를 받은(condemned) 것으로 나타나고 그 다음에는 죄를 짊어지게 되는, 그러한 것으로서 삶을 고찰할 때, 스스로를 드러낸다. 괴테는 운명의 이러한 양면을 "가난한 사람들, 너희는 유죄(guilty)가 될 것이다"라는 말로 요약한다. 법은 처벌이 아니라 유죄를 선고한다. 운명이란 살아 있는 생명의 유죄성의 연관이다. 이러한 유죄성의 연관은 생명이 처하고 있는 자연 상태에 상응한다. (……) 심판관은 어디서나 그가 원하는 데에서 운명을 부과해야 한다. 모든 심판에 있어서 그는 맹목적으로 운명을 명령해야 한다. 이 운명의 선고는 인간이 아니라, 자연적 유죄성과 불운에 관여하고 있는 인간 속의 '벌거벗은 삶'이다[6]

예술의 영역에 있어서든 단순한 자연 현상에 있어서든, 아름다움[美]은 근본적으로 베일과 그 베일에 가려진 것이 아름다움[美] 안에서 하나를 이뤄 벌거벗음과 가림 사이의 이원성이 존재하지 않는 지점에서만 가치를 가질 수 있다. 반대로 이러한 이원성이 점점 더 확연히 표명되어 마침내 인간 안에서 가장 강력한 힘을 발휘하기에 이를 때, 보다 명확해지는 것은 베일 없는 벌거벗음 속에서 이 같은 근원적 아름다움[美]은 자리를 양보하게 된다는 사실이다. 대신 일체의 이미지(Gebliden)를 넘어서 존재하는 것인 숭고와 모든 종류의 생산을 넘어서는 작품인 창조자의 작품이 인간의 벌거벗은 몸을 통해 이룩된다.[7]

피는 벌거벗은 삶(blossen Leben)의 상징이다. 법적 폭력의 작동은 벌거벗은 자연적 삶의 유죄성에서 비롯하는데, 이 법적 폭력은 죄가 없지만 불운한 생명체를 속죄로 인도한다. 또한 이것은 죄 지은 생명체를 죄로부터가

---

[6] Walter Benjamin, "Fate and Character", Selected Writing Volume 1, edited by Marcus Bullock and Michael W. Jennings, Belknap Havard, 2004, pp.203-204. 이하, 독일어본의 원 개념과 일본어본의 개념 번역을 참조했다.
[7] Walter Benjamin, "Goethe's Elective Affinities", Selected Writing Volume 1, Belknap Havard, 2004, p.351.

아니라 법으로부터 구원해주기도 한다[8]

도덕 규범이나 법이 아니라, 도덕적 말없음과 자연 상태, 벌거벗은 삶 쪽에서 탄생하는 숭고함. 벌거벗음과 가림이 가차 없이 작동하는 순간 출현하게 되는 숭고. 이들 텍스트에서 '벌거벗은 삶'은 운명, 베일, 자연적 삶과 같은 어휘들과 연동되고 있다. 만약 그 반대편에 법에 의해 보호되는 삶—사회계약—국가의 상태를 세워본다면, 벌거벗은 삶이란 틀림없이 홉스가 말한 자연상태의 삶에 근사한 것이라 해야 옳을 것이다. 벌거벗은 삶은 인간의 초자연적인 삶과 대립되는 것으로, 이는 법적 폭력 안에 있으면서 또한 법의 보호 밖에 있는 삶, 즉 운명에 의해 '유죄' 선고 된 삶을 뜻한다.

홉스에 따르자면 주권자 레비아탄에 의해 발해지는 (시민)법은 법이 적용되는 보통상태와 적용되지 않는 예외상태를 결정한다. 벤야민은 바로 그 지점에서, 실제로 법이 폭력을 가하며 유죄를 선고하는 것은, 보통상태의 '인간'이 아니라 바로 이 자연상태의 벌거벗은 삶이라고 말하고 있는 것으로 보인다. "가난한 사람들, 너희는 유죄(guilty)가 될 것이다". 혹은 "인간 속에서 초자연적 삶이 없어질 때, 인간의 자연적 삶은 행위의 차원에서는 윤리에 어긋나지 않더라도, 그 자체로 죄가 되어 버린다. 왜냐하면 이 자연적 삶은 '벌거벗은 삶'에 포섭되어 있고, 이 사실 자체가 인간의 죄로 드러나는 까닭이다"(「괴테의 선택적 친화력」). 유죄의 운명 혹은 예외상태의 생명으로 결정되는 '벌거벗은 삶'의 만연.

---

8) Walter Benjamin, Critique of Violence, ibid., p.250. 벤야민, 「폭력의 비판을 위하여」, 1921, 진태원 옮김, 자크 데리다, 『법의 힘』, 문학과지성사, 2004, pp.164-165.

그러니까, 벤야민이 이야기하는 자연적 삶은 홉스가 말한 자연상태로부터 국가 상태로 곧 이행하게 될 법 이전 상태 혹은 국가 이전 상태의 개념과는 상당한 거리가 있다. 왜냐하면, "계약의 결과와 마찬가지로 모든 계약의 기원 역시 폭력을 지시하고 있"고, 또 법정립적 폭력 이후에 법유지적 폭력이 지속적으로 작동할 수 있는 근거에는 바로 이 '벌거벗은 삶'의 존재가 필수불가결하기 때문이다. 벌거벗은 삶은 사회계약이 성립하고, 국가가 "나는 보호한다, 그러므로 나는 구속한다"라는 테제를 내놓은 이후에도 결코 종식되지 않는다. 아니 차라리, 법은 '벌거벗은 삶', 즉 예외상태의 결정을 통해서만 그 스스로를 운명적인 것, 즉 '죄'에 관여하는 존재로 각인시킬 수가 있다. 예외상태—즉 '벌거벗은 삶'으로의 추방이라는 공포야말로, '구속'과 지배의 기초이다.

즉, 벌거벗은 삶이란 초자연적인 삶에서 벗어나 있기에, 애초부터 유죄선고를 당한 삶이고, 따라서 이들의 존재는 정치성의 내부, 법의 외부에 있으면서 무차별적인 법적 폭력의 대상이 된다. 사실상 벌거벗은 삶은 예외의 형태, 즉 배제를 통해서만 포함되는 어떤 것으로, 정치 속에 붙들리듯 남아 있다.[9] 칼 슈미트의 명제대로 만약, 주권자가 예외상태를 결정하는 사람이라면,[10] 그러한 예외적 존재의 출현을 위해서는 반드시, 죽여도 죄가 되지 않을 뿐 아니라 성스러워지는 벌거벗은 존재가 있어야 하는 것이다. 예외상태를 통해 자연상태와 국가상태 양쪽에 관여하는 성스러운 존재—주권자는 예외상태 속의 벌거벗은 삶을 '결정'의 계기로서 반드시 요구한다.

---

9) Giogio Agamben, *Homo Sacer : Sovereign Power and Bare Life*, trans. by Daniel Heller-Rozen, Stanford Univ. Press, 1998, p.11.
10) ibid. p.15.

우리는 비로소 벤야민의 마지막 저작 중 하나인 「역사철학테제」의 난제들 중 하나를 이해할 수 있을 성 싶다. "억눌린 자들의 전통이 우리에게 가르쳐주는 것은, 오늘날 우리의 삶에 있어서의 '예외상태'가 보통상태라는 사실이다. 이러한 가르침에 맞는 역사 개념을 우리는 손에 넣어야 한다. 그랬을 때에야 진정한 예외상태를 출현시키는 것이 우리의 과제임이 분명해질 것이고, 이를 통해 파시즘에 대한 투쟁에서 우리가 갖는 위치도 개선될 수 있을 것이다. 파시즘이 승산이 있는 이유는, 그에 대한 반대자들이 진보라는 이름을 하나의 역사적 규범으로 삼아 이것으로 파시즘에 맞서고 있기 때문이다"[11] (VIII). 그가 말한 신의 폭력, 진정한 예외상태의 출현이란, 그러니까 벌거벗은 삶의 예외성(포함하면서 배제하는 것)에 더 이상 기반을 두지 않은 어떤 정치를 손에 넣는 일에 다름 아니었던 것인데, 여기서 숭고한 예술의 역할이란 예외와 상례를 분할하는 결정을 정지(standstill)시켜 버리는 순간의 제시에 있다. 숭고의 예술은 '보통상태'를 진보의 '규범'으로 삼는 정치성을 어떤 경계로 밀어붙임으로써 보통과 예외의 분할 자체를 공중에 매달아 버린다.

그러나 아감벤과 데리다의 안내를 통해 조금 더 명확해진 폭력과 법, 예외상태를 통한 정치의 문제와는 별도로, 좀더 새로운 주목을 요하는 부분은 예외상태, 자연상태, 벌거벗은 삶과 함께 등장하는 '숭고'라는 어휘이다. 단적으로 말해, 벤야민은 도덕규범−법−보통상태의 외부에 배제의 방식으로 포함되어 있는 '벌거벗은 삶'을 표시하는 것이 바로 숭고의 예술이라고 쓰고 있는 것이다. 보통상태와 예외상태의 이원성이 확연해지

---

11) Walter Benjamin, *On the Concept of History*, *Selected Writings Volume 4*, edited by Marcus Bullock and Michael W. Jennings, Belknap Harvard, 2003, p.392.

면, 즉 나쁜 결정의 정치—파시즘이 행해지게 되면, 아름다움은 뒤로 물러서고 일체의 이미지를 초과하는 숭고가 벌거벗은 삶을 통해 '제시' 되게 된다. 숭고란 신의 폭력, 창조자의 작품, 세계의 경계를 흔드는 천재 등으로 표현되고 있는 어떤 '구원된 밤' 의 경계 쪽에서 그것들의 존재를 알려주는데, 이는 예외상태의 벌거벗은 삶과 도래해야 할 것으로서의 "진정한 예외상태"(구원)의 경계에서 숭고가 움직이고 있기 때문에 그러하다.

4

자연과 인간 혹은 자연적 삶과 정치 사이에서 작업하며 오랫동안 인문주의 혹은 인간학 기계(anthropological machine)의 일부로 사고되어 온 예술의 위치는 오늘날 어떤 것이며, 어떤 것이 되어야 할까.

인간과 자연의 관계, 자연과 역사의 관계에 대해, 벤야민의 어떤 텍스트들은 전혀 다른 이미지들을 제시하고 있는 듯하다.[12] 여기서 인간학 기계는 전혀 작동조차 하지 않고 있는 것으로 보인다. 벤야민에 있어서, 자연은 닫힘(Verschlossenheit)과 밤의 세계로서 나타나며, 계시의 영역으로서의 역사의 반대편에 위치 지워지고 있다. 놀라운 것은 그가 이념과 예술 작품을 이 자연—닫혀진 영역(!)에 속하는 것으로 생각하고 있다는 점이다. 오히려 예술은 어떠한 낮도 대망하지 않는 자연의 모델로서 규정되고 있다.

따라서 (예술 작품은) 어떠한 심판의 날도 기다리지 않는 자연으로, 그러

---

12) Giogio Agamben, *Open : Man and Animal*, trans. by Kevin Attell, Stanford Univ. Press, 2004, pp.81-84.

니까 역사의 극장도 아니고, 인간이 거주하는 곳도 아닌 자연의 모델로서 정의됩니다. 즉 구원된 밤(die gerettete Nacht)인 것입니다.[13]

벤야민은 자연을 '이행' 되어야 할 어떤 것이나, 매개되어야 할 대상으로 생각하고 있는 것이 아니라, 오히려 지복(至福, beautitude)의 원형으로서 이야기한다. 구원된 밤이란 "메시아적 자연의 리듬"이라는 것. 그러니까 그로서는 '구원된 밤'과 자연과 예술작품을 하나의 성좌 속으로 엮어내는 가치전환을 시도하고 있는 것이다. '구원된 밤'이란 그 자신에게로 되돌아온 자연의 이름이다.

인간은 어느 정도는 자연에 속하고 또 어느 정도는 자연과 역사를 확연히 구별하며 인간학 기계를 작동시키는 장력에 지배된다. 인간은 그 장력 속에 존재하는 이중적 존재이다. 벤야민은 인간과 비인간을 구분하며 지배하는 이 기계를 멈출 것을 제안하며, 이 '멈춤'을 하나의 구원의 계기로서 이야기한다. 벤야민은 인간과 자연의 관계를 이렇게 규정하고 있다.

> 제국주의자들의 가르침에 따르면, 자연의 지배란 모든 테크놀로지의 본성이다. 그러나 어른에 의한 아이의 지배가 교육의 의미라는 식으로 공언하는 교사를 누가 믿을 수 있을 것인가. 교육이란 필시 무엇보다도, 세대 간의 관계에 필수불가결한 질서이기에, 만약 굳이 '지배'라고 말하고 싶다면, 이는 아이를 지배하는 것이 아니라, 세대 사이의 '관계'를 지배하는 것이 아니겠는가. 마찬가지로, 테크놀로지라는 것 역시 자연을 지배하는 것이 아니

---

13) Walter Benjamin, *Benjamin to Florens Christian Rang, December 9, 1923*, trans. Rodney Livingstone, in *Selected Writings Volume 1*, ibid, p.389.

라, 자연과 인간 사이의 관계를 지배하는 것이다. 확실이 종(種)으로서의 인간(Men)은 몇 만 년도 전에 발전의 종국에 이르렀으나, 종으로서의 인류(의 테크놀로지)는 겨우 그 발단에 이르렀을 뿐이다.[14]

여기서 자연과 인류 '사이'의 관계를 지배한다는 것의 의미는 변증법과는 아무런 관련도 없다. 벤야민의 모델—정확히는 벤야민에 대한 아감벤의 해석에 따르자면, 결정적인 것은 인간과 자연 사이의 간격을 합치시키지 않고, 놓여 있는 그대로의 성좌(constellation)로서 받아들이는 일이다. 그것을 합치시키려는 그 어떤 시도도, 결국에는 예외상태를 결정하고 포섭하면서, 가혹하게 지배하는 법폭력에 지나지 않기 때문이다. 이 '성좌' 속에서 인류학 기계는 이미 더 이상 인간을 생산하기 위해 비인간을 포획하는 일을 멈추게 되며, 자연과 인간을 분절화를 더는 행할 수 없게 된다. 이 성좌 속에서 인간학 기계는 말하자면 '정지' 해 버리게 된다. 여기서 우리는 예외상태나 보통상태가 아닌 어떤 "정지상태"(at a standstill)의 도래라는 벤야민식의 정치신학적 언술구조를 또 한 번 대면하게 된다. 요컨대, 벤야민은 자연과 인간 모두를 공중에 매다는 일(suspension) 속에서, 우리는 동물도 인간도 아닌 어떤 것—아직 우리가 명명할 수 있는 이름을 가지지 못한 것으로 다시 태어난다고 말한다. 자연과 인간 사이를 가로지르며, 구원된 밤에 몸을 두게 되는 것이다. 어떤 의미에서, 숭고의 예술이란 그러한 '구원된 밤'의 성좌를 이루는 한편, 실제로는 그러한 밤의 출현을 예감하며 벌거벗은 삶을 쪽에서 빛나는 별과 같은 것이라 해야 할 것이다.

---

14) Walter Benjamin, *One-Way Street*, trans. Edmund Jephcott, in Selected Writings Volume 1, ibid. p.487.

나는 앞서, 칸트가 숭고의 사례로 인용한 이시스 신전의 시구에 대해 언급했었다. "나는 지금 존재하는 동시에 과거에 존재했고, 또한 앞으로 존재할 모든 것이니, 그 어떤 인간도 나의 베일을 들어올리지 못했다". 벤야민식으로 보자면, 이것이야말로 인간의 닫힘—비밀 혹은 신비—인데, 이것을 열어젖히는 것이 인간학 기계이다. 이 '열림'은, 열림이라는 뉘앙스와는 달리 잔혹한 것이다. 왜냐하면 이시스 신의 말처럼, "그 어떤 인간도 자연의 베일을 들어올리지 못했"고 그럴 수도 없기 때문이다. 따라서 열림이란 '열어젖힘'이고, 이는 실상 예외상태, '벌거벗은 삶'의 '결정'에 불과한 것이다. 법은 스스로를 운명적인 것·주권적인 것으로 만들기 위해 늘 '벌거벗은 삶'에 피와 린치를 가한다. 자연을 남김없이 이행시키는 일은 불가능하며, 바로 그러한 이유 때문에 칸트에게 그 불가능의 경험에 대한 시구야말로 그토록 '숭고' 했던 것이다.

이것을 완전히 열었다고 자부해온 정치철학의 명제들은 예외 없이, 예외상태를 만들어냈고, 그 속에서 이미 죄지은 자들로 선고된 많은 벌거벗은 삶의 '피' 들이 뿌려졌다. 모든 파시즘은 예외 없이, 자신의 시대를 예외적인 상태로 규정했다. 한국의 근대사란 그런 의미에서, 예외상태가 보통상태였음을 수많은 '비상(非常)'한 날짜와 법들로 표시해온 연대기라고 할 수 있다. 계엄령과 비상사태는 이러한 예외상태를 예외 없이 구속할 비상한 조치들을 발해왔다. 폭력과 함께 하는 예외의 결정들, 즉 인간학 기계에 의해 수많은 생명들이 인간이 아닌 어떤 것으로 선언되었던 것이다. 근원적 유죄성으로 운명 지워진, 아니 '결정되어 버린' 벌거벗은 삶과, 죽여도 죄가 되지 않는 예외적 상태=전쟁상태의 반복들 혹은 (한국) 근대사. "죄 많은 목숨"을 한스러워 하며 울고 있는 어머니 (대지). "오늘날 우리의 삶에 있어서, '예외상태' 야말로 보통상태이다".

그런 의미에서, 벤야민이 말한 "진정한 예외상태를 출현시키는 일"—구원된 밤이란 하나의 "정지상태"로서 설명된다. 벤야민은 이시스의 닫힘을 '여는 것'이 아니라 '멈춘다'. 다시금 나누거나 합치시키는 것이 아니라 공중에 매단다. 이것이 '사이', 정지, 문턱의 의미이다. 그런 까닭에, '진정한 예외상태'(구원된 밤)를 출현시키는 예술의 임무란, 벌거벗은 삶과 정상적 삶을 구분하는 불절화 자체를 공중에 매다는 극한의 경험을 제시하는 데에 있다. 숭고 그것은 재현되는 것이 아니라 결국 '제시' 되는 것이다.[15]

벤야민의 말처럼, 벌거벗음과 가림 사이의 이원성을 문제삼지 않는 미학은 아름다움[美]에 관여하지만, 이러한 이원성이 분명해져 정상상태와 예외상태, 지배와 피가 선명하게 나뉘어지는 곳—벌거벗은 삶에서는 오직 '숭고' 만이 그 모습을 드러낸다. 숭고는 어떤 경계가 있음을 표시하는 한편, 그 경계에 육박하는 일을 통해 탈—경계의 느낌을 경험토록 한다.[16] 예외상태의 삶을 우리의 눈앞에 제시하면서 정상상태의 경계에 육박해 들어가, 그 경계를 막막한 것으로 만드는 것. 숭고의 예술은 벌거벗은 삶, 인간의 벌거벗은 몸을 통해 출현한다. 숭고한 예술이란, 일체의 형상이나 이론을 넘어서는 곳에서 느끼는 막막함을 정치적 이념의 언어로 수습하는 그러한 미학이 아니라, 그러한 정치적 경계를 만드는 모든 기계들을 공중에 매다는 탈경계의 운동이다.

---

15) Jean-Luc Nancy, *A Finite Thinking*, tran. Jeffrey Libbrett, edit by Simon Sparks, Stanford Univ. Press, 2003, p.225. 장 뤽 낭시는 숭고를 재현(representation)과는 상관없는 어떤 것으로 본다. 그는 제시 presentation라는 개념을 통해 숭고라는 불가능성의 경험을 이야기하며, 이와 같은 경험을 불러일으키는 '숭고'의 예술을 탈경계(die Unbegrenzheit)의 흔적·운동으로서 파악한다.
16) ibid. p.226. 낭시의 경계로 밀어 붙이기 개념은 불가능성의 경험이라는 점에서, 벤야민의 공중에 매달기—사이 개념과 어느 정도 연동되는 듯하다.

5

칸트가 실제로 그의 미학에서 긍정한 것은 예술이라기보다는 비평이었다. 아름다움과 숭고의 개념은 바로 그 무목적적 합목적성이 이데올로기 혹은 자유와 이루는 유비관계를 통해 정당화되었고, 그 정당화는 철학과 예술 사이에서 작업하는 판단력, 즉 비평의 몫이었던 것이다. 중요한 것은 대상이나 텍스트가 아니라, 단지 그 대상을 대면하는 순간 "내가 내 안에서 발견하는 어떤 것"(KU, §2)일 뿐인 까닭이다.

한편, 칸트는 또한 그러한 이데올로기에 흡수되지 않는 영역, 예컨대 베일을 벗지 않는 이시스나 그녀가 읊은 시와 같은 절대적 불가능성의 경험에 감탄하며, 그 어떤 기성의 사명이나 이념 따위에 의해 손쉽게 포획되지 않는 '숭고'의 경험에 전율했다. 제시할 수 없는 것이 있다는 사실에 대한 놀라운 제시들—제시 불가능성의 제시. 그러나 앞에서 보았듯이 칸트는 이러한 경험을 때때로 '의붓어머니 자연'(『판단력 비판을 위한 최초 입문』)[17]이라는 썩 석연치 않은 이름을 통해, 이론 이성의 영역으로 포섭하려 했고, 근대적 삶의 정치를 더 많이 지배한 것은 바로 이러한 '이론 이성'에 점유된 '정치화된 숭고'였다.

어떤 의미에서 한국의 근대문학은 많은 경우, 국가·민족·계급의 '재현'을 통해 '숭고'를 극히 정치적·이념적인 방식으로 환기시켜 왔던 것으로 보인다. 예외상태=보통상태의 벌거벗은 삶에 주목하며, 이를 넘어서기 위한 대항 미학으로서 숭고와 이념의 합치된 결합을 작동시켜온 것

---

17) 친모가 아닌 계모처럼 작용하는 자연. 경험과 이론 이성의 작용에 의한 이해가 불가능하도록 만드는 무질서와 혼돈. 자콥 로고진스키, 위 글, p.243.

이다. '경계' 지움의 상상력으로 참호를 파고, 저항선을 표시해온 것. 한국 문학에서의 '도래할 것'은 많은 경우, '지켜야' 할 것 – 회복해야 할 것으로 나타나곤 했다. 한국비평이 늘 '너무 많이 아는 (어른) 남자'에 가까웠던 것은 그 저항선과 경계의 뚜렷함 때문이었고, 그래서 예술은 종종 이 '너무 많이 아는 남자'와 교응하며 어떤 저항선들을 '재현'하는데 주력해 왔다. 본디 어머니 자연(Isis)의 찬양자 혹은 벌거벗은 삶의 제시자였을 예술은, 이시스에 대해 말하는 일을 '아름다움'[美]의 미명(美名) 아래 행해지는 협력으로 간주해 왔고, 법적 상태 – 보통상태가 회복되면 벌거벗은 삶도 사라지고, 자연은 그 베일을 벗으리라 믿었다. 그러나 실제로 그러한 예술=이론이 합치시키려 했던 벌거벗은 삶은 예기치 못했던 장소 – 정상적 민주주의와 시민법이 회복된 도시 한복판에서 대규모로 쏟아져나왔다. 이 '너무 많이 아는 남자'가 점점 더 허황된 사람이 되어간 것도 이 노숙의 계절 탓이리라.

나는 생각해 본다. 숭고의 '지금'을. 왜냐하면 오직 '지금 여기'만이 숭고할 수 있을 테니. 숭고한 과거가 있는 게 아니다. 대상이 놓인 시간의 전후를 불문하고, 숭고한 느낌은 언제나 '지금' 있다. 예술이 숭고에 관계하는 것은, 예술이야말로 그러한 시간들 전체 · 삶 전체를 '현전/제시/선물'(presentation)하기 때문이다.

이렇게 묻자. 지금, 여기, 한반도 남부의 이 시간. 백가흠이나 이기호, 박민규 소설의 날 것의 삶들을 과연 무엇에 대한 '재현'이고 '사명'인지 알아내는 일은 가능한가. 그것이 어떤 이념의 전도된 형상인지 유추하는 일은 가능한가. 법 혹은 이념과 무관한 듯, 완전한 폭력 속에서 살고 있는 예외적 존재들을 향해 있는 소설들(백가흠을 보라). 혹은 재현이 멈추어야 할 곳에서 그것을 넘어 자연적 삶의 흔적을 표시하는 언어들(이기호를 보라).

예컨대 전나무 숲과 마을 사이의 장력에 놓인 한 인간의 예외적 삶과 그 벌거벗은 삶이 보통상태=경찰의 법=법폭력 혹은 법집행(enforce the law)에 의해 포획 당하는 장면을 그린 백가흠의 소설들을 나는 떠올려본다. 오직 벌거벗은 삶을 추방하기 위해서만, 예외상태 속으로 개입해오는 힘들. 그러나 영원히 포획을 거부하는 어떤 대지·동물들의 소리들. "전나무숲에서 오래된 영혼들의 수근거림이 들려왔다. 전나무숲에는 오래된 영혼들이 살아 달이 뜨지 않는 밤에 숲으로 들어온 이를 잡아먹었다"[18]

벌거벗은 삶이 도시 한복판·상례적 삶의 장소들 속에 존재하는 방식들은 또 어떤가. 매일같이 어머니를 때리는 아들, 가정의 테두리를 조직하며 '아내'의 몸을 팔거나 피를 빼는 남자들, 눈먼 여인의 안마를 받는 사람들. 매번 어머니 대지-예외상태-벌거벗은 삶은 남성들의 돈·폭력·법에 의해 포획되거나 유린당한다. 그럼에도 백가흠의 소설에서 (더 큰) 자연은 그 베일을 벗지 않은 채 남는다. 백가흠의 한 소설은 묻고 있다. "니 어무이는 어딨노?" 달구와 남자는 거대한 섬 하나가 바람횟집에 내려앉는 것을 본다. 여자가 둥둥 파도에 밀려 사라진다. 여자가 은빛 전어떼를 따라 바다를 향해 나아간다. 해일이 빠지자 바람횟집은 흔적도 없이 사라져 있다"(「귀뚜라미가 온다」, 62쪽). 잔혹한 순간이지만, 차라리 구원의 밤에 가까울 이 벌거벗은 여자들(실제로, 또 상징으로)의 죽음을 도래시키는 거대한 파도의 밤과 그 밤을 제시하고 있는 언어의 빛. 혹 이 나신의 삶과 이를 덮는 파도를 제시하고 있는 이 순간을, 신의 폭력, 구원된 밤, 그러니까 난폭한 숭고의 '흔적'이라고 말할 수는 없을까.

---

18) 백가흠, 「전나무숲에서 바람이 분다」, 『귀뚜라미가 온다』, 문학동네, 2005, p.148.

'벌거벗은 삶' 쪽에서 우리의 정상적 삶 전체를 공중에 매다는 일을, 나는 거기에서 보고 어떤 막막함을 느낀다. 그것은 나의 이론 이성이 정지하는 순간이면서, 또한 그럼에도 불구하고 내가 우리 시대의 어떤 삶을 통해 시대 전체를 보는 듯한 느낌에 사로잡히는 순간이기도 하다. 마치 시를 쓰듯 잔혹한 풍경을 서사화하고 있는 백가흠의 소설을 읽으면서 느끼는, 이 막막하면서도, 먹먹한 쾌(快). 새로운 제시의 예술들은 그러한 것들의 경계에서 '재현' 이상의 것을 사고하도록 압박한다. 도래할 숭고, 도래하고 있는 숭고는 사명으로 가는 그 어떤 기계적 움직임도 거부하는 형태가 될 것이다. 숭고의 예술은 제시하고 예감하지, 재현하지 않는다.

　재현이 아닌 제시의 미학, 숭고한 막막함은 이기호나 박민규와 같은 작가들의 글을 통해서도 경험된다. 「머리칼 傳言」라는 소설을 통해, 이기호는 인간 생명에 존재하는 야성과 그것을 포획하는 듯 배제하며 지배하려는 율법(승려 아버지) 혹은 계몽·도덕규범(교사)의 시도를 묘파해 나가고 있다. 어머니, 아버지를 알 수 없는 고아였던 한 여자 아이의 머리칼은 성적 강렬함으로 가득 차 있다. "온전히 풀어 헤쳐진 여자의 머리칼은, 살아 있는 모든 것들에게로 제 몸을 뻗어갔다. 화초의 줄기와 벤자민의 가지와 남자의 육체"로.[19] 새로 그를 딸로 삼은 승려 지종은 그 강렬한 느낌에 놀라, 그녀의 머리에 걸쇠를 단다. 그러나 그녀가 처녀가 되어 버린 어느 날, 그 봉인은 사찰 언저리의 별장을 든 한 역사학도 교사의 손에 의해 풀리고 만다. 이 역사교사는 아내가 있음에도 그녀의 머리칼에 붙들려 옥탑방을 얻고 두 집 살림을 시작한다. 예외를 옆에 둔 정상적 삶은 깨어지기 시작하고, 그는 그녀를 버리기 위해 안간힘을 쓴다. "되돌아보지 마

---

19) 이기호, 「머리칼 傳言」, 『최순덕성령충만기』, 문학과지성사, 2004, p.124.

라……뒤돌아보지 마라……. 남자는 그렇게 중얼거리며, 사람들을 밀쳐
내며, 계단으로 내려갔다. 무쇠의 머리핀을 움켜쥔 채, 무쇠 머리핀 걸쇠
에 여자의 머리칼이 일렁거리는 것도 모른 채"(142쪽).

여성을 사취하듯 핥는 한편, 정숙하게 두려는 규범과 율법의 남자들. 아
내와 가정과 역사서를 통해 규범으로 서려하면서, 동시에 예외상태의 벌
거벗은 생명에 폭력에의 충동과 매혹을 동시에 느끼는 이 남자, 그는 과연
'보통상태'의 '정상적 삶'으로 돌아갈 수 있었을까. 이기호의 건조하고
수식(修飾) 하나 없는 문장들을 따라가다 보며 만나는 결미는 아마 부정적
이라고 대답하고 있는 것 같다. 예외상태에 대한 그 어떤 추방도 불가능
하리라. 왜냐하면 예외적 순간의 '이상성'(異常性)이 없이는 '정상성' 역
시 존재할 수 없기 때문이다. 마치 걸쇠에 잠겨 있는 머리칼처럼, 그러나
스스로 살아 움직이며 정상적 삶의 안쪽으로 틈입해 오는 머리칼처럼, 그
것이 그렇다. 성경에 붙들렸으나, 결국 여학생 앞에나 출몰하는 벌거벗은
'아담'의 신체에서 성령을 구하게 되는 '최순덕'처럼, 우리의 삶에는 풀
리지 않는 베일·비밀이 존재한다.[20] 이기호의 소설로 말하자면, 비밀을
풀어 헤치기보다는, 그 존재를 숭고의 경험, 충만한 쾌(快)를 통해 제시하
고 있는 것이다. 비밀이란 풀릴 수 없고, 풀린 비밀이란 더 이상 비밀이 아

---

20) 이 비밀의 영역을 자연상태, 예외상태로 '결정'하는 일을 통해 우리는 자연으로부터 해방되지만, 이러한 결정의 대가로서 우리는 삶의 비밀을 잃어버린다. 자연은 오직 '벌거벗은 삶'이라는 잔혹한 흔적으로만 출몰하게 되는 것이다. 벤야민은 이를 넘어서는 경험으로서 성적 충만이라는 농밀한 아포리아를 제시한다. 성적 충만은 닫힘-자연에 속했으면서도, 도처에서 자연을 뛰어 넘는다. 성적 충만이라는 거대한 변전은, 비밀을 넘어서면서도 이를 풀어 헤치지 않은 방식으로 인간을 (자연의) 비밀로부터 해방시킨다. 구원의 여성, 성적 충만, 예술, 숭고의 경험, 구원된 밤의 별-인간은 이러한 것들을 통해 어머니 대지=자연=닫힘으로부터 절단되어 다시 태어나지만, 이 닫힘이 열리는 것은 아니다. 벤야민은 인간/동물, 닫힘을 열어젖히는 것, 비밀의 해명, 이 모두를 공중에 매달고, 정지시킨다. Walter Benjamin, *One-Way Street*, ibid., p.482. 혹은, Giogio Agamben, *Open : Man and Animal*, ibid. p.83.

니다.[21]

휴머니즘과 민주주의의 실현—그러니까 보통상태의 회복을 진보로서 사고해 온 한국소설의 경계를 압박하며, 출현하는 새로운 숭고의 문학들. 예컨대, 박민규의 소설이 그려내고 있는 자연사적 알레고리와 새로운 무한의 개념, 즉 경계의 안쪽을 핥아나가면서 급작스레 경계의 저편으로 비약하는 듯한 어떤 운동들을 나는 속절없이 상기시켜본다. 그도 그걸 결정과 부정의 방법에 의해 무언가를 '극복' 한다는 생각은 경계를 제거하는 것이라기보다는, 만드는 일이 되는 까닭이다. 박민규로 말하자면, 경계의 안쪽에서 이를 밀어올리며 멈추는, 탈경계의 '운동가' 가 아닐까.

정상상태로 향해 가기 위해, "화물" 이 되어 전철 속으로 "마구마구 밀려들어가는" 사람들에 대해 박민규는 이렇게 쓰고 있다 "아니, 어찌 내 입으로 그것이 인류(人類)였다고 말할 수 있겠는가".[22]

정상상태 바로 옆에 예외상태가 있다, 아니 예외상태야말로 우리의 삶이다. 예컨대, 정상상태의 끝에서 겨우 유지되던 삶이 무너지면서 맞는 어떤 사건들—노망한 할머니, 쓰러진 어머니, 가출한 아버지를 둔 한 공고생의 이야기를 들어본다. "이상하게도 그 순간, 나는 기린이 아버지란 생각을 했다. 이유는 알 수 없지만, 그런 확신이 들었다. 나는 이미 통로를 뛰어가고 있었다. 사라지기 전에, 사라지기 전에. ······무관심한, 그러나 잿빛

---

21) 데리다의 이러한 '비밀' 의 아포리아는, 벤야민이 신비, 비밀의 개념과 상당부분 연동하고 있는 데, 그들은 이를 '불가능성의 경험' 으로 인지하고 있다. 그러니까 '멈춤' · '공중에 매달기' 란, 어떤 의미에서 이미 '해체적' 인 사유가 아니었을까. Jacques Derrida, *The Gift of Death*, trans. by David Wills, University of Chicago Press, 1992, p.21. 어쨌든 낭시도 말하고 있는 바, '불가능성의 경험이 출현하는 순간' , 현재의 가치와 힘들을 철회시키거나 정지시키는(standstill) 순간을 제공하는 것이 바로 숭고이다. Jean-Luc Nancy, ibid., pp.234-235.
22) 박민규, 「그렇습니까? 기린입니다」, 『카스테라』, 문학동네, 2005, p.75.

눈동자가 이윽고 물끄러미 나를 바라보았다. 기린은 자신의 앞발을 내 손 위에 포개더니, 천천히, 이렇게 얘기했다. 그렇습니까? 기린입니다"(「그렇습니까? 기린입니다」, 92-93쪽).

인간학 기계를 공중에 매다는 한편, 예외상태=보통상태의 오늘을 제시하는 소설, 그러면서도 어느 순간 완전히 예외적인 상상력─동물과 우주와 대지의 크기 속에서 진정한 예외상태의 '흔적'을 출현시키는 박민규의 소설들은 놀랍다. 때때로 지나친 서사의 유희와 편(pun)을 즐기는 듯하면서도, 경계의 극단으로 육박해 들어가는 박민규의 소설은 인간학 기계·재현의 미학에 맞서, 유쾌한 숭고를 작동시킨다. 우주에 우리의 삶을 매달아보기도 하고, 한반도의 어떤 '평범한 예외'의 삶을 우주적 상상력에 대조시키기도 하고, 자연사의 알레고리를 통해 그 삶의 비천함 혹은 위대함을 이야기하기도 한다. 예외적 상황을 통해 경계 쪽으로 맞붙는 한편, 어느 순간 경계 밖으로 초월해 버리는 듯 보이는 언어들. 아니, 경계 자체에 도전하는 언어들.

예외상태가 보통상태이고 이를 넘어서는 일이 불가능함을 표시하면서도, 갑자기 이를 넘어서는 것을 제시하는 소설들. 한국의 어떤 새로운 작가들은 경계와 예외를 포착하면서도 이를 어떤 사명의 염에 접속시킬 어떠한 단서도 제공하지 않는다. 보통상태를 '회복'한다고 해서, 예외가 사라지는 것은 아니다. 혹자는 이 막막함과 즐거움의 모순된 느낌, 숭고의 경험을 정신분석도 해보고, 누군가는 그들의 문화적 경험과 세대성에도 주목해지만, 그 어떤 상례화된 이념도 애초의 막막함을 줄여주지는 못하는 듯이 보인다. 분명한 것은 '지금' 한국의 어떤 새로운 작가들이 그려내는 삶이 인간학 기계와는 무관한 곳에서 씌어지고 있고, 그 어떤 벌거벗은 삶을 다루면서도, 이를 아름다움이나 정치 속에 수습하기보다는 극히 '숭고' 한 영역을 향해 몰아붙이고 있다는 사실이다. 우리들의 사명·이념·앎은 그것들 앞에서 깊은 한계의식을 경험한다. 이 아무것과도 접속하려 하지 않는 절대적 경험의 제시들. 하나의 제스처로 경계를 정하는 듯 보이면서 그 경계를 없애는 탈경계의 움직임들. 예외가 모든 것을 알려준다는 정치신학적 진술들이나 "한계에서 모든 것이 제시된다"는 숭고 미학의 테제(낭시)들이 옳다면, 그들이 다루는 예외적 삶과 상황들은 '총체적'인 '전체의 윤곽'을 드러내고 있다고 해야 하리라.

동물과 인간, 우주와 지구, 폭력과 법, 예외상태와 보통상태가 분할되지 않는 채 제시되는 순간, 갑작스럽게 숭고가 출현한다. 우리에게 그것은 마치 벌거벗은 삶의 예외상태에서 온 듯 보이지만, 실은 숭고는 그러한 분할들을 공중에 매다는 경험으로서 존재한다. 만약 자연에서 자유에로의 '이행'이 있다면, 이 막막함이 출현시키는 어떤 느낌을 해명하게 될 새로운 언어 속에서만 존재하리라. 아니, 제시되리라.

숭고란 스스로 형태를 소유하지 않으며, 윤곽을 잡고 스스로 이것을 넘어서려는 동시적 움직임 그 자체를 의미한다. 자연과 함께 작업하면서도 인간에 관계하는 예술은 그 경계를 멈추는 한편, 어두운 밤의 성좌들을 오가며 '탈경계'의 '흔적' 혹은 '운동'을 만들어낸다(그러니까, 이들 소설들·예술들은 경계를 벌써 넘어 버린 것이거나, 넘어설 수 있는 무엇은 아니다. 그것은 그 경계를 밀어내며 그러한 분할 자체를 멈춘다).

밤에 별처럼 빛날 수 있다는 하이데거의 아포리아가 참으로 갑작스러운 장소에서 충족되는 장면을, 나는 벤야민의 성좌들 속에서 발견하고 감탄한다(그 감탄은 또한 어떤 문학의 언어들을 떠올리게 한다). 예외상태, 벌거벗은 삶과 관련되어 서술되고 있는 벤야민의 미학은 그 어떤 기성의 정치성 혹은 정신(Geist) 속으로도 포섭될 수 없는 '숭고'의 흔적을 남기고 있다. 마치 한반도 남쪽의 '어떤' 문학의 지금— 희미하게 갱생하고 있는 숭고의 빛처럼. 마치 이시스의 베일처럼, 거기에는 풀리지 않는 많은 '비밀'들이 있다. 낮의 태양 속이 아니라 밤이 돌아 올 때에야 겨우 빛을 발하기 시작하는 어떤 예술은 벌거벗은 삶들의 장소 속에서 우리들의 삶 전체를 제시하는 한편, '진정한 예외상태의 출현'이 있어야 함을 이토록 막막한 기분을 통해 우리에게 일깨우고 있는지도 모른다.

쾌(快)의 양식으로 도래하는 이 두려움. 이제부터, 나는 계속 그 막막함을 좀더 가까이서, 그 안쪽 혹은 경계의 문턱에서 읽어나가야 하리라. 어두운 사람이 읽어야 할 저 어둠의 깊은 곳에서 빛나는 몇몇 성좌들의 침묵, 저 무한한 공간 위에 들어박힌 별들의 침묵이 나에게는 두렵다. 아니, 유쾌하다.

황호덕 | 문학평론가.

불안의 시대와 주변의 공포
— 우리 시대의 노동하는 주체

서동진

시대의 기분 — 우울과 불안

항우울제가 잘 나가던 시절이 있었다. 그러나 우울증의 시대는 어느덧 뉘엿뉘엿 저물었다. 알다시피 지금은 "비아그라"의 시대이다. 어디에선가 슬라보예 지젝이 말했듯이 비아그라는 만성성욕항진상태에 잠기도록 우리를 몰아 넣는, 기괴한 혹은 물질화된 윤리적인 명령이다. 섹스는 오르가슴의 생리학으로 환원되었고 우리는 더 이상 섹스의 명령으로부터 피할 수 없다. 우리 시대에 쾌락을 포기하는 것보다 더 나쁜 짓이 어디 있겠는가. 그래서 그것은 또한 소비자본주의의 스펙터클이 쉼 없이 쏘아대는 주문(呪文)의 모습이기도 하다. 언제부턴가 우리를 찍어 누르고 있는 웰빙 현상은 바로 잘 먹고 잘 살아야 한다는 명령이 지닌 빽빽한 위협을 보여준다. 한 알의 푸르스름한 당의정 안에 객관화되어 있는 윤리적인 명령, 그것을 지젝을 쫓아 이야기하자면, 당연히 "즐겨라"일 것이다. 물론 그 즐겨야 한다는 명령은 외부의 어떤 장소를 점유하고 있는 통제자의 목소리에서 나오는 게 아니다. 그것은 자신의 행복과 안녕을 돌보는 자의 보편적 심리학이 되었다. 더불어 자신을 돌보고 변화시키는 자유는 얼굴 없는 명령이 되었다. 자유주의자들이 상상하는 구속되지 않는 삶의 상태인 자유(자유에 관한 표준적인 정의처럼 되어 버린 이사야 벌린이 『자유론』에서 언급했던 그 자유)는, 이제 실체 없는 강압이 되었다. 자유라는 이름으로 불리는 얼굴 없는 명령, 목소리 없는 강제. 그런 점에서 불안은 또한 우리 시대의 자유에 부착된 미망(迷妄)이기도 하다. 우울의 시대에 명령은 바깥으로부터 도착했다. 자신이 복종하거나 따라야 할 규범은 외부에서 자신에게 행사되는 것처럼 보이기 때문이다.[1] 그러나 불안이 비롯되는 장소는 따로 없다. 그것은 도처에 있고 또한 어디에도 없다. 그저 불안에 압도당하는 주체만 있을 뿐이다.

"파랑새 증후군"이니 "생존자 증후군(survivor syndrome)"이니 혹은 "노동중독"이니 하는 현상이 심심찮게 거론되고 있다. 이 모두는 노동과 상관되어 있다. 20대 초반의 직장인들이 자신이 일하는 직장에 지긋이 눌러 있지 못하고 계속하여 자리를 옮기는 증상을 파랑새 증후군이라 부른다. 생존자 증후군이란 끊임없는 구조조정이 끝난 뒤에 자리를 지키게 된 이들이 느끼는 스트레스와 불안을 가리킨다. "노동중독"이란 말뜻 그대로이

---

1) 물론 우리는 그 외부를 자신 안에 옮겨 넣을 수 있다. 바깥에서 행사되는 명령을 자신에게 영향을 미치는 힘으로 바꾸어내는 장치가 만들어졌던 것도 그 때문일 것이다. 푸코가 말했던 저 유명한 고백(the confession)의 주체나 정신분석학에서 말하는 양심의 주체가 바로 그에 해당될 것이다. 그것은 스스로에게서 우러나는 명령에 따르는 주체를 보여준다. 그렇지만 그것은 바깥의 명령의 반영이고 그것은 역으로도 그러하다.

다. 일에 미친 사람이다. 사람들은 일에 몰입하고자 하며, 일을 사랑하고 일을 숭배한다. 이 모두는 불안이다. 노동하는 주체의 모습 역시 우울에서 불안의 궤적을 따라 움직인다. 우리는 이런 변화를 설명할 작은 초상을 그려볼 수 있다. 노동자와 직장인들이 마시던 음료의 변천을 생각해보자. 스트레스와 피로에 찌든 노동자의 모습은 80년대와 더불어 사라지는 듯이 보인다. 그 때까지는 "박카스"와 "우루사"의 시대이다. 피로회복과 자양강장의 시대였고 노동자들에게 문제는 스트레스와 권태라는 우울이었다. 그리고 이는 테일러주의(Taylorism)과 포드주의(Fordism)와 관련되어 있다. 그리고 잠시 술독을 풀어주는 "컨디션"이 잘 팔리는 시대가 있었다. 90년대였다. 이 때엔 영업과 기획, 마케팅이 중요한 시대였고, 소비자본주의가 절정을 이루고 있었다. 권태를 잊고 고역스러운 노동에서 벗어난 기쁨을 즐기기 위해서가 아니라 기획과 마케팅, 영업을 위해 술을 마시는 시대였다. 신세대가 등장하였고 틈새시장이니 고객만족이니 하는 용어들이 세상을 휩쓸었다. 대량생산, 대량소비 시대가 흔들리고 있었고, 과소비를 푸념하는 목소리가 웅성거리며 들려왔다. 마이카 시대니 배낭여행이니 하는 말들이 이제는 먼 옛날처럼 여겨지리만치 소비자본주의는 맹렬하게 삶의 속도를 바꾸었다. 그리고 더 이상 우울에 시달릴 필요가 없게 되었다. 불안이 바야흐로 세상을 좀먹기 시작했기 때문이다. 불안이 바야흐로 세상을 좀먹기 시작했다.

그리고 외환위기를 거쳐 지금에 접어들었다. 빠르게 바뀌는 제품생산의 주기, 변덕스러운 소비자의 욕구, 걸핏하면 들먹이는 무한경쟁의 전지구적인 개방 그리고 인터넷으로 상징되는 새로운 지식의 생산과 소비가 시대의 기분을 바꾸어 버렸다. 외환위기와 구조조정이 들이닥친 이후 우리는 노동자와 직장인을 가리키는 표상이 사라진 음료의 시대를 살고 있다. "비타500"이니 하는 웰빙 음료가 이제 시장을 석권한다. 지식기반 정보사회라는 개념이 상용어가 되었고 이태백, 삼팔선, 사오정, 오륙도 같은 신조어가 세상을 떠다니는 시대이다. 변화를 두려워하여선 안 된다는 주장이 범람하고 안주하고 기생하는 사람보다 변화에 도전하고 변화를 촉진하는 직장인만 필요하다는 주장은 이제 시쳇말이 되었다. 고용 없는 성장의 시대에 부와 노동의 관계, 그리고 일과 삶의 관계는 혼란스러워진다. 노동과 일을 둘러싸고 오랜 동안 유지되어왔던 사고의 습관이 바뀌기 시작했다. 변화를 두려워하다 망한 사람들에 관한 우화집인 『누가 내 치즈를 옮겼을까』[2] 같은 책이 장안의 베스트셀러가 되었다. 『익숙한 것과의 결별』[3]이란 서정적인 제목의 자기계발서가 베스트셀러가 되었고, 그 책을 쓴 이는 인문학적인 자기계발서라는 새로운 장르를 만들며 우리 시대의 최고의 경영 컨설턴트 겸 윤리학자가 되었다.

시대의 기분, 시대의 인식
― 노동이라는 소실매개자(vanishing mediator)

우리는 이 글에서 우리 시대의 불안한 주체를 다루려 한다. 그러나 그 불안한 주체란 심리적인 문제를 앓는 개인을 가리키는 것도 아니고 막연한 시대의 감정에 시달리는 사회적인 군상을 가리키는 것 역시 아니다. 불

---

2) 스펜서 존슨, 『누가 내 치즈를 옮겼을까』, 이영진 옮김, 진명출판, 2000.
3) 구본형, 『익숙한 것과의 결별 ― 대량실업시대의 자기 혁명』, 생각의나무, 1998.

안한 주체란 탈근대 자본주의사회에서 노동하는 주체를 가리키는 또 다른 이름이기 때문이다. 그것은 내성적인 개인의 태도와 감정이기에 앞서 변화된 자본주의사회에서 살아가는 주체의 모습이다. 기분이라는 감정의 배치는 또한 사회의 물질적 관계의 배치이기 때문이다. 그러므로 불안한 주체란 심리적인 개인이나 집단이 아니라 새로운 자본주의사회의 주체성을 가리키는 초상이다.

이 글은 불안을 겪는 주체를 탈근대 자본주의사회의 변화된 노동의 모습과 연결한다. 시대의 기분은 곧 자신이 사는 시대의 모습을 재현하려는 충동이 만들어낸 결과이다. 그러나 시대의 기분은 시대의 전모 혹은 아직도 그 개념에 충실할 필요를 느낀다면 시대의 총체성에 이르지 못하고 있음을 보이는 징후이기도 하다. 다시 말해 시대의 기분은 시대에 대한 인지적인 독해에 이르지 못했을 때, 우리가 시대를 사유하기 위해 의지해야 하는, 불완전하고 소극적인 사유의 방법이다. 당연히 (프레드릭 제임슨의 유명한 제안처럼) 시대를 "인지적으로 지도 그리는(cognitive mapping)" 작업이 필요할 것이다.[4] 그러나 인지적 지도그리기를 통해 탈근대 자본주의사회의 총체성을 그려내는 것은 비웃음의 대상이 될게 분명하다. 알다시피 우리 시대에 가장 비웃음거리가 된 개념 가운데 하나를 꼽자면 그것은 총체성이란 개념일 게 뻔하기 때문이다. 불행하게도 자본주의 사회의 총체적 재현을 시도하려는 어떤 노력도 거대 서사란 이름으로 혹은 계몽적인 이성의 횡포란 이름으로 규탄받아 왔다. 그렇지만 우리는 이에 굴복할 필

---

4) Fredric Jameson, *Postmodernism, or, The Cultural Logic of Late Capitalism*, Durham, Duke University Press, 1991.

요를 느끼지 못한다. 우리가 비판해야 할 대상은 거대서사가 아니라 외려 "물신적 총체성"이다. 사실 우리는 자신을 에워싼 세계를 재현하고자 하는 충동에서 한 치도 자유롭지 못하다. "위험사회"에서 가장 잘 팔리는 것은 트렌드에 대한 분석과 기회 분석을 가능케 하는 프로그램과 소프트웨어라는 것은 매우 아이러니한 일이다. 사이비 미래학이 시대의 학문이 되었다는 것도 우울한 일이다. 다시 프레드릭 제임슨의 말을 빌자면 이런 총체적 재현을 향한 충동은 "음모론(conspiracy)"이라는 알레고리적인 서사에게 포획되어 버린다.[5] 아니면 스펙터클이 세계에 관한 해석을 전달하고 순환시킨다. 스펙터클은 우리 시대의 물신적인 총체성을 가리키는 다른 이름이다. 따라서 우리 시대의 사유를 지배하는 것은 거대서사와 계몽적인 이성이 아니라 물신적인 총체성이다. 이런 점을 생각할 때 우리는 세계를 총체적으로 재현하려는 꿈 자체를 포기할 필요가 전연 없다. 반대로 그런 총체적인 재현에의 꿈을 물신적인 총체성에 양보하지 않는 것, 음모론과 스펙터클, 위험사회의 인식론적인 도구들에게 세계를 사유하는 권한을 주지 않는 것이 필요할 것이다.

우리가 이 글에서 시대의 기분을 노동이라는 범주와 연결하려는 것은 그런 발상에서 비롯된다. 우리는 시대의 기분을 통해 어렴풋이 시대를 감지할 수 있을 뿐이다. 그러나 시대의 기분으로부터 시대를 향한 인식으로 도약하는 작업이 필요하다면 그것은 노동이란 범주를 경유하여야 한다. 노동은 자본주의사회에서 다양한 삶의 활동을 매개하기 때문이다. 따라서

---

5) Fredric Jameson, "Totality as Conspiracy", *The Geopolitical Aesthetic : Cinema and Space in the World System*, Bloomington, Indiana University Press, 1992, pp.9-35.

노동의 정체성이 어떻게 변화되었는지 인식한다는 것은 탈근대 자본주의 사회의 총체적인 모습을 재전유하려는 노력이다. 그러나 노동의 종말이나 노동의 소멸을 주장하는 우리 시대의 주장들은 노동이란 매개자를 저주한다.[6] 더 이상 노동으로부터 가치를 만들어내는 것이 아니라 지식과 정보로부터 가치가 생산된다는 지식정보 자본주의론 등은 노동이란 범주를 추방하고 새로운 매개자로부터 자본주의사회의 총체성을 재현하려 한다.[7] 따라서 노동은 소실매개자(vanishing mediator)가 되었다.[8] 물론 노동이란 범주를 저주하고 추방함으로써 자본주의사회에 관한 새로운 재현을 추구하는 것은 새삼스러운 일이 아니다. 후기산업사회론을 비롯한 여러 담론적 기획은 한결같이 노동을 지나간 산업사회에 속한 것으로 처분하려 하였다. 그러나 진실은 노동이 사라지거나 종말을 거둔 것이 아니라 노동을 규정하고 전유하는 새로운 권력이 등장했을 따름이다. 그러므로 종래의 자본이 노동이라고 규정했던 노동의 정체성은 종말을 거두었다. 이에 우리는 연연해 할 필요가 없을 것이다. 그렇지만 그렇다고 노동 자체가 사라진 것은 아니다. 노동을 전유하고 지배하는 자본의 권력은 노동에 관한 새로운 표상을 생산하고 그를 통해 노동과 노동하는 주체를 지배하기 때문이다.

---

6) 제레미 리프킨, 『노동의 종말』, 이영호 옮김, 민음사, 1996.
7) 피터 드러커, 『자본주의 이후의 사회』, 이재규 옮김, 한국경제신문사.
8) Fredric Jameson, "The Vanishing Mediator ; or, Max Weber as Storyteller", *The Ideologies of Theory : Essays 1971-1986* Vol. 2, pp. 3-34.

핵심 역량 혹은 인재와 주변의 노동

 탈근대 자본주의사회의 주체는 특별한 장소의 은유에 더 이상 얽매이지 않는다. 예컨대 주변이라는 공간의 은유를 통해 탈근대 자본주의사회의 주체를 그려내기란 불가능한 일이다. 탈근대 자본주의사회에서 공간의 배치는 중심과 주변의 차이를 지우기 때문이다. 벨리디안(Belidian) 사회란 말이 있다. 벨기에라는 가장 부유한 사회와 인도라는 가장 빈한하고 참담한 사회가 이제는 한자리에 모여 있다는 것이다. 그래서 벨기에와 인도를 합성한 말이 벨리디안이고 벨리디안은 도처에 있는 사회이다. 로스엔젤리스도 벨리디안이지만 캘커타도 벨리디안이다. 전지구적인 이동을 즐기는 비즈니스맨을 위한 휘황한 컨벤션센터와 국제 수준의 호텔과 레스토랑이 모여 있는 재개발 타운이 있고 동시에 벌거벗은 가난에 내동댕이쳐진 사람들이 동냥을 다니는 슬럼이 한 곳에 있다. 따라서 지정학적인 구분으로서의 중심과 주변은 뭉개진다. 탈근대 자본주의사회에는 중심과 주변이 있는 것이 아니라 안과 바깥이 있다. 전지구적인 화폐와 정보, 생산의 네트워크 안에 통합되어 있는 내부 그리고 그 바깥에 놓인 사막으로 변해 버린 외부, 혹은 보이지 않는 곳.[9]

 한편 문화적 은유로서의 주변 역시 효력을 잃게 되었다는 점은 분명하다. 주변에서 비롯되는 기분은 우울일 것이다. 중심을 향한 혐오와 회의로부터 주변은 움직이고, 우울은 냉소와 회의를 생산한다. 아이러니와 풍자는 우울에서 비롯되는 태도이다. 그래서 주변으로부터 우리는 중심을 조

---

9) 안토니오 네그리, 마이클 하트, 『제국』, 윤수종 옮김, 이학사, 2001.

롱하고 전복할 수 있는 반항적인 가치를 얻어내곤 했다. 중심의 권력과 태도를 고발하고 비판하는 목소리는 주변에서 나왔다. 그렇지만 지금 그런 문화적인 특권을 지닌 주변은 어디에도 없다. 주변의 감성을 집약하던 "쿨(the cool)"이 겪은 운명이 아마 이를 극명하게 보여줄 것이다. 쿨이란 거칠게 요약하자면 자본주의 도시에서의 정상적이고 규격화된 삶을 향한 환멸과 냉소, 그로부터 비롯된 삶의 형태이자 의식이라 할 수 있을 것이다.[10] 그러나 지금 그 쿨은 전지구적인 마케팅, 홍보, 광고를 통해 존재한다.[11] 고객욕구조사를 하던 자본주의는 이제 새로운 마케팅과 광고의 테크닉을 개발하고 있다. "국민 소비자"를 대상으로 앙케트를 하거나 성별과 연령, 인종, 소득에 따라 구별된 인구학적인 집단의 욕구를 따르던 자본주의는 이제 취향과 소비의 규범, 라이프스타일을 수집하고 분석한다.[12] 고정되고 안정된 인구학적인 분류 혹은 덩어리는 없어지고, 더 이상 평균(혹은 그 이상이나 이하)이란 척도로 측정할 수 없는 흐름만 있는 듯이 보인다. 이 모두는 소통의 네트워크를 통해 작동한다. 결국 우리는 주변의 감성과 의식으로서 쿨에 관하여 말할 수 없다. 문화적 은유로서의 주변은 숨가쁜 유행과 라이프스타일, 소비규범을 강박적으로 쫓고 모방하는, 질식할 듯이 밀폐된 소비의 스펙터클 안에 흡수되어 버렸기 때문이다.

그렇다면 우리는 주변에서의 삶이 사라졌다고 여겨야 할까. 그러나 주

---

10) 보다 자세한 것은 다음의 글을 참조하라. 데이비드 로빈스, 딕 파운틴, 『세대를 가로지르는 반역의 정신 COOL』, 이동연 옮김, 사람과책, 2003.
11) Thomas Frank, *The Conquest of Cool : Business Culture, Counterculture, and the Rise of Hip Consumerism*, Chicago, The University of Chicago Press, 1997.
12) Don Slater, *Consumer Culture and Modernity*, Cambridge, Polity Press, 1997.

변이란 용어는 여전히 사라지지 않는다. 주변은 새로운 의미를 획득하고 시대의 삶을 재현하는 도구로 자리 잡는다. 우리는 주변이라는 위치가 차지하는 새로운 자리는 노동이란 개념을 통해 조명될 수 있다. 노동을 재현하는 다양한 담론 안에 주변이란 개념은 매우 중요한 자리를 차지한다. 핵심 역량(core competency)과 주변 인력이라는 구분을 도입하는 경제학, 경영학 담론이나 "한 명의 인재가 10만 명을 먹여 살린다"는 인재경영론 같은 통속적인 매체 담론은 모두 핵심과 주변의 이분법을 도입한다. 구직과 채용에 관련된 기관과 기업, 교육, 직업훈련에 연계된 학교와 기관, 기업에서 만들어내는 다양한 노동의 표상 역시 언제나 인재와 주변의 이분법을 동원한다. 기업이 원하는 인재상이 되도록 애써야 한다며 구직자를 향해 조언과 충고를 쏟아내는 리쿠르팅 회사와 대학교의 취업상담실, 지식강국이 되어 국가경쟁력을 향상시키는 인적자원개발계획을 마련해야 하며 핵심 인재를 양성해야 한다고 역설하는 국가 기구나 정책연구기관, 기업연구소들. 이 모두는 노동을 둘러싼 재현을 생산하고 그 안에는 핵심과 주변의 은유가 가로지른다. 그렇다면 우리 시대의 노동의 재현에 등장하는 핵심과 주변은 무엇이고, 이 안에 등장하는 주변이란 무엇일까. 또한 이는 불안이라는 우리 시대의 기분과 어떻게 연관되어 있을까.

인재라는 담론은 노동하는 주체와 관련된 다양한 재현을 응축한다. 노동하는 주체의 능력에 관한 재현은 "자격(qualification)에서 역량(competency)으로" 바뀌었다. 노동하는 주체를 지배하는 권력의 재현 역시 "통제와 명령에서 동기부여(motivation)와 몰입(commitment)으로" 바뀌었다. 노동하는 주체와 그의 활동의 질 그리고 그 결과를 연결하는 재현 역시 바뀌었다. 예컨대 임금과 보상을 가리키는 용어와 개념들이 바뀌었다. 능력주의와 성과주의로의 이행, 연봉제를 비롯한 새로운 임금체계의 등장과 확산은 모두 그에 해당된다. 그리고 이 모두는 한국 사회에서 독특하게 강조되고 있는 인재론 혹은 인재경영의 담론 안에 집약된다. 이미 1990년대를 전후하여 기업 경영을 둘러싼 담론에서 인재 혹은 인재경영이란 말은 상투어구가 되었다. 삼성 그룹의 경우 경영 목표를 인재 경영이라 천명하고 인재론이라는 새로운 노동의 담론을 선취하고 또 확산시켜 왔다. 이는 그즈음 봇물처럼 쏟아져 들어온 새로운 경영학 담론을 모방한 것에 불과하다. 톰 피터스나 피터 드러커, 짐 콜린스 같은 경영학자들의 저작은 베스트셀러가 되었고 그 책들은 한결같이 노동에 관한 새로운 담론을 제안했다. 『포브스』나 『이코노미스트』 같은 외국의 경제 및 경영 관련 잡지들을 비롯하여 국내의 대중매체들을 통해 유포된 새로운 노동의 재현 역시 이를 거들었다. 지식근로자, 상징분석가, 골드칼라, 프리 에이전트, 변화 촉진자, 창조적 계급 같은 개념들이 노동하는 주체에 관한 새로운 표상이자 규범으로 제시되었다. 이러한 개념들은 인재, 혹은 핵심 역량 등의 개념과 교환될 수 있는 것들이다.

노동하는 주체에 관한 새로운 재현은 자본주의사회의 변화를 재현하는 새로운 담론과 대응한다. 이는 알다시피 "지식정보 자본주의"[13]라는 것이다. 여기에서 자세히 다룰 수 없겠지만, 지식정보 자본주의론은 노동에 관한 새로운 표상을 산출한다. 그 가운데 가장 주목할 만한 것이 바로 인재란 개념과 다르지 않을 지식근로자란 개념일 것이다. 지식정보 자본주의

---

13) 이 역시 무형의 경제, 네트워크경제, 탈조직 자본주의, 미적 경제(혹은 체험의 경제), 창의적 경제 등 다양한 이름을 걸치고 등장한다. 그러나 이 모든 개념은 강조점을 달리할 뿐 모두 수렴한다.

론의 요점은 새로운 경제체제에서 무엇이 가치를 낳는가로 요약할 수 있다. 이에 관한 지식정보 자본주의론을 주장하는 이들의 답변은 분명하다. 기존에 가치를 생산하던 것이 노동이었다면, 보다 구체적으로는 노동과 그것이 축적된 기계와 설비를 비롯한 생산수단이었다면, 이제 가치는 지식으로부터 나온다는 것이다. 따라서 그들은 기존의 산업 부문(농어업이나 제조업)은 새로운 지식과 정보를 추가함으로써 더 많은 부가가치를 창출해야 한다고 말한다. 아니면 지식과 정보[14] 그 자체로부터 가치를 생산(정보통신산업이나 생명공학산업, 금융 및 방송연예산업 등)해냄으로써 새로운 성장과 변화를 이끌어야 한다고 역설한다. 그러나 이와 함께 노동을 둘러싼 표상 역시 바뀌게 된다. 지식정보 자본주의론이 노동에 관한 새로운 표상을 위해 생산해낸 개념적인 쌍생아는 지식근로자이다. 지식근로자란 바로 그 가치를 생산해내는 노동의 주체를 가리키기 때문이다. 지식근로자는 특정한 직업적인 주체에 국한되지 않는다. 핵심기술을 지닌 엔지니어와 과학자, 소프트웨어 개발자, 경영컨설턴트, 펀드 매니저, 디자이너, 광고기획자, 영화감독 등의 새로운 직업적 주체들은 흔히 지식근로자이자 인재로 간주된다. 그러나 그들만이 지식근로자인 것은 아니다.

그러나 한국사회에서 심각한 조롱을 받았던 지식근로자론의 변종인 "신지식인"론이 가리키듯이 그것은 모든 주체를 포함하는 담론이다. 신지식인론은 지식기반경제로 이행하고 국가경쟁력을 높이기 위해 제시된 새

---

14) 여기에는 심미적인 체험, 라이프스타일 등을 망라하는 정서적이고 상호주관적인 생산물 등이 포함된다. 예를 들어 스포츠용품 회사는 도전 정신이나 승부의 경쟁심, 유희적인 기분, 이국적인 쾌감 등을 생산해냄으로써 상품의 가치를 높인다는 식이다. 또한 보살핌(caring)과 관련된 지식과 서비스를 덧붙임으로써 기본의 서비스산업은 지식정보화된다고 주장된다.

로운 시민적 정체성 혹은 시민(citizenship)을 가리키는 것이었다. 그렇지만 이를 주동했던 김대중 정권은 역설적이게도 그 개념이 제시하고 있는 자율적이고 자기책임의 개인이라는 규범에 거스른 채 국가동원의 캠페인이란 형태를 좇음으로써 실패를 맛보아야 했다. 또한 신지식인을 경제적 주체로 환원하는 듯한 인상을 줌으로써 그것이 새로운 탈국민적인 시민 혹은 어떤 이의 개념을 빌자면 유연시민성(flexible citizenship)을 구성하려던 기획으로부터도 이탈하게 되었다. 이는 당시 신지식인론과 함께 법석스럽게 진행되던 보수 언론사들의 지식강국 캠페인 등이 그다지 환영받지 못했던 이유이기도 했다. 그렇지만 신지식인론은 실패한 것이 아니다. 그것은 거시적으로 국가의 교육 및 경제 정책의 변화(인적자원개발계획, 평생학습사회 구축, 생산적 복지로의 개혁, 지방분권화를 통한 기업가적 지역경영 등)에서부터 미시적으로는 기업의 구조조정[15]에서부터 "아침형 인간"으로 정점에 이른 이른바 자기계발의 붐에 이르기까지 모든 영역에 스며들었다. 따라서 신지식인론에서 자기경영(self-management)의 주체에 이르는 일련의 연속체는 변화된 자본주의사회가 만들어내는 새로운 주체성의 형태라는 점에서 동질적이다.

---

15) 1980년대 후반부터 시작된 신경영전략부터 시작하여 최근의 지식경영, 품질경영, 가치경영 등에 이르기까지 국내의 기업조직은 다양한 경영을 둘러싼 새로운 기술과 제도, 관행을 실천하여 왔다. 그렇지만 이는 단순히 생산성과 효율성, 합리성을 높이기 위한 자본의 실용적인 선택을 가리키는 것이 아니다. 그것은 노동과 자본의 관계를 근본적으로 재정의함은 물론 개인들이 자기와 맺는 관계, 그리고 경제적인 주체와 다른 사회적 주체성의 형태(예컨대 시민이라는 정치적 주체성) 사이에 놓인 관계 역시 변형시키는 기획이었기 때문이다.

노동하는 주체의 불안

말하자면 지식근로자란 기업조직에 속한 특정한 부류의 집단 혹은 개인을 가리키지만 더불어 기업조직 나아가 시민을 비롯한 다양한 사회적 주체성에 관한 재현을 아우르는 패러다임적인(paradigmatic) 기능을 한다. 인재나 핵심역량 같은 개념은 기업조직에 속하든 아니면 그 외부에 있든 모든 이들의 삶을 규정하는 효력을 발휘한다. 우선 인재와 핵심역량은 노동의 능력을 둘러싼 재현을 바꾸어낸다. 이는 흔히 자격에서 역량으로의 변화로 설명된다. 여기에서 말하는 자격이란 쉽게 말하자면 자격증, 학력 같은 것이며 그 안에 전제된 특정한 지식을 가리킨다. 그 지식이란 형식적으로 규정하고 반복적으로 생산될 수 있는 지식과 행위의 규칙, 코드를 가리킨다. 이는 주로 읽고 쓰고 셈하는 지식의 형태로 전달된다. 이를 지식정보자본주의에 관련된 담론들은 각자 나름대로 형식지, 명시지, 공식지라고 부른다.[16] 이들은 과거의 경제에는 학교를 통해 배운 지식으로 평생 경제적인 활동을 할 수 있었지만 지식과 정보의 급격한 혁신과 변화가 이뤄지는 지금에 그것은 쓸모가 없어졌거나 가치가 저하되었다고 주장한다. 또한 팀체제론이나 전사적인 품질관리, 식스시그마, 고성과작업장, 학습조직 등의 모습으로 잇달아 등장했던 노동과정의 관리 담론들 역시 이런

---

16) 이와 대별되는 새로운 지식은 "암묵지(tacit knowledge)"란 개념으로 대표된다. 언어나 공식, 시각적 표상처럼 언어적으로 표상할 수 없지만 노동하는 주체 안에 체현되어 있는 비공식적인 솜씨와 기술, 감정과 태도 등을 가리켜 암묵지라고 부른다. 이는 마이클 폴라니의 인식론적인 입장에서 따온 것으로 폴라니는 형식지(explicit knowledge)와 암묵지를 구분하며 기존의 철학적인 인식론이 형식지만을 특권화하고 있음을 비판한 바 있었다. 자세한 것은 다음을 참조하라. 마이클 폴라니, 『개인적 지식 — 후기비판적 철학을 위하여』, 김봉미, 표재명 옮김, 아카넷, 2001. 또한 지식경영 혹은 지식창조기업이란 이름으로 형식지와 암묵지를 노동과 노동능력에 관한 새로운 모델로 제안하여 엄청난 영향을 끼친 다음의 두 일본 경영학자의 저작 역시 참조하라. 노나카 이쿠치로, 히로다카 다케우치, 『지식창조기업』, 장은영 옮김, 세종서적, 1998.

능력의 담론과 상관한다. 그것은 노동하는 주체에게서 협동, 주도성, 창의, 혁신 등과 같은 비공식적인 지식을 끌어내기 위한 다양한 장치와 지식, 기술을 강조한다.

일본식 경영, 초우량기업, 위대한 기업 등의 이름으로 등장한 최근의 경영 기법에 관한 담론들 역시 기업조직에 관한 담론이면서 동시에 노동하는 주체의 정체성에 관한 담론을 만든다. 그것은 노동하는 주체의 다양한 삶의 능력을 자본의 편에서 통제하고 관리하기 위한 다양한 테크놀로지(측정, 평가, 교육 훈련의 모델 등)를 포함한다. 결국 인재 혹은 핵심역량이 지배하는 노동은 당연히 그동안 익숙하게 여겨왔던 시간에 따라 분절된 노동, 기계를 다루고 근력이나 지식을 적용하는 노동이 아니다. 네그리와 하트의 표현을 빌자면 이제 탈근대 자본주의사회에서 자본이 지배하는 것은 비물질적인 노동, 정서적인 노동이다.[17] 또한 노동시간 동안에 이뤄지는 직접적인 활동이 아니라 그들이 삶 속에서 만들어내는 지성과 정서, 지각과 습관 등이다.[18] 따라서 인재와 핵심역량은 생애 전체에 걸친 능력의 습득과 향상을 강조하고 노동하는 주체를 모든 주체에게 확장한다. 따라서 그것은 고용관계에 놓인 노동자뿐 아니라 모든 주체들이, 능력 있는 삶, 성공하는 삶을 위하여 평생 감당해야 하는 의무이다.

---

17) 안토니오 네그리, 마이클 하트, 「탈근대화, 생산의 정보화」, 앞의 책.
18) 마우리치오 라차라토 같은 이태리의 자율주의 철학자는 이제 자본은 노동을 지배하는 것이 아니라 삶을 지배한다는 뜻에서 노동이란 개념을 버리도록 주장하기도 한다. 노동하는 주체의 정신적, 물질적 능력의 집행만을 강조하고 고용된 시간과 장소(작업장, 노동시간)에서의 노동만을 특권화하는 노동이란 개념을 버리고 "정신의 협력(cooperation between minds)" 혹은 삶의 무한한 잠재성(virtuality) 등의 개념을 사용할 것을 주장한다. 자본은 노동을 착취하는 것이 아니라 지불되지 않는 삶의 힘(biopower) 자체를 전유하기 때문이라는 것이다. Maurizio Lazzarato, "From Capital-Labor to Capital-Life", Ephemera-theory & politics in organization, vol.4, no.3, pp.187-208. 이 글은 인터넷을 통해 볼 수 있다. http://www.ephemera.org

두 번째로 인재와 핵심역량이란 개념은 노동을 관리하고 지배하는 권력에 관한 재현 역시 변화시킨다. 가상 기업이니 네트워크 조직이니 나아가 1인 기업이니 하는 개념들은 모두 이런 변화를 반영한다. 지식기반 정보사회를 주장하는 이들은 한결같이 관료주의를 타도하고 창의성과 자율성을 죽이는 조직을 붕괴시키자고 주장한다.[19] 기업이 위계적이고 관료적인 조직체계를 통해, 표준화되고 파편화된 업무의 지시와 명령을 통해 운영됨으로써 노동하는 주체의 자율성과 자기실현의 욕구를 억압하였다는 것이다. 그런 점에서 인재나 핵심역량은 곧 그런 능력이 발휘되고 조성될 수 있는 새로운 인간관계와 조직형태 등과 깊은 관련을 맺는다. 달리 말한다면 인재와 핵심역량은 권력관계에 관한 새로운 재현을 생산한다. 여기에서는 이제는 아무런 저항 없이 사용하는 일반 용어가 되어 버린 리더십(leadership)이란 개념을 가지고 설명해보기로 하자. 리더십이란 개념은 명령과 통제를 행사하는 감독자, 경영자, 관리자 등의 표상을 대신하며 일약 부상한 개념이다. 리더십은 기업 조직 안에서 나타나는 사회적 관계를 규제하는 권력에 관한 담론이지만 종래의 권력의 표상을 제거한다. 그것은 명령이 없는 권력, 규범이 없는 권력의 모습을 취한다.

그런 점에서 우리는 기존의 권력에 관한 재현을 아우르고 있던 규범화

---

[19] 아마 이 분야의 가장 대표적인 이데올로그는 누가 뭐래도 톰 피터스(Tom Peters)일 것이다. 그는 『초우량기업의 조건』이란 이름의 저서로 20세기 후반 최고의 경영학 분야의 스타가 된 이후 혁신, 해방, 혁명, 혼돈 등의 파격적인 개념을 동원하여 기업과 일터에 관한 새로운 담론을 잇달아 생산하여 왔다. 그에게서 가장 결정적인 것은 그가 직장인과 같은 노동하는 주체의 표상을 완전히 제거하고 "자신을 변화시키는 자기(self)"에 관한 이야기만을 한다는 것이다. 그는 더 이상 우리는 자신을 고용된 직장인으로 여겨서 안 되며 1인 기업(가)의 자유계약, 노동자가 아닌 브랜드를 가진 나의 자기고용(self-employment)이란 형태의 새로운 주체성을 만들어야 한다고 역설한다. 이는 국내에 유행하고 있는 많은 자기계발 담론들이 공통적으로 참조하고 있거나 모방하는 주장이기도 하다. 그런 점에서 톰 피터스는 푸코의 표현을 전용하자면 탈근대 자본주의사회에서 "자기의 배려(care of self)"의 에토스를 경제적인 주체성으로 변환시키는 우리 시대의 윤리학자라 할 수 있다. 그의 저작은 모두 우리말로 번역되어 있다.

시키는 권력(norminalizing power) 혹은 훈육의 권력(disciplining power)과 단절한 새로운 권력의 재현이 노동의 세계에 출현함을 볼 수 있다.[20] 지시하고 명령하는 권력은 집단적으로 조직된 노동자를 상대하고 그들을 규범(norm)에 복종하도록 하며 그에 따라 정상과 일탈, 과오를 측정하였다. 그러나 이제 일터에서의 권력은 자신이 규범을 제정하고 타율적인 명령을 통해 자신을 행사하는 것이어서는 안 된다고 스스로 주장한다. 이제 권력은 자신에게 영향을 미치고자 하는 개인의 힘과 그런 의지를 유혹하고 고무하는 외부의 힘이 결합하고 소통하는 것으로 나타난다. 리더십을 둘러싼 담론들은 이제 리더란 개인 스스로 동기를 만들어내고 창의성을 발휘하며 몰입하도록 만들어내는 주체여야 함을 강조한다. 그렇기에 리더십론은 앞서 말했던 노동의 능력을 창출하고 지배하기 위한 권력의 담론이다. 그것은 조직의 구성과 배치, 업무의 설계와 조정, 의례와 퍼포먼스의 상연 등을 통해 노동하는 주체로 하여금 스스로를 변형하도록 요구하고 유혹한다. 그러나 이 역시 기업 조직에 속한 노동자에게 한정되지 않는다. 그것은 성공하는 자기, 행복한 자아, 자기를 실현하는 주체란 새로운 주체성의 표상과 결합되고 모든 사회적 주체에게 적용된다. 셀프-리더, 셀프-매니지먼트, 퍼스널 브랜드 등은 모두 이를 반영하는 개념들이자 테크놀로지이다. 자신을 향상시키려는 의지는 자기 삶의 리더가 된다는 말이고, 자기 삶의 리더가 된다는 것은 또한 자신을 지배하고 지배받는 주체로 만들어내는 권력을 작용시킨다는 말이다.

---

20) 이런 새로운 권력의 등장을 분석하며 탈근대 자본주의사회를 분석하기 위해 푸코가 말한 훈육사회란 개념으로 부족하며 통제사회(society of control)란 개념이 요구된다고 주장한 바 있다. 질 들뢰즈, "추신 : 통제사회에 관하여", 『대담 1972~1990』, 김종호 옮김, 솔, 1993.

세 번째로 노동의 평가와 보상에 관한 담론 역시 바뀐다. 이는 익히 들어왔던 성과주의, 능력주의 등에 근거한 새로운 평가 체계 그리고 연봉제로 요약되는 보상 체계를 통해 나타난다. 그것은 생산을 효율적으로 관리하려는 기법이기도 하지만 또한 노동하는 주체를 둘러싼 새로운 재현을 만들어내는 담론이기도 하다. 최근의 노동을 둘러싼 지배적인 담론은 인재와 핵심 역량은 거액의 연봉과 파격적인 근무 조건을 누리며 일에서 무한한 기쁨과 자신을 실현하는 즐거움을 만끽한다고 역설한다. 평생직장의 시대에서 평생직업의 시대로 바뀐 지금 노동하는 주체들은 포트폴리오 인생이 되어 자신을 평가하고 인정하며 자신이 능력을 발휘할 수 있는 일터를 찾아 자유롭게 이동하는 유목민이 되었다는 이야기가 난무한다. 많은 신경제 담론은 우리 시대의 노동하는 주체의 모습을 압축하는 모델은 "프로스포츠 선수"라고 즐겨 말한다. 프로스포츠 선수는 자신의 투혼과 열정을 발휘하며 자신을 실현하는 쾌감을 맛보고 이를 연봉에 반영한다. 그리고 그는 자유로운 계약자가 되어 팀을 전전한다! 따라서 노동의 평가와 보상에 관한 담론 역시 노동하는 주체를 새롭게 재현한다. 이번에는 인재와 핵심역량은 프로스포츠 선수와 겹쳐지고, 노동의 평가와 보상을 가리키는 연봉, 능력, 성과 등의 개념은 다시 노동하는 주체에 관한 새로운 재현과 겹쳐진다.

주변의 불안에서 벗어나기 – 노동과 총체성

그렇다면 우리 시대의 노동하는 주체를 둘러싼 담론 속에서 주변은 어디에 있을까. 물론 그것은 모든 주체의 자리에 있다. 자신을 향상시키고 변화시키려는 데 주저한 사람, 평생에 걸친 직업생애 동안 요구되는 학습과 변신을 게을리 한 사람, 타인과 소통하고 그를 자신의 편으로 삼기 위한 커뮤니케이션의 능력을 발전시키지 못한 사람 그 모두는 낙오자이며, 패배자이고 또한 주변의 존재이다. 따라서 주변에 속한 사람이 있는 것이 아니라 모두가 인재의 잠재성을 갖고 있으며 또한 동시에 주변의 씨앗을 품고 있다. 결국 모두가 불안하며 모두가 기괴한 흥분에 사로잡혀 자신을 표현하고 제시하려는 충동에 시달린다. 따라서 우리 시대의 기분인 불안은 우리 모두를 조울증에 사로잡힌 주체로 만들어 버린다. 열정적으로 자신을 변화시키고 향상시키려는 의지에 현혹되어 있는 나 그러나 끊임없이 무한경쟁에 낙오될 수 있으며 언제나 실패를 두려워해야 하는 나. 이런 불안한 주체의 모습은 곧 탈근대 자본주의사회가 자신의 노동하는 주체를 생산해낸다.

그러나 이미 언급했듯이 이런 불안한 나 혹은 자기(self)의 주체성은 동시에 노동자의 주체성이자 학생의 주체성이며 국민의 주체성이다. 최근 육군본부는 "군 자기계발 시범사업"을 시행하겠다고 발표하였다. "현역병들은 지적탐구와 경력개발의 가장 중요한 시기에 배움, 문화, 가족 등으로부터 단절되므로 국가의 미래를 이끌 중요한 인적자원인 이들을 보다 체계적으로 양성할 방안이 필요하다는데 전경련과 軍이 인식을 함께 하여"[21] 그 사업을 출범시키게 되었다고 한다.

사업의 내용은 어학과 자격, 소양(비즈니스 교양 등)과 경영 등으로 구성되어 있다. 인재 혹은 핵심역량이 되기 위해 실천하는 주체 혹은 자기계

---

21) "재계, 군과 손잡고 軍 인적자원개발에 함께 나서", 전경련 보도자료, 2004. 10. 14.

발하는 주체는 또한 군인이기도 하다. 이런 변화는 매우 흥미롭다. 군대는 훈육사회의 요람이자 모델이었기 때문이다. 그렇다면 이제 군대 또한 탈근대 자본주의사회의 주체성을 생산하는 공간으로 흡수되고 있는 것 아닐까. 물론 감옥과 복지수용시설에 이르기까지 모든 삶의 공간, 모든 삶의 주체는 이런 주체성의 범형에 의해 지배를 받는다. 노동하는 주체와 시민적 주체 그리고 자신을 돌보는 자아를 연결하던 이전 시대의 매트릭스는 새롭게 바뀌었다.

가족에서 직장으로, 학생에서 노동자로, 정상인에서 감옥으로 이동하며 각각의 분할된 공간에 그러나 각각의 동종적인 훈육의 권력에 복종하던 우리의 삶은 이제 미분화된 삶의 흐름 속으로 미끄러져 들어간다. 훈육의 권력이 낳은 우울의 기분은 이제 탈근대 자본주의가 자신의 주체성에 부여한 불안의 기분으로 변형되었다. 따라서 우리 시대에 중심과 주변은 불안이란 감정 안에 겹쳐져 있다.

불안은 자신의 주변으로의 몰락을 두려워하는 공포 그리고 거꾸로 인재와 핵심역량, 스타플레이어와 초우량 퍼스널 브랜드가 될 수 있다는 들뜬 흥분 사이로 소용돌이친다. 그렇다면 이 불안으로부터 벗어날 수 있는 탈출구는 어디에 있을까. 물론 그것은 탈근대 자본주의사회를 비판할 수 있는 새로운 주체성을 상상하는 것이다. 그러나 그 주체성의 모습을 그려내려는 작업은 무엇보다 빈사상태에 이른 노동 그리고 노동하는 주체라는 매개자를 되살려내는 일에서 시작되어야 한다. 비록 그것이 더 이상 과거의 함축과 다른 것이겠지만 그리고 더 이상 과거의 주체들과 다른 주체의 모습이겠지만, 그것을 발견하고 해석하려는 작업을 포기해서는 안 될 것이다.

탈근대 자본주의사회의 총체성을 그려낼 수 있을 때, 그리고 그 총체성을 매개하는 노동을 되살려낼 수 있을 때, 결국 우리는 우리 시대의 인지적인 지도를 그려낼 수 있을 것이다. 그리고 그 지도를 발견함으로써 불안에 표류하는 자기로부터 벗어날 수 있는 출구를 찾아낼 수 있을 것이다.

서동진 | 문학평론가.

구속과 처벌로서의 신소설
— 근대계몽기, 범죄와 신소설

조형래

1. 폭력의 세기와 신소설

신소설에 대한 일반적인 통념 가운데 하나는 그것의 주제가 권선징악이나 인과응보라는 도덕적 원리로 수렴될 수 있다는 것이다. 실제로 신소설의 줄거리는 대체로 안타고니스트(antagonist)에 의한 갖가지 악행과 이에 핍박당하는 프로타고니스트(protagonist)의 역정으로 구성되며 보통 주인공이 승리하고 악인이 징벌당하는 것으로 끝난다. 이러한 도식성은 전대의 서사 형식의 특성을 계승한 것으로 간주되며, 신소설의 형식적 결함으로 흔히 지적된다. 또한 그것은 문명개화, 부국강병, 자주독립, 풍속교화 등의 계몽담론의 모토를 반영한 결과로, 흔히 개별 텍스트의 형식적 완결성을 희생시키고 있다는 식으로 설명된다. 이는 신소설이 근대 소설의 성립을 매개하는 과도기적인 형식이라는 인식을 전제하고 있다.[1]

그런데 신소설을 계몽적 의도가 관철된 텍스트로 규정하는 것은 권선징악에 근거한 갈등 해결의 형식으로부터 신소설의 성격을 유추하고 있다고 할 수 있다. 물론 신소설의 권선징악적 결말은 조선의 존망이 근대 국민국가로의 일신을 도모하는 데에 달려 있다는 계몽담론의 절박한 인식과 불가분의 관계에 있었다. 무엇보다도 신소설은 문명개화와 풍속교화 등의 가치를 권면해야 할 '선'으로 설파할 뿐만 아니라, 국민(민족)이라는 범주를 구축하는데 유용한 자국어 글쓰기의 사례로서 위상을 정립했던 것이 사실이다.[2] 그러나 신소설은 한편으로, "음모와 살인, 재산의 편취와 사기, 유괴 인신매매·납치·강도·강간 등 범죄적인 요소가 과잉 상태를 이루고 있"[3]는 이면의 세계를 구축하고 있다. 실제로 대부분의 신소설에서 권선징악의 결말이 차지하는 분량의 비중은 미미한 편이다. 어떤 의미에서 신소설은 악인이 징벌되면서 주인공의 수난이 종결되는 이야기라고 할 수 있다. 그것은 대체로 잔인한 악행을 통해 현저하게 부각된다.

금분이가 송장 앞으로 바짝 가서 이리 뒤척 저리 뒤척하다가 깜짝 소스라치게 놀라며,
"이런 년 보게. 이년이 웬 곡절인가! 정녕 저 우물에 빠져죽은 모양인데, 어째 여기 나와 있나? 옳지, 물에 빠진 사람이 죽을 때는 기어나와 죽는다더니 그 말이로군"

---

1) 신소설을 고소설과 근대소설의 과도기적 형식으로 규정하는 견해는 일찍이 김태준과 임화에 의해 제기된 이래, 신소설에 대한 확고한 통념으로 자리 잡았다. 김태준, 「增補 朝鮮小說史」(1939), 丁海廉 편역, 『金台俊 文學史論選集―증보 조선소설사 외 16편』, 현대실학사, 1997, p.199. 임화, 「개설 신문학사」(1939), 임규찬·한진일 편, 『林和 新文學史』, 한길사, 1993, pp.155-169.
2) 권보드래, 『한국 근대소설의 기원』, 소명출판, 2000, pp.115-130.
3) 이재선, 『한국소설사―근·현대편 1』, 민음사, 2000, p.149.

배때기를 발길로 지근지근 눌러보더니

"이것 보아! 아가리로 물을 한없이 쏟네. 그렇지만 쓸데없는걸! 어느 때 이 지경을 했는지 벌써 사지가 모다 뻣뻣하고 발딱거리는 숨 기운도 없으니 할 수 있나?"

하며 어느 틈에서 고런 얕은 꾀는 쏙 나오는지 담 밑에 있는 헌 짚신짝을 얼른 집어서 우물 발치에 있는 개천 흙을 묻혀다가 송장의 눈·코가 보이지 않도록 들문지르고[4]

구참령이 이때를 당하여는 김주사가 산속 말고 물속으로 가자 한 대도 따라가 모감주를 기어이 찾고 말 터이라, 아무 힐문 한 마디 못하고 따라만 가느라니, 첩첩한 산악은 겹겹이 둘렸고, 음음한 수목은 층층히 들어서 사람의 그림자가 끊이고 새소리만 예서제서 나는데, 김주사가 별안간에 획 돌아서며 우악한 주먹으로 구참령의 양미간을 냅다 치니 구참령은 부지불각(不知不覺) 중에 정신을 잃고 그 자리에 푹 엎드러진다. 김가가 이내 달려들어 발길로 차고 작대기로 때리어 구참령의 기절하는 양을 보더니 어떠한 구렁텅이에다 꽉 쓸어박고 그 길로 뒤도 아니 돌아보고 합천으로 내려가더라.[5]

상전의 학대를 견디지 못하고 우물에 투신한 비복의 시체를 태연하게 뒤척이며 신원을 은폐하는 금분의 행동, 인적이 끊긴 산중에서 정신을 잃고 쓰러진 구참령을 "출기불의(出其不意)로 죽도록 때려 구렁이에다 쳐박"[6]는 무뢰배 김가의 폭행에 대한 묘사는 분명 전대미문의 것이다. 따라서 이

---

4) 이해조, 「빈상설(鬢上雪)」, 1908, 전광용 외 편, 『한국신소설전집-권 二』, 을유문화사, 1968, p.17.
5) 이해조, 「화세계(花世界)」, 1910, 앞의 책, p.280.
6) 이해조, 앞의 글, p.291.

와 같은 악행에 대한 간단없는 묘사를 신소설 고유의 것이라고 해도 좋을 것이다. 그러한 폭력이 자행되는 원인과 양상은 다양하게 나타나지만, 그것이 당대의 인간관계에서 나타나는 심각한 증오와 정념의 에너지를 표출하고 있다는 사실은 자명하다. 다만, 금분이 시체의 처치를 두고 이해득실을 따져본 끝에 상전 평양집의 편에 선다든가, 김가가 패물을 착복하기 위해 구참령의 행적을 탐문하여 증표인 모감주를 빼돌리는데 성공하는 모습에서 알 수 있는 것처럼, 이처럼 무도한 행위의 동기는 탐욕과 이해타산이다. 그리고 그것은 주도면밀한 계획에 의거하여 실천되며, 결국 주인공의 수난으로 이어진다. 비록 악행을 강조함으로써 독자의 공분을 유도하기 위한 것이라 할지라도, 범죄에 대한 묘사에 잔인성이 과잉되어 있다는 사실은 분명하다. 신소설에서 신체는 학대당하거나 훼손되며, 심심치 않게 절단된다. 신소설을 권선징악으로 읽어내는 독법에 따르면, 이것은 전혀 불필요한 것이다.

김우창이 이인직의 소설을 검토하면서 적절하게 지적했듯이, 오히려 권선징악이라는 초월적인 원리는, 도덕적 인간이 부재한 "사회에 효율적인 善의 질서가 존재하지 않는다는 사실"[7]과 관계되어 있다. 그것은 폭력이 미만해 있었던 당대의 사회적 정황을 역설적으로 보여준다. 근대계몽기라는 대대적인 전환기를 맞이하여 발생한 윤리와 도덕의 공백 상태에서 개인들은 스스로를 보호하기 어려울 정도로 직접적인 폭력에 노출되어 있었던 것이다. 사소한 이해의 충돌이 곧 폭력의 행사와 신체의 직접적인 훼손으로 나타나는 강퍅(剛愎)한 세태. 독립신문에 게재된 다음의 기사는 근대

---

7) 金禹昌,「韓國 現代小說의 形成」,『궁핍한 시대의 詩人 － 現代文學과 社會에 관한 에세이 1』, 민음사, 1978, p.91.

계몽기가 바로 그러한 시대였다는 사실을 실증적으로 보여주는 사례이다.

　　이월 이일 광쥬 부윤 구연창씨가 한셩 지판쇼에 보고 ᄒ엿스되 음력 십이월 이십 오일 곡부동 김경졔 환갑 잔치에 년곡리용덕 힝량 하인리학봉이가 그쥬인의 부조 술을 져다 주고 도라 오더니 문득 동구에서 황도로 날 질은 도적놈 잡으란 쇼리가 잇기로 리학봉의 형 슌갑이가 ᄯᅡ라가 본즉 리학봉이가 두골이 씨져 나오고 왼팔이 임의 ᄯᅳㄴ어지고 등이 여러 관디 질녀 인ᄒ야 업더졋ᄂ듸 흔 놈이 잇서 피가 옷세 뭇어 산골에 도쥬 ᄒ다가 좃차 옴을 보고 홀 슈 업셔 회화나무에 올나 안져 크게 불으지져 굴ᄋ듸 너희가 내칼에 죽고습지 안커든 다 가라 하고 칼을 두루면서 나려 오기로 리슌갑의 아오 학봉이가 이놈의 칼에 샹 ᄒ엿기로 분훈 ᄆ음을 이긔지 못 ᄒ야 몽치로 바로 그칼 두루는 팔을 씨려 그칼을 ᄲᅢ슨즉 피 흔젹이 마르지 아니 ᄒ엿ᄂ지라 곳 잡아서 부곡 집강의게 영기 ᄒ야 보내여 관졍으로 잡아 오게 ᄒ랴고 묵거 동구에 두엇더니 슌갑이가 통분 ᄒ야 거쥬 셩명 년치를 뭇지도 안코몬져 사ᄅᆞᆷ 질은 근본 위결을 물은즉 도젹놈 말이 이사롬을 맛난즉 취담으로 횡셜 슈셜 ᄒ다가 손으로 가난 길을 막는 고로 쳔긔의 분훈 바에 칼을 ᄲᅢ아 사람을 질음이 이에 죽을 긔약이 박두 ᄒ엿기에 흉 흠을 하엿스니 오직 속히 죽음을 원 ᄒ노라 홀 졔에 학봉은 더희 집으로 지이고 가셔 일식경에 죽으니 슌갑이가 그아오 학봉이 죽엇단 말을 듯고 그 칼노 그 도젹놈을 질너 죽엿다고 하엿더라.[8]

---

8) 독립신문, 1897년 2월 11일, 잡보.

2-1. 형법의 公道 — 『西遊見聞』을 중심으로

김우창이 이인직의 소설에 나타나는 이와 같은 "인간관계의 폭력성은 인간관계의 윤리적 기초가 붕괴한 것과 깊은 관련을 이루고 있다"[9]라고 말하고 있지만, 근대계몽기의 공공영역에서 그러한 기초를 재정립하려는 노력이 계속되었던 것은 사실이다. 다만 그것은 인간 행동의 자발적인 원리가 되는 도덕률을 정초하려는 것이 아니라, 일탈 행위를 단속하기 위한 법제도를 확립하고자 하는 노력으로 나타났다. 그것은 문명화된 근대 국민국가의 수립을 목표로 양산된 계몽담론을 통해서 절박한 과제로 인식되었다. 예컨대, "쏘 못된 놈을 죽이랴거던 혼 사롬이 죽이지를 말고 나라 법률을 식혀 죽일 디경이면 아모도 시비를 못 ᄒ며 죽은 놈이 다시 죄명 벗을 도리도 업는지라"[10]와 같이 죄인에 대한 보복 행위를 근절해야 하며, 처벌의 유일무이한 근거가 될 법질서를 확립해야 한다고 공공연히 주장한 사실에서 알 수 있는 것처럼, 독립신문의 지상목표 가운데 하나는 법치의 실현이었다. 실제로 "법률이라 ᄒ는 것은 나라의 지텅 ᄒ는 바이요 빅성의 밋는 바이니 법률 쥰힝 ᄒ기는 비단 정부 관인들의 직칙이라 쏘혼 전국 인민이 혼가지로 붉혀 직히는 직분"[11]으로 정의한 독립신문에, 회원 한 사람이 죄를 저지르고 도피한 사건이 발생하자 곧바로 소집된 독립협회의 특별회의에서 그의 행적을 염탐하여 경무청에 고발하기로 결의한 기사[12]가 게재된 것은 당연한 일이었다. 심지어 범죄자로서 낙인찍힌 이상,

---

9) 김우창, 앞의 글, p.87.
10) 독립신문, 1898년 3월 1일, 논설.
11) 독립신문, 1898년 3월 22일, 잡보.
12) 독립신문, 1898년 3월 29일, 잡보.

같은 단체에 소속되어 있는 회원일지라도 적극적으로 고발해야 한다는 회의의 결과는, 당대의 문명개화론자들 사이에서 국가의 공적 질서를 우선적으로 준수해야 한다는 공감대가 형성되어 있었다는 사실을 시사한다. 이처럼 법치의 확립이 시급한 과제로 강조되었던 사실은 당시의 열악한 치안을 역설적으로 방증하는 사례라고 할 수 있다. 말할 것도 없이, 그것은 주로 근대적 사법·경찰제도 확립의 필요성을 촉구하는 형태로 나타났다.

이를 체계적으로 역설한 최초의 사례는 아마도 유길준의 『西遊見聞』(1895)일 것이다. 근대적 사법·경찰 제도 확립의 필요성은 물론 『서유견문』 전반에 걸쳐서 강조된다고 해도 지나치지 않지만, 특히 「法律의 公道」와 「巡察規制」에서 집중적으로 언급되고 있다.[13] 그러나 『서유견문』의 본격적인 법률론이라 할 수 있는 「법률의 공도」에서, 특히 예의염치(禮義廉恥)에 입각한 봉건적 윤리의식의 진작이 인민의 공익을 증진하기 위한 궁극적인 정도(正道)이며, 법률의 기본적 목적이 이 같은 도덕적 교화가 미치지 아니한 무뢰배를 제재하는 데에 있다는 주장이 제기된 것은 여러모로 흥미롭다. 여기에서 법률은 한낱 도덕규범의 보완물로서 국가에 위협이 되는 집단을 배제하기 위한 수단으로 간주되고 있을 뿐이다. 무엇보다도 『서유견문』의 세계에서 법률은 오로지 형법의 등가물로서만 나타났다. 법적 권력은 공리적 목적에 부합하는 것을 목표로 주권자의 편에서 행사되는 것으로 간주되었다.

이처럼 법률을 군주의 의지, 형사법에 관련된 것 정도로 국한하고 있는

---

13) 『서유견문』의 법사상에 대해서는 田鳳德,「西遊見聞」과 兪吉濬의「法思想」,『韓國近代法思想史』, 박영사, 1981, 참조.

「법률의 공도」의 기본적 발상은, '법률이 당연한 의, 혹은 통의를 홀로 지니고 있다'고 간주한 「인민의 권리」의 논지와 배치된다. 그것은 서구와 일본의 여러 저작을 참조하는 과정에서 불가피하게 발생한 모순일 것이다. 하지만 독립신문의 경우와 마찬가지로, 군주의 의지를 바탕으로 한 강력한 형사법을 확립함으로써 당대의 치안 상황을 개선하고자 하는 목적의식이 상당부분 투영되어 있었다. 말하자면 폭력이 창궐했던 당대의 상황에서 내부 질서를 효율적으로 단속할 수 있는 형사법이 절실하게 요청되었다는 것이다. 아울러 「인민의 권리」와 「법률의 공도」에서 법률이 사회의 윤리와 기강을 바로 세우고 궁극적으로는 국권을 보존하기 위한 수단으로 간주되고 있는 것은 동일한데, 그것 역시 열강의 직접적인 위협 및 지방의 민란이 빈발했던 상황에 대한 위기의식이 반영된 결과로 읽혀야 할 것이다. 요컨대 『서유견문』의 법치주의는 시대적 상황에 따라 다소 굴절된 형태로 나타났다고 해도 무방하다.

유길준에게 있어서 원리적 가치는 군주의 권능이라든가, 예의염치로 표상되는 유교적 윤리의식 등과 같은, 마땅히 보수해야 할 이미 존재하고 있는 그 무엇으로 제시되어 있다. 『서유견문』이 후쿠자와 유키치의 저작에 상당 부분을 빚지고 있다는 사실은 잘 알려져 있지만, 특히『학문의 권장』의 상당 부분은 『서유견문』에 그대로 번역되어 있다고 해도 과언은 아니다. 그러나 후쿠자와가 강조하고 있는 근본적인 도덕의 혁신이라든가, 천부인권(天賦人權)과 자유 · 평등과 같은 민주주의의 핵심적 가치에 대한 설명이 『서유견문』에서는 완곡한 표현을 택해 번역되어 있거나 부분적으로 생략되어 있다. 반면, 정부의 권력 행사 및 인민 자유 · 권리의 불가피한 제한에 대해 이야기하고 있는 부분은 강경한 논조로 상세하게 소개되어 있다. 그것은 예컨대, 『서유견문』의 "政府設置의 本意는 人民을 爲홈"이며, "人民을 爲흠은 人民을 爲ㅎ야 그 泰平ㅎ 福基를 圖謀홈과 保全홈에 잇고 德化와 恩澤의 公平홈을 一體 均被ㅎ기를 欲홈이 잇다"[14] 라는 말에서 인민을 위하는 주체가 정부로 나타난다는 사실과 무관하지 않다. 『학문의 권장』에서 "인민과 정부의 관계는 원래 동일체이나 서로 간에 본분을 구별해 정부는 인민을 대표해서 법을 만들고 인민들은 반드시 그 법을 지켜야 한다고 약속했다"[15]라고 천명하는 것에서 알 수 있듯이, 법이 각기 동등한 주체로 설정되어 있는 정부와 인민 사이의 약속이라고 보는 것과는 사뭇 다른 것이다. 말하자면, 이처럼 인민과 정부가 단지 본분이 다른 것이라는 생각, 법치의 근거가 정부와 인민 사이의 약속에서 출발한다는 생각이 『서유견문』에는 생략되어 있었다. 요컨대 인민은 어디까지나 통치되어야 할 대상으로 간주되었던 것이다.

물론 이러한 굴절은 조선 정부 내에 소속된 개화파 이데올로그였던 유길준과 민간인의 신분으로 활발한 사상 활동을 펼쳤던 후쿠자와 유키치의 정치적 입지의 차이에서 비롯된 것이다. 더욱이 갑신정변의 관련자로서 운신이 자유롭지 못했던 유길준의 입장 역시 고려해야 할 것이다. 무엇보다도 자유민권운동이 이제 막 시작되고 있었던 1870년대의 일본과, 외세의 압력과 외척의 발호 속에서 존망 자체가 위태로웠던 1890년대의 조선이 전혀 다른 처지에 놓여 있었다는 사실을 간과해서는 안 된다. 유길준이 『서유견문』의 전체를 통틀어 제3편 「방국(邦國)의 권리(權利)」에 초점을 두었던 것은 이와 같은 조선의 특수한 상황을 인식한 결과였다. 독립신문은 이러한 『서유견문』의 인식을 상당부분 계승하고 있었다.

---

14) 兪吉濬, 「政府의 始初」, 『西遊見聞 - 兪吉濬全書(1)』, 一潮閣, 1996. p.60.
15) 후쿠자와 유키치, 남상영·사사가와 고이치 역, 『학문의 권장』, 소화, 2003. p.44.

3. 리얼리즘적 재현, 서술자로서의 검험관
  — 〈검안(檢案)〉의 심문기록

 범죄에 대한 처벌의 역사는 범죄의 탄생과 함께 시작된다. 널리 알려져 있다시피 역사는 그것을 기록하는 권위의 주체, 즉 국가의 성립과 동시에 시작되는 것이 보통이다. 그리고 법률을 비롯한 범죄를 처벌하기 위한 관리의 제도 역시 국가의 출범과 동시적으로 확립되었다. 역사 서술이 활발하게 이루어졌던 국가에는 예외 없이 진보된 형태의 법률이 존재했다. 문제는 그것이 얼마나 정교하게 세련된 형태로 작동하는가에 있다. 그리고 근대는 사법제도의 정밀성과 그 영향력의 범위에 있어서 타의 추종을 불허하는 시대라고 할 수 있다.

 조선과 같은 태생적인 관료제 국가에 발달된 사법제도가 존재했던 것은 당연한 일이다. 행정과 사법의 권역이 명백하게 분리되어 있지는 않았다고는 해도, 조선 후기의 수사와 판결의 과정은 대단히 엄격한 절차에 따라 진행되었다. 규장각에 보관되어 있는 596종의 '檢案' 자료는 이러한 조선의 형사·사법 제도가 작동하는 구체적인 사례를 다양하게 보여주고 있다. 즉, 조선 후기에 살인사건이 발생하면, 해당지역 군수의 책임 아래 엄정한 절차에 의거하여 피해자의 시체를 검시하고 사건 현장을 보존·조사한 후, 피의자(용의자)를 심문하고 사건 관련자들의 증언을 종합하여 사건의 진상을 규명했다. 또한 수사가 미흡하다고 판단되면 인접지역의 군수(검험관)를 파견하여 진상이 명백하게 밝혀질 때까지 수차례에 걸쳐 재조사를 실시하는 것이 원칙이었다. 이러한 수사의 과정을 세세하게 기록한 것이 바로 '檢屍 文案', 즉 검안으로, 시체 검사 소견서인 '屍帳'과 사건 관련자들을 심문한 조사 보고서, 검험관의 소견을 기술한 '跋辭' 등을 포함한다. 이러한 검안 자료는 조선 후기의 『增修無冤錄諺解』 등으로 대표되는 법의학 체계의 우수함과 사건 수사 및 사법 처리 절차의 합리성을 구체적으로 보여주는 사례라고 할 수 있다.[16]

문제적인 것은 그러한 검안의 기록 방식 및 수사와 판결을 통해 범죄의 전말이 부조되는 과정이다. 검안의 조사 보고서는 검험관의 문초에 대해 사건 관련자가 답하는, 일종의 대화 형식으로 구성되어 있고, 수사의 공정을 기하기 위하여 가감 없이 구어체로 기록하는 것을 원칙으로 했다. 그런 만큼, 검안 기록에는 검험관의 문초 과정과 사건 관련자들의 증언이 사실상 '정지된 채로 제시(descriptive pause)' 되어 있다. 물론 한 사건의 진실을 놓고 구술된 각각의 증언이 스스로의 정당성을 주장하며 경합하는, 그야말로 "서로 다투며 자신의 주장만을 일방적으로 쏟아"내는 "아귀다툼"[17]과, 그러한 아귀다툼 속에서 사건의 진실을 확증하기 위한 검험관의 고군분투는 하나같이 사건 발생 당시라는 과거로 소급한다. 하지만 각종 단서 및 사건 관련자들의 증언이 종합되어 사건의 전말이 확정되는 것은, 수사의 이야기(the story of the investigation)가 범죄의 이야기(the story of the crime)[18]를 최종적으로 재현하는 검험관의 '발사'를 통해서이다.

검험관이 해석을 수행할 수 있었던 것은 중립성을 가정한 초월적 존재

---

16) 이와 같은 검안의 기록을 소개한 글로 沈義基, 「朝鮮時代의 殺獄에 대한 硏究(1)」, 〈법학연구〉 제25권 제1호, 부산대학교 법과대학 법학연구소, 1982. 심재우, 「조선후기 인명사건의 처리와 '검안'」, 〈역사와 현실〉 23, 1997. 김호, 「奎章閣 소장 '檢案'의 기초적 검토」, 조선시대사학회, 〈조선시대사학보〉, 1998. 「100年 前의 殺人事件 報告書, '檢案' – 慶尙道 山淸郡 生林里 鴨谷洞 金召史 사건의 진실을 찾아서」, 〈법제연구〉, 2001. 『조선시대 사건파일』 1~10, 한국일보, 2003. 10.28.~12.29 등이 있다.
17) 김호, 「100年 前의 殺人事件 報告書, '檢案' – 慶尙道 山淸郡 生林里 鴨谷洞 金召史 사건의 진실을 찾아서」, p.221.
18) 츠베탕 토도로프, 신동욱 역, 「탐정소설의 유형」, 『산문의 시학』, 문예출판사, 1992, pp.50-53. David Lodge ed. *Modern Criticism and Theory : 9th.*, New York : Longman, 1996에 수록되어 있는 리처드 하워드가 영역한 'The typology of detective fiction'을 함께 참조. 『산문의 시학』에서는 the story of the investigation을 '조사의 이야기'로 번역하고 있다.

로 자리할 수 있는 법적 권위를 부여받았기 때문이었다. 그러한 권위는 검험관이 사형 집행의 결정권을 독점하고 있었던 국왕을 대리하고 있다는, 조선 재래의 형사법 제도의 근본적인 전제에 준거한 것이었다. 다만 이것은 『刑法大典』이 기본적으로 〈大明律〉에 입각해 있었던 것과 마찬가지로, 조선 정부의 형사법 제도의 개혁 역시도 기본적으로 '구본신참', '참작절충' 의 큰 틀 아래 이루어졌다는 사실을 시사한다. 그럼에도 불구하고 근대적 제도 개혁이라는 당위성이 부여됨으로써 사문화된 구 법제가 활성화되고 상당 기간 운용될 수 있었던 것은, 검안의 절차가 사건 처결에 있어서의 합리성과 정밀성을 어느 정도 갖추고 있었다는 사실을 의미한다. 다시 말해 사건의 진상이라는 리얼리티를 제시하는데 있어서 검안의 기록은 그것을 객관적 '사실' 로 공인할 만한 재현의 형식을 내장하고 있었다는 것이다. 앞서 설명한 바 있지만, 사건 관련자들의 증언을 투명하게 제시하는 심문 기록의 형식이라든가, 검시와 사건 현장의 단서를 바탕으로 하나의 진실을 구성하는 '발사' 의 종합과 분석은 검안이라는 제도를 판결과 처벌의 근거로서 신뢰할 만한 것으로 만들었다.[19] 여기에서 검험관은 사건의 진상에 대한 종합적 인식으로서의 인과관계를 재구성하는 주체가 된다. 그것은 검험관의 중립적 위치에 의해 보장된 공정성에 근거한 것이었다. 여기에서 중립성은 사건을 재현할 수 있는 권한을 부여받기 위한 전제인 동시에, 최종적으로 구성된 '발사' 가 사건의 진실로 인준되기 위한 필요조건인 셈이다.

    수사와 판결의 과정에서 중립적인 위치에 서 있는 것으로 나타나는 검

---

19) Franco Moretti, 'Clues', *Signs Taken for Wonders*, New York : Verso, 1997. 헤이든 화이트, 전은경 역, 「리얼리티 제시에서의 서술성의 가치」, 『현대 서술 이론의 흐름』, 솔, 1997.

험관의 모습은 구성원 각자의 이해관계로부터 초월해 있다는 허구적 가정에 입각하여 권력을 획득하는 관료제의 속성을 그대로 닮아 있다고 해도 과언은 아니다. 장기간 사문화되어 있었으며, 시행 과정에서 여러 부작용이 나타났던 제도임에도 불구하고, 사건 관련자들이 동헌에 모여 나름의 입장을 진술함으로써 검험관의 올바른 판결을 기대하도록 만드는 것이라든가, 독립신문의 여러 기사가 살인사건의 처결 및 검안 작성에 있어서 지방관의 편파성이 개입된 사례를 문제시하면서도 검안 제도를 올바르게 운용할 것을 촉구하는 사례가 빈번했던 사실은 분명 검안이라는 제도에 대한 일반의 믿음이 상당 기간 유지되었다는 것을 뜻한다. 그러한 자발적인 믿음은 무엇보다도 검험관의 중립성이 곧 사건 처결에 있어서의 공정성을 최대한 보장할 뿐만 아니라 결국 사건의 진실을 확정하는데 있어서 필수불가결한 요소로 간주됨으로써 가능했다.

하지만 적어도 법정에서는 사건에 대한 해석과 종합 및 기술과 보고의 권한까지도 독점하고 있는 사실상의 초월적 존재임에도 불구하고, 검험관이 마지막으로 구성하는 것은 결국 과거에 발생한 살인 사건의 전말이다. 따라서 살인 사건을 바라보는 각자의 경험이 심문에 대한 답변으로서 진술되고 교환되는 행위, 그리고 진실임을 주장하는 저마다의 이야기가 경합하는 장으로서의 검안 기록은, 결과적으로 당시에 미만해 있었던 사적 폭력 및 다양한 형태로 나타난 갈등과 분쟁의 구체적인 양상을 부각시키고 있었다. 그것은 검안 기록이 일차적으로 기록된 모든 사실을 재현한다라는 생각에 기반하고 있었던 형식이었기 때문에 가능한 현상이었다. 말하자면, 중립적 위치에 있다고 가정된 검험관 혹은 검험관의 시선을 대리하는 기록자가 재현의 형식을 통해서 적어도 사건 및 사건 관련자들의 진술의 존재 자체 또한 확증함으로써 그와 같은 사건을 부각하고 있다는 것이다.

앞서 신문의 범죄 기사에 반영된 치안의 혼란상에 대해서 언급한 바 있지만, 김호가 이야기로 재구성한 검안의 개별적인 범죄 사례의 전말이 신소설의 범죄 이야기와 놀랄 만한 유사성을 보여주는 것은 바로 그러한 시대적 상황에서 연유한 것이었다. 물론 검안은 어디까지나 개별적인 증언과 수사 과정에서 제시된 여러 단서들, 그리고 최종적인 해석에 대한 단편적인 기록일 뿐이다. 그러나 이와 같은 검안 기록이 이미 19세기에 「와사옥안(蛙蛇獄案)」이라는 우화 형식의 허구적 이야기로서 전유된 사례[20]가 있었던 것은 의미심장하다. 그것은 검험관이 이야기를 구성하기에 편리한 위치에 있다는 것을 뜻한다. 말하자면, 중립적 입장을 전제한 상태에서 관련자들의 진술을 기록하고, 그것을 종합하여 최종적인 보고서를 작성하는 검험관이, 일정한 거리를 유지함으로써 대상을 구축 가능한 것으로 객체화하는 소설의 서술자와 닮아 있다는 것이다. 아마도 우연의 일치이겠지만, 모든 외적 조건으로부터 초연한 상태로서의 불편부당(不偏不黨)한 중립성을 객관적 인식의 전제조건으로 상정하는 근대 리얼리즘 소설의 서술자의 모습이 투영되는 현상은 대단히 의미심장하다. 아울러 무수히 제시되는 단서와 관련자들의 진술이 제각기 구성하는 사건의 진말에 대한 이야기의 아비규환 속에서 유일무이한 진실을 발견하기 위해 고군분투하는 검험관의 모습은 "단지 그 자체로 이질적이며 개인에게는 무의미한 현재의 리얼리티에 암울하게 구속되어 있는 상태에서 확실한 자아 각성으로

---

20) 박여범, 「「蛙蛇獄案」의 구조적 특질 연구」, 《한국언어연구》 제50집, 2003, 참조. 김태준이 『증보조선소설사』(앞의 책, p.129)에서 거명하고 있을 정도로 「와사옥안」은 비교적 일찍 알려진 공안류 소설에 속한다. 그러나 「와사옥안」에 대한 기존의 연구 대부분은 검안 제도가 조선의 형사법 제도로 존속했다는 사실을 간과하고 있다.

이행하는 여행을 통해서, 문제적 개인이 그 자신을 향해 가는"[21] 과정에 있는 근대 소설의 주인공과도 일정부분 닮아 있다.

4. 형법적 시선의 형식화와 단성성

이해조의 소설 『驅魔劍』(1908)은 사실상 무당과 지관의 공모로 진행되는 범죄의 이야기이다. 비록 전래의 무속과 풍수지리의 권위에 편승했을지언정, 함진해의 재산을 편취하기 위한 그들의 음험한 협잡의 수완은 대단히 능란한 것이다. 여러 사람의 공모에 의한 단계적인 절차를 거쳐 함진해를 이중삼중의 함정에 빠뜨림으로써 재산 편취라는 궁극적인 목적에 다가가는 그들의 술수는 어떻게 보면 근대적인 조직범죄의 형태에 근접해 있다고 해도 과언이 아니다. 무엇보다도 그 과정은 재화를 지향하는 목적의식에 따라 합리적으로 세련된 계교에 의해 진척된다고 할 수 있다. 사실, 신소설에서, 이처럼 욕구의 만족을 유예하고 계획에 따라 점차적으로 목표를 실현하는 태도는 비단 앞서 제시한 사례 외에도 무수하게 나타난다. 이것이, 자기 정향적 인간으로서의 근대적 개인의 면모에 완전히 부합한다고 말할 수는 없어도, 적어도 그러한 개인의 출현을 위한 하나의 필요조건임에는 분명하다. 또한 그 욕구의 대상이 돈으로 편중되는 것 역시 근대계몽기에 발견되는 특수한 현상이다.

남촌 란동 전 함경 감수 다녀 온 박긔양씨 션상이 목쳔에 잇느 더 불안당

---

21) Georg Lukacs, *The Theory of the Novel*, The MIT Press, 1996, p.80.

들이 숑쟝 모가지를 베혀 가고 피문을 써서 붓쳐스되 가부야온 지전과 은
젼으로 오십만냥을 아모디로 갓다 주고 숑쟝에 모가지를 차자 가라고 ᄒᆞ얏
다니 본군슈와 본관찰ᄉᆞᄂᆞᆫ 이런 도적을 근포하야 잡을지어다.[22]

무덤을 파헤쳐 훼손한 시체의 일부를 가지고 돈을 요구하는 행위를 서
술하는 기사의 이면에는 돈을 위해서라면 관습에 구애받지 않고 오히려
그것을 이용하기까지 하는 어떤 이름모를 악한의 욕구와 계교가 자리하고
있다. 여기에서 시신은 한낱 환전의 수단에 불과한 것으로 나타나는 것이
다. 또한, 독립신문 1897년 12월의 잡보는 근대계몽기에 발생한 사건들의
여러 유형이 집결되어 있는 축소판이라고 해도 지나치지 않다. 가령, 여기
에는 평민과 새로 도입한 통제사 사이의 부채 분쟁(9일), 평양의 일용직 노
동자 집단의 우두머리가 사퇴한 후 불량배 한 사람이 괴수 자리를 차지하
고 노동자들을 갈취한 사건, 평소 친분 있던 부인의 집을 찾아가 술을 먹여
취하게 한 후 기물을 절도한 일, 불한당 한 사람이 청인 소유의 당목을 빼
내려다가 미수에 그친 사건과 사촌과 교분이 있던 부호의 돈을 편지를 위
조하여 사취한 사건 등을 연속해서 저지른 것(14일), 화폐와 공문서를 위
조하여 타인 소유의 가옥을 일본인에게 매각하려던 일당의 체포(16일), 충
청북도 음성에 거주하는 토호가 토지 매입대금을 사취하려다가 패소하자,
지방관과 결탁하여 원고의 첩을 납치·하옥하여 낙태시킨 행패, 서빙고에
사는 박정언 소유의 논에 대해, 소유권을 주장하는 사람이 나타나 고등재
판소에서 처결하게 된 사례, 채무를 변제하기 위해 고용살이를 했으나 후
에 채권자가 탕감을 인정하지 않고 채무자의 가족을 잡아다가 징치한 경

---

22) 독립신문, 1896년 10월 30일, 잡보.

우(21일) 등과 같이 돈을 사이에 두고 벌어진 무수한 분쟁과 범죄사건이 게재되어 있다.

그러나 일반의 주요한 욕구의 대상으로 표현되었던 돈은 원활한 가치의 이동을 위한 매개물이 아니라, 개인적 차원의 치부를 위한 수단으로만 간주되었다. 실제로 근대계몽기에 시도된 화폐 개혁이 대부분 실패할 수밖에 없었던 이유는 전황 현상과 그로 인한 디플레이션에 있었다. 근대계몽기 당시 대부분의 사람들은 새로 발행된 화폐를 집 안에만 모아 놓았을 뿐, 실제적인 유통과 가치 교환의 수단으로 활용하지 않았다. 그로 인한 화폐 기근으로 인해 전환국에서 화폐 주조를 반복했던 악순환이 장기간의 경기 침체를 가져왔던 것이다. 위폐 제조범의 전국적인 암약과 일본 화폐의 국내 유통 허용은 이러한 현상을 한층 부추겼다.[23] 이로 인해 민생은 도탄에 빠졌지만, 정상적인 경제 활동 및 부의 창출이 불가능해진 상황이 점증하는 개인적 욕구와 충돌하여 근대계몽기 당시, 폭력과 범죄를 창궐케 한 하나의 중요한 원인이라고 해도 좋을 것이다.

이와 같이 돈을 둘러싸고 발생한 분쟁 및 범죄가 중요한 사건으로 기사화되고, 법정이 그에 대한 해결이 이루어지는 장소로 구축되려면, 무엇보다도 소유를 자명한 것으로 여기는 사고가 정립되어 있어야 할 뿐만 아니라, 그 귀속 여부를 판결하기 위한 준거로서의 사적 소유권의 개념이 정립되어 있어야 한다. 소유권의 침해를 범죄로 규정하는 사고는 일찍이 '賊徒處斷例'에서도 "竊盜는 他人의 財物을 私竊ᄒᆞ는 者의 類"(제3조)[24]를 말

---

23) 1883년 전환국(典圜局)이 설치된 이래, 근대적 화폐의 발행과 유통에 대한 노력은 은본위제에 기반을 둔 1892년의 "신식화폐조례(新式貨幣條例)", 일본 화폐의 유통을 가능케 한 1894년의 "신식화폐발행장정(新式貨幣發行章程)", 금본위제를 채용한 1901년의 "화폐조례", 최초로 중앙은행의 설립을 도모한 1903년의 "中央銀行條例", "兌換金券條例" 등으로 계속되었으나, 뚜렷한 성공을 거두지 못했다. 裵永穆, 『韓國金融史』, 도서출판 개신, 2003, pp.24-32.

하며 각종 절도에 대해 구체적인 형량을 명시하고 있으며, 『형법대전』에서도 "監守者가 기 監守ᄒᆞ는 銀粮이나 物品을 私目偸竊ᄒᆞᆫ 者와 監守가 아닌 人이 倉庫에 在ᄒᆞᆫ 전량등물을 투절ᄒᆞᆫ 자와 타인의 재물을 사절ᄒᆞᆫ 자롤 위홈이라."(제83조 2항)[25]와 같이 보다 구체적으로 규정하고 있는 식으로 상당히 폭넓은 의미로 광범위하게 나타나 있다고 할 수 있다. 하지만 사실상 〈대명률〉의 '도(盜)'의 처벌을 명시한 조목들을 재구성한 것으로 보이는 이와 같은 항목들에서 '사유(私有)'라는 말의 용례는 오히려 종래와 같이 부도덕한 방법을 통해 재물을 획득하는 '도(盜)'의 개념과 밀착해 있었다.

아울러 그와 같은 소유권의 개념을 표현하는 근거가 대부분 형법을 통해 간접적으로 규정되어 있었다는 사실은 문제적이다. 특히 신소설과 신문기사를 막론하고 민사로 다루어야 할 사건에 대해서조차도 피해자로 간주되는 한 쪽의 일방적인 진술만을 서술함으로써 원고를 일방적인 악인으로 판별하는 시선이 작용하고 있었던 것은, 그와 같은 사건을 양측의 조정을 통해서 해결하려는 민사의 방식보다, 피의자와 피해자를 구분한 상태에서 피의자에 대한 처벌을 법적 정의의 구현으로 간주하는 형법의 사고가 일반적인 것으로 구축되어 있었다는 사실을 말해준다. 말하자면, 사건을 중립적으로 바라보고자 하는 검험관의 시선이 신소설과 신문기사의 글쓰기에 부재했다는 것이다. 아울러 소유 관계가 근대적인 의미의 민법에서 인민의 권리 체계를 구성하는 기본적인 요소 가운데 하나로 다루어지고 있다는 사실을 염두에 둔다면, 인민의 권리 관계를 구체적으로 확

---

24) 宋炳基 外, 『韓末近代法令資料集』 2, 大韓民國國會圖書館, 1970, p.53.
25) 宋炳基 外, 『韓末近代法令資料集』 4, 大韓民國國會圖書館, 1970, p.140.

정하고 그 자체 내에서 조율하고자 하는 민법적 사고방식 자체가 근대계몽기 당시에 결여되어 있었다는 것이다. 무엇보다도 법률 이해의 전거가 된 〈대명률〉에는 민법에 상응하는 개념이나 항목이 명확한 형태로 존재하지 않았다. 아울러 민법이 중요하다라는 의식은 있었지만, 그것의 대대적인 제정 작업은 어디까지나 형법이 완비된 이후에 추진될 과제였으며, 한동안 '라이트(right)'의 역어로서 '권리(權利)'와 '통의(通儀)'가 경쟁했던 일본의 사정[26]에 비추어, 민법 제정의 근간이 되는 권리 개념 또한 기존의 사고로는 이해하기 어려운 것이었다. 권리 혹은 통의라는 말은 유길준 이후로 인권을 표현하는 일반적인 용어로 자리 잡았지만, 인민의 권리 체계를 근간으로 하는 민법, 더 나아가 그러한 체계에 의거하여 개인 사이에 발생하는 이해관계의 충돌을 효율적으로 조정해 나가는 사회의 모습은 역사적으로 상상된 적이 없었다. 인민의 권리에 대한 원론적인 차원의 각론이 무수하게 생산되었음에도 불구하고,[27] 근대계몽기에 본격적인 형태의 민법이 축조된 적이 없었다는 것은 따라서 결코 우연이 아닌 것이다.

물론 근대계몽기의 조선의 법제도가 서구 문명의 기준에 비추어 이러한 요소를 결여하고 있었다고 말하려는 것은 아니다. 단지, 당대의 무수한 분쟁과 범죄가 부각되는 시점에서 이에 대한 대처 방식이 오로지 형법을 통한 사회 통제의 방식으로 구축되었다는 것이 문제였다는 것이다. 사실 이는 정부의 입장에서 운용이 편리한 방식이 채택된 것이다. 편리하다라는 것은 그만큼 즉각적인 실효가 나타나는 방편을 택했다는 것이지만, 이러한 문제에 대한 근본적인 성찰이 미흡했다는 의미이기도 하다. 범죄에 대

---

26) 전봉덕, 앞의 책, pp.214-218. 야나부 아키라, 서혜영 역, 『번역어 성립사정』, 일빛, 2003, pp.148-166.
27) 전봉덕, 앞의 책, pp.82-98.

한 정의가 기존의 〈대명률〉을 재구성하는 차원에서 이루어졌을 뿐, 새로운 방식으로 규정되었다고 보기 어려운 것은 바로 이 때문이다.

앞서 언급한 바 있었던 것처럼, 근대계몽기의 신문 기사 및 신소설이라는 글쓰기 형식을 통해서, 다양한 형태의 개인적 욕구가 일제히 전경화된 현상을 발견할 수 있다. 그럼에도 불구하고 그 같은 욕구를 정당한 방식으로 충족할 수 있는 어떤 삶의 진로가 구체적으로 제시된 경우는 그리 많지 않았다. 「일념홍」에서 제시되고 있는 것과 같은 문명개화론의 이상에 입각한 해외유학, 그로 인한 입신출세 정도가 자기실현을 위한 사실상의 유일한 방도로 제시되어 있었다고 해도 과언은 아니다. 그러나 「혈의 누」의 김관일과 옥련, 「은세계」의 옥순·옥남 남매, 「추월색」의 이정임과 김영창, 「일념홍」의 이랑과 홍낭의 경우를 모두 통틀어, 그와 같은 입신출세의 경로는 어떤 핍박을 회피하기 위한 유일무이한 도피처로서 설정되어 있었을 뿐, 자발적인 욕구에 의해 능동적으로 모색된 것은 아니었다. 또한 개인이 문명개화에 공헌할 수 있는 유일한 방편으로 여겨졌던 그와 같은 진로가 누구에게나 보장되어 있었던 것도 아니었다. 이러한 측면에서 상전을 범죄자로 고발하는 대신, 돈을 실현가능한 욕구의 대상으로 전치시켰던 금분의 사례를 통해 억압된 욕구의 간접적인 출구를 모색하는 증상을 발견할 수 있다.

근대계몽기 당시, 개인적 욕구를 매개할 수 있는 주요한 수단이자, 경제 침체의 상황 속에서 개인의 생존을 위한 시급한 요구로서 나타난 것이 개인적 치부였다는 사실에 대해서는 앞서 자세하게 언급한 바 있다. 하지만 근대계몽기 당시, 돈으로 사람의 마음과 행동을 사는 행위, 욕구의 대상을 돈으로 치환하는 일 자체가 악덕으로 간주되었으며, 대부분의 경우, 그와 같은 악덕이 곧 위법과 등치되는 식의 비약이 존재했다는 것은 여러 신소설을 통해 쉽게 확인된다. 실제로 신소설에서 여러 사람이 돈을 목적으로 공모하는, 다시 말해서 사람과 사람 사이의 일종의 '계약'을 체결하는 부류는 전적으로 악인의 경우로 나타난다. 따라서 그러한 전치조차도 종국에는 법정에서 처벌당하는 식으로 좀처럼 허용되지 않았던 것이다. 그러한 상황 속에서 억압된 욕구가 신체에 투사되는, 다시 말해서 폭력을 통해 대대적으로 분출된 사례를 우리는 근대계몽기의 신소설을 통해 무수하게 확인할 수 있다.

그런데 사실, 주도면밀한 계산을 통해 욕구를 만족시키고자 하는 태도는 비단 악인의 경우에만 나타나는 것은 아니다. 「빈상설」에는 여성과의 결연을 시도하는 두 남성이 등장하는데, 이씨 부인에게 불측한 욕정을 품은 황은율과, 화순집의 조카인 옥희에게 매료된 이승학이 바로 그들이다. 그들의 결연 시도가 모두 당대의 기준에 비추어 정상적인 혼사의 과정을 거치지 않는다는 것은 같다. 뚜쟁이인 화순집에게 청탁하여 집에서 출분된 이씨 부인을 납치하려 한 황은율은 말할 것도 없고, 평양집의 음모로부터 이씨 부인을 구원하기 위해 여장한 이승학 역시도 불가피하게 합방하게 된 옥희를 겁간한다.

(저 처녀의 행동·언사가 점잖은 집 규수나 다름이 없는걸! 인물도 출중하기도 하다. 내 왔던 표를 내고 가자면 끝끝내 계집인 체해서는 아니될 터이요, 내 행세로 말하면 남의 집 처녀를 승야(乘夜) 겁간하는 것이 법률상 죄인을 면치 못하겠으나 권도라는 권자가 이런 때에 쓰자는 것이지.)

···(중략)···

사람이 재미있는 일이 있어 잠심을 하게 되면 며칠 밤을 새와가면서도 조름이 아니 오지만, 이날 밤에 옥희는 묻는 말 대꾸도 하기 싫고 가까이 있기도 실쭉하여, 아무 재미없이 누웠다가 어느 결에 잠이 깊이 들었는데 가슴이 답답하여 놀라 깨니, 난데없는 남자 하나이 곁에 누웠는지라, 일신이 벌벌 떨리며 간이 슬 듯이 겁이 나서 소리를 지르자 하니 목구멍에서 나오지도 아니하거니와, 제일 남이 부끄럽고 한갓 죽고 싶은 마음 뿐이라, 두 눈에서 눈물이 샘 솟듯 하며 일어앉더니, 열이면 아홉은, 이게 웬 놈이 남의 집에를 밤중에 들어왔어? 하며 호들갑스럽게 문을 열어젖뜨리고 뛰어나갈 터인데, 옥희는 천생 팔자를 그렇게 타고났든지 사람이 진중하여 그렇든지 나직한 말소리로,

"보아하니 점잖은 양반이 예 아닌 행실로 남의 집 규중에를 무단히 들어오셨소. 어서 나가시오."

승학이가 옥같은 손목을 덥썩 쥐며 껄껄 웃더니,

"억지로 데려올 제는 언제요, 또 나가라기는 무슨 곡절이야?"[28]

여기에서 승학은 욕정에 못 이겨 옥희를 겁간한 것이 아니다. 여기에는 무엇보다도 그러한 행동을 자신의 정체를 밝히는 계기로 삼고 아울러 옥희 모녀를 자신의 편으로 회유하려는 불순한 의도가 깔려 있다. 그것은 자신의 욕정보다도 평양집과의 대립을 승리로 이끌어 이씨 부인을 구원하려는 일차적인 목적을 우선시하는 태도에서 비롯된다. 아울러 비록 그것이 불가피한 권도로서 행동한 것일지언정, 옥희와 옥희 모에게 그간의 사정을 설명함으로써 겁간을 혼인으로 대치하는 승학의 태연자약한 행동은,

---

28) 이해조,「빈상설」, 앞의 책, pp.53-54.

그것이 계산된 폭력의 행사라는 점에서 황은율의 경우와 조금도 다를 바 없는 범죄이다. 이것은 옥희라는 여성을 목적이 아닌 수단으로 여기는 사고이며 더 큰 악에 대응하기 위한 권도(權道)로서 그녀의 희생을 강요하면서 스스로를 정당화시키는 논리이다. 그러나 그것은 이러한 횡액을 '팔자'로 받아들이는 옥희의 태도에 의해 평양집과 황은율의 핍박에 의한 불가피한 처사였다는 것으로 수긍되어 결국 범죄가 아닌 것이 된다.

간도로 이주한 조선인의 생활상을 최초로 다루고 있다는 점에서 일찌감치 주목받았던 이해조의 또 다른 소설, 「소학령(巢鶴嶺)」(1912)에는, 홍씨 부인을 맹목적으로 탐한 나머지 온갖 악행을 저지르는 방인철과 그에게 조력하는 동생 방의철 형제가 등장한다. 그들의 악행은 원래부터 그러한 것, 즉 그들의 성격으로부터 나타나는 것으로 설정되어 있지만, 홍씨 부인을 향한 방인철의 눈먼 열정은 사실 대단히 간절한 것으로 보인다. 그에게 있어서 기존의 윤리와 도덕, 홍씨 부인이 기혼녀라는 것, 세상의 온갖 적대 및 그로 인해 발생하는 모든 장애라든가, 심지어 그녀 자신의 냉대조차도 하등의 문제가 되지 않는다. 그는 홍씨 부인과의 결연을 훼방하는 모든 장애물을 저돌적으로 제거하고, 오로지 스스로의 욕구를 성취하기 위해 전념할 뿐이다. 그 내면의 굴곡이 상세하게 표현되어 있지는 않다는 점이 결격 사유로 작용하지만, 이와 같은 방인철의 면모는 불가피하게 돌출되는 모든 외부적 장애를 스스로의 감정을 정화(淨化)하는 계기로 삼음으로써 사랑의 성취에 다가서고자 하는, 낭만적 연애의 열정에 사로잡힌 근대 소설의 인간형과 상당부분 닮아 있다. 그러나 방인철의 그러한 태도는 곧바로 악행과 연결되며, 종국에는 비참한 최후를 맞이한다. 강한영의 경우와 마찬가지로 그가 악한으로 설정되어 있다는 사실은 변하지 않는다. 방씨 형제가 홍씨 부인을 숨겨준 민장을 사살하고, 부상한 동이를 살해하려 한 것은 더할 나위 없는 악행이지만, 방의철을 사살한 강위영의 행동과 방인철을 칼로 찔러죽이고 자살한 민장 부인의 행동은 일종의 복수 혹은 정당방위일 뿐 전혀 범죄로 문제시되지 않는다.

이와 같은 사례는 신소설의 선악 및 범죄 여부를 판별하는 기준이 대단히 자의적이었다는 사실을 보여준다. 경우에 따라 다르지만, 그것은 누가 먼저 악행을 행했는가, 그리고 누가 본래적 악인으로 설정되어 있는가 하는 것 정도로 압축될 수 있을 것이다. 하지만 여기에서는 목적과 수단 자체의 도덕적 정당성, 혹은 합법성 같은 것은 전혀 문제시되지 않는다. 오로지 서술자가 도덕적 판단에 따라 사전에 설정한 선인과 악인의 구도가 그대로 유지되고 있는 것이다. 그와 같은 권선징악의 구도에는 근대계몽기의 통념적인 인식의 틀, 다시 말해서 피의자와 피해자를 구분하는 것을 전제하고 최종적으로 피의자에 대한 처벌과 형량을 선고하는 형법의 시선이 투영되어 있었다고 할 수 있다. 신소설의 서술자가 폭력에 대응하기 위한 폭력을 정당화하고 있는 것은 바로 이 때문이다. 다시 말해서 인간 세계를 생존 경쟁의 장으로서 파악함으로써 개인의 폭력을 자연스러운 것으로 간주하는 사고방식, 그리고 그러한 폭력으로부터 비롯된 분쟁 및 아귀다툼을 통제하기 위한 보다 강력한 강제력으로 요청되는 법률에 대한 인식이 바탕에 자리해 있었다는 것이다. 신소설에 명확한 선인과 악인이 등장하고, 악인이 주인공을 핍박하는 사건의 전말이 세세하게 부조되며, 법정에서 악인에 대한 심판이 이루어지는 결말이 획정(劃定)되어 있는 것은, 신소설의 서술자가 그러한 형법적 사고방식을 내면화한 위치에서 이야기를 조망하고 있기 때문이다. 그와 같은 서술자의 관점에서 처벌의 형평성 및 피의자의 근본적인 의도나 욕구, 범죄의 궁극적인 목적 따위는 전혀 관심의 대상이 되지 못한다. 오로지 범죄의 사실 관계를 구성한 후, 그에 기반하여 처벌의 필요성을 강조하고 그 수위를 조정하는 것만이 유일한 관심사가 되는 것이다.

대부분의 신소설에서 사건의 진상은 이야기의 전반에 걸쳐서 환시되어 있다. 그러한 작업을 사전에 수행하는 존재는 바로 서술자이다. 신소설의 결말 부분에서 으레 이루어지는 법정에서의 판결은 그러한 진상을 사후에 추인하는 형태로 나타난다. 말하자면 사건에 대한 종합과 분석, 즉 해석의 권한이 서술자에게로 이동한 것이다. 그러나 검안의 경우와는 달리, 신소설에서 서술자의 객관적 중립성은 가정되지 않는다. 실제로 범죄자를 단죄해야 한다는 윤리적 요구, 즉 선험적으로 결정되어 있는 서술자의 단일한 목소리가 텍스트 전체를 완강하게 장악하고 있다는 점은 〈신단공안〉이나 신문의 범죄기사의 경우와 같다. 말하자면 여러 이야기들을 통제하고 종합하여 모든 정보를 독점한 상태에서 하나의 단일한 이야기를 만들어내는 힘이 보다 강력하게 작용하고 있다는 것이다. 잘 알려져 있는 것처럼 신소설의 서술자가 직접적으로 사건에 개입할 수 있는 것은 그 때문이다. 그리고 그것이 바로 신소설의 리얼리티를 결정하는 것이다. 예컨대 이해조의 「구의산」에서 김씨 부인이 출분당한 후, 서울로 올라간 즉시 사건의 전말을 알고 있는 주인 노파(칠성 어미)를 만나게 된 것은, 서술자와 독자만이 공유하고 있었던 사건의 진상을 등장인물 모두에게 확인시키기 위한 장치인 것이다. 검안과 같이 증거중심주의에 기반한 사건의 판결이 일차적인 문제가 되는 것이 아니라, 이미 구성되어 있는 사건의 진상을 모두에게 확인시킴으로써 이에 타당한 처벌의 종류 및 형량의 구형을 최종적 판결로 대치하고자 하는 것, 다시 말해 처벌을 자연스러운 결과로 만드는 것이 보다 중요한 문제가 된다. 그러한 수순에 따라 김씨 부인이 칠성 어미와 마치 기다렸다는 듯 조우하는 상황은 단순히 우연적인 계기에 의한 사건이 아니라, 그와 같은 서술자의 기율에 따라 마땅히 요구되는 리얼리티에 의한 것이다. 신소설 내에서 각자의 모든 부도덕한 욕구가 꾀하는 음모 및 사적 폭력의 행사가 예외 없이 파탄에 이르게 되는 것은 이에 따른 자연스러운 결과이다. 신소설의 이른바 '데우스 엑스 마키나(Deus ex machina)'라고 부를 수 있을 이와 같은 작위성은 바로 여기에서 창출된 것이라고 해도 무방하다.

5. 결론-신소설의 단성성

여기에서 알 수 있는 것처럼, 소설 전체를 장악하고 있는 서술자의 목소리는 재판정에서의 검사석과 유사한 위치에서 발산되는 것이라고 해도 과언은 아니다. 검사의 목소리를 대행하고 있다고 간주될 수 있을 서술자의 일원화된 목소리를 통해 범죄를 처벌해야 한다고 주장하는 논고에서 한층 일관된 논리가 계발되는 것은 당연한 일이다. 그것은 곧 범죄사실을 확정하고 그에 대한 처벌을 통해 규율하고자 하는 의지가 한층 확고한 형태로 나타나 있다는 것을 뜻한다. 예컨대, 시아버지와 며느리 사이의 화간(和姦)이 발각됨에 따라 시아버지가 음독사망한 후, 며느리의 간부(姦婦)인 박점용이 유력한 살해 용의자로 지목되었으나 결국 그와 관련된 자살/타살 여부의 진실이 밝혀지지 않았던 검안의 한 사례는 당시 향촌 사회의 면식 관계 및 재래의 윤리의식이 단죄의 간접적인 계기로 작용했을 뿐, 직접적인 법적 처벌이 이루어지지 않았던 사정을 제시하고 있다.[29] 이와는 대조적으로 최찬식의 『해안(海岸)』(1914)에서 며느리를 탐하는 황첨사의 부도덕한 욕정은 하인 경천에 의해 즉각적으로 응징될 뿐만 아니라, 의사에게 정신병이라는 진단을 받음으로써 비정상적인 것으로 치부되는, 처벌과 배제의 과정을 경유한다. 실제로 이를 용납할 수 없는 불륜으로 치부하는 대성 모의 윤리적 단죄 및 경자의 자책은 전혀 무력하며, 사적 폭력을 행사한 경천은 어쩔 수 없이 황급히 도주해야 한다.[30] 이에 비해 그러한 황첨사의 행동을 비정상적인 정신질환에서 연유한 것으로 설명·배제할 뿐만 아니라, 그를 정신병원에 격리하는 사회적 축출의 방식이 보다 효과적이라는 사실은 두말할 것도 없다. 이처럼 각자의 부도덕한 욕구의 발산 및 사적 폭력의 행사를 배제하기 위해 근대적 지식과 재래의 윤리의식까지도 아울러 내부로 포섭하는 신소설의 형식은 최종적인 판결 전까지 다양한 이야기의 경합을 용인하는 검안에 비해서 보다 직접적인 형태로 교묘하게 사건 혹은 이야기 전체를 장악하고 있다. 그것은 『형법대전』이 완성되고, 제2차 한일협약 후, 사법 당국의 권력이 강화됨에 따라 점차 치안이 안정되고 있었던 1905년 이후의 상황과 무관하지 않다.

 신소설의 리얼리티를 결정하는 서술자의 관점이 근본적으로 형법적 사고방식에 기반해 있다는 사실에 대해서는 이미 언급한 바 있다. 이러한 측면에서 서술자가 행사하는 권력은 궁극적으로 구성원들의 내면과 일상에까지 간섭함으로써 사회 전 영역을 장악하고자 하는 근대적 관료제가 행사하는 법적 강제력의 형태와 닮아 있다. 말하자면 강제력의 유일무이한 원천을 법적 권위에 기반한 관료제로 귀속시키고, 이를 바탕으로 리바이어던적인 근대 국가를 건설하고자 하는 기획이 상당부분 반영되어 있는 형식이 바로 신소설이라는 것이다. 프랑코 모레티가 근대 추리소설이 자

---

29) 김호, 「奎章閣 소장 '檢案'의 기초적 검토」, 조선시대사학회, 〈조선시대사학보〉, 1998, pp.193-194.
30) 崔瓚植, 「海岸」, 앞의 책, pp.296-305.

본주의적 생산구조를 은폐하는 이중 구조를 내장하고 있다고 주장한 것[31] 과 유사한 맥락에서 신소설은 통합된 근대 국가의 주축으로 자리하고자 하는 방향으로 점진적인 일신과 개편을 도모했던 당대의 관료제의 지향, 그리고 이와 같은 비전에 동의했던 지식인들의 일반적인 인식을 상징적으로 내면화하고 있는 형식이라고 해도 좋을 것이다. 그러나 그것은 문명개화의 이념 및 구래의 윤리 의식을 아울러 강조하는 멜로드라마적 구조를 외장으로 삼아, 그와 같은 서술자의 단성적 목소리를 은폐하고 있다.

19세기 영국의 리얼리즘 소설이 개개의 인민들을 단일한 정치체계로 포섭하고자 하는 지식 체계의 개편 과정에서 일종의 이데올로기적 국가장치[32]로서, 사실상의 '경찰적 기능(policing funtion)'을 수행했다고 본[33] 이와 유사하게 근대계몽기 당시, 온갖 발칙한 욕구들이 미쳐 날뛰며 때로 그것이 살인, 강·절도, 횡령, 폭력, 시체유기 등의 범죄로 승화되는 어지러운 공간이 부각될 수 있었던 것은 혈연적·언어적 동질성을 준거로 조선 전역을 리바이어던적인 단일한 공동체로 포괄하고자 했던 계몽·민족 담론이 일부 지식인 사이의 '그들만의 세상'을 형성하기 위한 자국 내부의 배설 작용에서 비롯된 것이라고 보아도 무방하다. 이를 통해 그러한 사태를 일상의 지옥으로 구축함으로써 신소설의 사건 현장에 대한 피비린내 나는 묘사가 비로소 가능할 수 있었다. 다만 그것은 문명국가라는 건강한 신체를 육성하기 위해 폐기되어야 할 '아브젝트(abject)'[34]와 같은 것으로

---

31) Franco Moretti, Ibid.
32) 루이 알튀세르, 김동수 역, 「이데올로기와 이데올로기적 국가장치」, 『아미앵에서의 주장』, 솔, 1994, pp.94-95.
33) D. A. 밀러에 따르면, "경찰과 범죄자는 범죄를 형성하거나 혹은 재형성하는 단일한 체계 내에서 공모관계에 있다." D.A. Miller, 'The Novel and the Police', *The Novel and the Police*, Berkeley : University of California Press, 1988, p.5.
34) 줄리아 크리스테바, 서민원 역, 『공포의 권력』, 동문선, 2001.

부각되었다고 해도 과언은 아니다. 신소설이 채만식의 『태평천하』와 『탁류』에 등장할 정도로 오래도록 공동의 기억에 존속할 수 있었던 이유는, 아마도 본래 자기 것이었던 아브젝시옹(abjection)이 환기하는 강렬한 매혹 때문일지도 모른다.

조형래 | 동국대 박사과정.

연애, 문학, 근대인

김지영

1. '연애' 라는 신조어

2000년에 개봉한 일본 영화 〈기묘한 이야기〉에는 사무라이의 핸드폰이라는 에피소드가 실려 있다. 한 사무라이가 길에 떨어진 핸드폰을 줍는다. 그것은 미래 사회의 역사학자들이 시공을 거슬러 보낸 물건이다. 그는 이 핸드폰을 줍고 역사에 기록된 자신을 조사하는 미래의 인물과 대화한다. 정부의 집을 방문한 사무라이는 마침 울리는 핸드폰을 열고 자랑하듯 통화를 시작한다. "지금 어디 있어요?" "둘째 집이요." "아, 애인이랑 있어요?" "애인? 애…, 사랑. 인…, 사람. '사랑하는… 사람', 얼마나 아름다운 말인가!" 사무라이의 얼굴은 기쁨으로 발그레하게 빛난다. 그는 자신의 정부를 '애인' 이란 관념으로 처음 '발견' 한 것이다. 300년의 시간을 넘나드는 이 대화는, 오늘날 우리가 너무도 당연하게 여기고 있는 관념들의 자명성을 다시금 반추하게 만든다. 18세기의 인물에게 '애인'은 '아름다운' '독립어'가 아니었다. '연애'도 그러했다.

'戀愛'는 '戀'과 '愛'라는 한자어를 합성한 신조어였다.[1] 한자어 "戀"과 "愛"는 각기 넓은 의미의 그리움과 사랑을 뜻하는 동시에 남녀 간의 사랑을 가리키는 글자였는데, "戀"에 그리움의 뜻이 강했다면 "愛"에는 성적인 사통의 의미가 더 강했던 듯하다. 고전 문헌들에는 戀과 愛를 이용한 조어로서 "愛敬", "愛顧", "愛憐", "愛戀", "愛慕", "愛恨", "愛悅" "愛寵", "愛幸", "愛好", "戀慕", "戀戀", "戀愛" 등이 사랑을 지칭하는 말로 두루 사용되었다. 이 때 "戀愛"는 "愛戀"보다 드물게 쓰였던 것으로, 물론 '사랑하다', '그리워하다'의 뜻을 지니고 있었지만, 하나의 개념을 형성하여 쓰이던 독립 어휘는 아니었다.

남녀 간의 사랑을 가리키는 용어 '연애'는 영어 'Love'의 일본 번역어에서 유래한 것이었다. 『번역어 성립 사정』의 저자 야나부 아키라(柳父章)에 의하면, 일본에서 'Love'가 '연애'로 번역된 것은, 불결한 연감을 일으키는 일본 통속의 문자들과 영어 'Love'를 구별하기 위해서였다고 한다. 원래 일본의 전통 속에서 남녀 간의 사랑은 육체적 결합과 분리되지 않았다. 『만엽집』과 같은 문학 작품집에 실린 사랑의 노래는 일단 서로 만나 성적으로 결합한 이후 헤어진 남녀의 그리움을 노래한 것이 일반적이었으며, 이러한 사정은 우리나라의 경우도 마찬가지였다. 남녀의 사랑이라고 하면 곧바로 성적인 결합을 연상했던 풍토 위에서, 성적인 접촉을 기피하

---

1) 서구 근대의 영향으로 번역을 통해 형성된 신조어에는 세 가지 종류가 있었다고 한다. 첫째는 기존 한자의 의미를 바꾸지 않고 조합해서 쓴 경우이고, 둘째는 '자유' 혹은 '자연'과 같이 이전부터 있었던 한자어의 의미를 바꿔서 사용한 경우, 셋째는 '사회' 혹은 '부동산'과 같이 완전히 새롭게 만들어낸 경우이다. '연애'는 이 가운데 첫 번째 종류의 신조어에 해당한다. 마루야마 마사오, 가토 슈이치, 『번역과 일본의 근대』, 임성모 역, 이산, 2000, p.106, 참조.

거나 생략하고 상대로부터 멀리 떨어진 곳에서 영혼의 순정을 바치는 사랑의 개념은 이해되기 어려웠고, 그렇기 때문에 그러한 사랑을 표현하는 말은 기존의 남녀 간 사랑을 가리키는 표현과는 달라야 한다고 생각되었던 것이다.

한국어에서 남녀 간의 사랑을 지칭하는 의미로 "戀愛"가 처음 발견된 곳은 1910년대 초반의 신소설들이다. 1912년 매일신보에 발표된 조일제의 『쌍옥루』에는 '사랑', '연이' '편이'라는 용어가 의미의 구별 없이 혼란스럽게 섞여 쓰이는 부분이 발견된다. 다음해 같은 신문에 연재된 『장한몽』의 초두에서는, 금강석 반지를 낀 김중배의 화려한 모습에 현혹되었던 심순애가, 이수일의 잠든 얼굴을 바라보면서 '신성한 연애'의 힘에 의해 속된 욕망을 깨끗이 잊어버리는 순간이 기록되고 있다.

1910년대 초반 신소설들에서 드물게 모습을 보이기 시작했던 '연애'는, 1910년대 중후반까지도 희귀한 어휘였으나, 1919년 즈음에 이르면 폭발적인 유행어로 자리잡는다. 대대적인 유행어로 대두되기 이전까지 '연애'는 '愛', '愛情', '親愛', '相思', '사랑' 등의 어휘들과 경쟁해야 했다. 이 가운데 '연애'와 가장 가까운 뜻으로 사용된 우리말은 '사랑'과 '相思'였던 듯하다. 그러나 '相思'는 '연애'가 세력을 확대하면서 점차 용례가 줄어들었고 1920년대에 이르면 '연애'와 '사랑'이 남녀 간 열정을 가리키는 데 가장 많이 사용되는 용어가 된다. 1920년대 중반까지 '연애'는 사실상 '사랑'과 거의 동의어로 쓰이고 있었다.

그렇다면 1910년대 중반까지만 해도 잘 쓰이지 않았던 '연애'가 남녀의 열정을 가리키는 가장 유력한 어휘로 자리잡게 된 이유는 무엇일까? 그것은 '연애'가 남녀의 사랑을 공식적으로 정당화하는 기능을 발휘할 수 있는 어휘였기 때문이다. 1913년 매일신보에 발표된 신소설 『눈물』에서 작가 이상협은 지체 높은 협판댁 규수와 가난한 고학 청년이 서로를 연모하게 된 사연을 이야기하면서, 다음과 같이 연애의 정당성을 주장한다.

독쟈제군즁, 진졍훈 련이(戀愛)라는 것을 경력지 못훈 쳥년 남녀는, 조필환이가 일기 빈쳔훈, 셔싱으로, 쥬인집 규슈를, 사모ㅎ며, 량가의 쳐자로 규즁에 잇는, 몸이 외람히, 청년 남쟈를 사모홈이, 각기 픔힝에 온당치 못혼 일이라고, 반다시 타미 ㅎ 리로다, 그러나 (…) 두 사롬의 련이는, 슌결(純潔)훈 련이요, 츄잡훈 련이가 안이며, 신셩(神聖)훈 련이요, 비루훈 련이가 안이라, 텬디신명의게 더 ㅎ 야도, 량심(良心)에 븟그러올 바이 업스며, 사회공즁에 더 ㅎ 야도, 타인의 치쇼를 밧을 리유가, 업거늘, 다만 슯흔 바는, 우리 사회에서 아직도 슌결신셩훈 련이를 츄잡ㅎ고, 비루한 련이와 갓치, 녁이니, 엇지 옥과 돌이 함쯰 타는 유감이 없스리오.
— 이상협, 『눈물』, 매일신보, 1913. 7. 23

작가가 볼 때 두 주인공의 연애는 인정의 자연스러운 발화이며 순결한 감정이었다. 그것은 남녀 간의 일을 상상할 때 일상적으로 떠올리는 추잡하고 비속한 관계와는 달랐다. 그런데 '남녀 간'을 뜻하는 말만 비추어도 저속하게 취급하고 기피하는 풍토는 이같이 순결한 감정의 표현을 가로막고 있었다. 세간의 점잖지 못한 사랑의 풍토에 젖어 인간의 본원적인 정의 유로를 막는 것은 잘못된 일이었다. 그러므로 독자는 순결한 감정을 논하는 것이 조금도 속된 일이 아님을 알아야 했다. 이 같은 논리로 작가는 남녀 간의 은밀한 사정을 이야기하고 있는 자신의 정당성을 주장하는 동시에, 남녀 간의 열정을 공식적인 담론의 영역으로 이동시켰다. 그리고 이 담론 개방의 핵심적 역할을 담당한 어휘가 '연애'였다.

이상협이 지적하고 있는 것과 같이, 유교 윤리의 지배 아래 있던 조선 사회에서 성과 사랑은 공적 담론에서 언급되기 어려운 대상이었다. 성이나 사랑을 이야기하는 것을 점잖지 못한 행위로 간주했던 문화적 풍토 안에서, 이성에 대한 열정이 담론의 대상으로 떠오르기 위해서는 특별한 장치가 필요했다. 그런데 새로운 어휘의 생경함은 성(性)과 열정을 이야기하는 데 수반되는 거부감을 줄여준다. 그리하여 예전에는 자주 쓰지 않았던 '연애' 라는 말이 유력한 후보로 부상한 것이다. '연애' 라는 신조어는 비공식의 영역 속에 숨어 있던 사랑의 열정을 공식의 영역으로 해방하는 전략적 장치가 될 수 있었다.

2. '신성한 연애' 의 상상력

'연애' 에 대한 사회적 논의는 1890년대 후반부터 제기되었던 자유 '결혼' 의 다른 표현으로 시작되었다. 혼인의 형식은 개화기 조선 사회에서부터 개혁을 주장하는 계몽주의자들의 주요한 관심의 대상이었다. '과부 재가 허용' 이라는 갑오경장의 개혁 항목에서 보듯 혼인제도의 시정 요구는 일찍부터 제기되고 있었으며, 독립신문에는 조선의 혼인 제도가 지니는 불합리성을 비판하는 사설들이 종종 실리곤 했다. 갑오경장의 시기까지 거슬러 올라가는 자유결혼론은 1910년대 초반까지도 활발하게 진행되다가 1910년대 중후반에 이르러 '자유연애' 라는 어휘에 슬그머니 자리를 내주기 시작한다. 자유결혼론의 연속으로서 자유연애론은 혼인 개혁이라는 사회 개량 운동의 차원에서 처음 대두되었고, 그 실질적 의미는 자유결혼론의 내용과 다르지 않았다. 즉 '자유연애' 란 배우자 선택의 자유를 의미하는 말로, 사실상 '자유결혼'과 이음동의의 관계에 있었던 것이다.

그러나 일단 '결혼'이 '연애'라는 어휘로 대치되면서부터, 사랑과 결혼에 대한 생각들은 제도의 문제로만 국한되지 않는 다채로운 방향으로 뻗어나갔다. '자유연애'의 이상은 서로 이해가 일치하는 남녀가 자유로운 의사에 따라 만나 혼인에 이르는 일이었다. 그러나 '연애'는 반드시 결혼의 조건으로 머무르지만은 않았다. 『청춘』의 판매부수를 늘이는 데 혁혁한 공을 세우고, "왜 소설이란 소설은 모두 연애결혼 주창의 무기에만 쓰느냐"는 김동인의 유명한 불평의 표적이 되었던 춘원의 소설「어린 벗에게」의 주인공은 결혼으로부터 독립한 감정의 자유를 다음과 같이 역설한다.

> 혼인의 형식 가튼 것은 사회의 편의상 제정한 한 規模에 지나지 못한 것―즉 인위적이어니와 사랑은 조물이 稟賦한 천성이라 인위는 거슬일지언정 천의야 엇지 금위하오릿가. 물론 사랑 업는 결혼은 불가하거니와 사랑이 혼인의 방편은 안닌 것이로소이다.
>
> ― 이광수, 「어린 벗에게」, 『청춘』 9호, 106쪽

어릴 적 부모의 뜻에 따라 애정 없이 결혼했던 이 청년은, 유학 중에 만난 이상의 여인 앞에 감정의 자유를 선언한다. 조혼 풍속에 따라 학생 기혼자가 많았던 당시의 상황에서 자유로운 사랑은 혼인의 수단이 아니라 오히려 혼인을 위협하는 장애로 다가왔던 것. 그러나 그는 자신의 불순한 감정을 순순히 철회하지 않았다. "육적으로 사람을 사랑함은 사회의 질서를 문란하는 것이매 맛당히 배척하려니와 정신적으로 사랑하기야 웨 못하리잇가."(109쪽)라는 것이 이 청년의 항변이다. 이 같은 항의는 혼인 제도

를 초월하는 사랑을 창출해냈다. 이른바 감정의 자유, 플라토닉 러브의 시
작이다. 혼인하지도 성적으로 결합하지도 않으면서 멀리서 지켜보는 사랑
의 존재, 그것은 남녀의 관계에 '정신'의 영역을 부여했고, 행위와 감정을
분리시켰다. 그리고 이 사랑은 '연애'의 이름으로 추앙되었다.

감정의 자유와 혼인 당사자의 정신적 이해를 강조하는 연애의 논리는
사랑과 결혼에 대한 전통의 감각으로는 납득할 수 없는 것이었다. 『창조』
1호에 실린 최승만의 희곡 「황혼」에서 아버지와 아들은 이 감각의 불일치
로 싸운다.

> 김 : (…) 참 婚姻을 하려면 두 사람 사이에 圓滿한 理解와 熱烈한 사랑이
> 잇서야 하지오. 두 사람이 徹底하게 理解하고 熱烈한 사랑이 잇서야 하죠.
> 이것이 업는 婚姻이라면, 벌서, 이것은 참 婚姻이 못되겟지오
> 부 : 이놈아 살면 사는 것이지, 참 혼인은 엇던 것이요 거즛 혼인은 엇던
> 것이란 말이냐 내, 네 소리는 하나투 몰으겟다. 또 철저한 이해는 엇더케 하
> 는 것이 철저한 이해며 열렬한 사랑이라는 것은 엇더케 하는 것이 열렬한
> 사랑이란 말이냐
>
> —최승만, 「황혼」, 『창조』1호, 12쪽

아버지의 세계에서 사랑은 행위의 문제이다. 살면 사는 것, 혼인하면 혼
인하는 것. 이 동어반복의 문장은 행위와 개념의 분리를 무력화시킨다. 아
버지의 세계에서는 삶도 사랑도 행위를 통해 '실행' 되는 것이었다. 그는
'동사'의 세계를 산다. 그러나 아들은 사랑을 '생각' 하고자 한다. 그에게
사랑은 철저한 이해와 열렬한 감정이다. 아들은 사랑을 '사고' 하고 자신
이 '사고한 사랑' 을 실천하고 싶어 한다. '사고되는 사랑', 그것은 사랑을

동사의 영역에서 명사의 영역으로 이동시킨다. 연애는 이 명사화된 사랑, 개념화된 사랑의 자리에 위치한 언어였다.

'연애'는 이처럼 사랑을 사실로부터 의식 혹은 가치로 바꾸고, 사랑의 감각적 정신적 측면을 사유하는 계기가 되었지만, 그렇다고 정신적인 사랑만을 강조하는 말은 아니었다. 연애의 유행과 더불어 또 하나의 유행을 만들었던 것이 영육일치의 사랑이라는 말이었다. 영육일치의 사랑은 당시 세계적으로 유명했던 스웨덴 여성운동가 엘렌 케이의 사랑론에서 주창된 것으로, 춘원과 같은 자유연애론자들의 논의에 중요한 이론적 기반이 되고 있었다. "세상에서 흔히 플라토닉의 연애—곳 감각을 억압한 연애로써 고상한 연애라고 하나 그것은 대단한 오해일다. 참 의미로의 연애는 어대싸지던지 靈肉一致의 戀愛가 아니면 아니다"[2]라는 엘렌 케이의 주장은 정신적 사랑 역시 기형적인 것으로 전락시켰다. 참다운 사랑은 영혼과 육체가 함께 결합하는 곳에 있다는 생각은, 그동안 담론의 표면에서 제외되고 있었던 육체에 대한 관심을 새로이 환기시켰다. 게다가 이 시기 가장 큰 영향력을 지닌 과학이론이었던 사회진화론과 우생학은 성적 결합의 문제에 깊은 의미를 부여했다. "연애는 聰明強壯한 자녀를 낫키 위하야의 유일한 수단방편이라 하는 점으로 보아 最貴한 것이오 신성한 것이다"[3]라는 식의 국민 양성 논리나, "우리는 우리의 생명을 영구히 보존키 위하야 이성의 결합을 구하는데 연애를 전제로 한다. 그럼으로 연애는 신성하다"[4] 등과 같은 생물학적 주장들은 사회진화론적 사상에 이론적 근거를 두고 있었다. 남녀의 성 결합을 인간 삶의 토대로 간주하는 이 같은 생각들은

---

2) 노자영, 「여성운동의 제 1인자 엘렌 케이」, 『개벽』 8호, 1921. 2. p.52.
3) 서상일, 「〈문단의 혁명아〉를 독하고」, 『학지광』 15호, 1918. 3. pp.66-67.
4) 김영보, 「실제록」, 『조선문단』 10호, 1925, p.22.

연애를 신성한 것으로 부각시키는 중요한 요인의 하나였다.

1920년대 중반으로 가면 육체에 대한 관심과 논의들은 더욱 노골화된다. 『조선문단』 10호(1925)의 특집 기사 「제가의 연애관」에서는 성적 애착과 생식작용이라는 유물론적 관점에서 연애를 이해하는 생각들이 중심을 이룬다. 예컨대, 파인 김동환은 "첫재로 생명의 혁명의 불길을 주니 할 것이며, 둘재로 마취제가 필요한데 그 임무를 맡터주니 조흔 것이며, 셋재로 성의 조화기관이 되니 할 일이라"고 연애의 필요를 긍정했다. 또, 양주동은 연애가 "성욕의 詩化"이며, 성욕을 온전히 해탈한 특별한 연애가 있다고 하면 그것은 도깨비나 마찬가지의 허상일 뿐이라고 일축했고, 최서해는 "연애는 성적으로 자기를 충실히 하려는 강렬한 애욕에서 나오는 것"으로 "성적 방면에 대한 자기완성의 요구"를 충족시키는 것이라 규정했다. 육체에 대한 관심은 과도한 연애열을 경계하는 이유가 되기도 했지만, 역으로 그 때까지의 상식을 초월하는 이채로운 사유들의 발원지가 되기도 했다.

1924년 〈결혼문제호〉라는 부제로 발간된 『신여성』 5호에서 김기진은 새로운 사랑이 발생하는 곳에는 늘 새로운 정조가 생긴다는 대담한 주장을 펼친다. "다른 남자와의 사이에 사랑이 싹을 터서 연애가 성립될 때에는 그 사랑의 불길로 그 여자의 정조가 단련" 된다는 것. 몇 번을 결혼하더라도 처음과 같이 몸과 마음을 수양하면 정조란 "완전히 재생" 된다는 것이 그의 주장이다. 같은 호에 실린 「결혼생활은 이러케 할 것」이란 글에서 주요섭은 결혼이라는 절차 자체를 완전히 거부했다. 결혼하고 싶으면 함께 살면 되는 일이요, 종교의식적 절차란 불필요한 의례라는 것이다. 『조선문단』 3호에 발표된 한병도의 소설 「그날 밤」은 "나는 Onlylove를 부인한다. 러-브는 얼마던지 이동하는 것이다. 이동은 진화다."라고 당당하게 선언하는 프리섹스주의자를 주인공으로 내세웠다. "인류의 해방이 완전이 되는 날"을 희구하는 이 청년은, 일부일처제를 거부하고 국가와 사회가 육아를 담당하는 신 사회를 고안해냈다.

이처럼 '연애'는 감정과 육체에 대한 관심을 불러일으키고, 유교적 인식 틀 안에서는 가능할 수 없었던 새로운 상상력을 촉발시켰다. 주목되는 것은 감정, 본능 제도라는 서로 다른 측면에서 연애에 접근하는 이질적인 시각들이 모두 '신성한 연애'라는 하나의 기표를 향해 집중되고 있었다는 사실이다. 연애의 정신성에 천착하는 논의도 육체와 본능의 중요성에서 출발하는 논의도 모두 '신성한 연애'를 강조했다. 신성한 연애는 혼인에 필요한 전제 조건이면서도 혼인을 초월하는 감정의 자유여야 했고, 사랑의 정신적 측면에 의미를 부여하면서도 육체와 본능에 대한 존중 속에서 강조되고 있었다, 여기에 연애를 전해준 서구와의 관계를 고려하면 사정은 더욱 복잡해진다.

연애는 이국의 사랑을 전달하면서 등장했기 때문에 '신성한' 문명의 사랑으로 추앙되었지만, 한편으로는 자유로운 사랑에 대한 전통 사회의 축적된 요구를 반영하기 때문에 '신성'하기도 했다. '신성한 연애'는 이처럼 중층적인 관점들이 결집하는 기표였고, 상호모순적인 의미들이 공존하는 하나의 추상이었다. 결국 연애는 이미 존재하고 있는 사랑을 가리키는 용어가 아니라 앞으로 있어야 할 사랑, 미래의 소망스런 삶을 가리키는 기표였으며, 최종적인 결정물로서의 무엇이라기보다는 문명화된 삶의 '신성'한 이미지에 의해 접근되는 문제적 시각의 집결지였다.

3. 식민지의 사랑

사랑이 '연애'라는 어휘를 통해 새롭게 표상되고 공론화되면서, 가족과 결혼을 둘러싼 전통적 관계의 양식은 급속한 전환의 계기를 맞는다. 그런데 '연애'라는 어휘가 그토록 단기간에 쉽게 전통적인 어휘들을 이겨내고 사랑을 가리키는 중심 어휘로 자리잡았다는 사실, 더욱이 지고한 가치를 지니는 기호로 정착했다는 사실은, 이 개념을 수용하는 언어와 원본 언어 사이의 관계가 중립적이지 않았다는 것을 암시한다.

주지하다시피 '연애'는 외국문학의 독서에서부터 시작되었다. 1910년대에 발표된 춘원의 「김경」에서는 木下尙江의 「火の柱」를 통해 "〈주의〉의 고상한 甘味와 〈분투〉의 욕망과 〈연애〉의 醇味"를 배웠다는 소년이 등장한다. 밤을 꼬박 세워 소설을 읽었던 벅찬 감동을 이 소년은 "고열한 불바다"의 감격으로 기록하고 있다. "세계에 일홈난 연애소설 가운데 일어로 번역된 자는 대개 보왓다. 그리고 그 소설 가운데 연애에 성공한 자는 나로 치고 성공치 못한 자는 나의 사랑의 원수로 치고 마럿다"(김동인, 「마음이 여튼 자여」, 『창조』 3호, 29쪽)고 밝히는 청년에게 소설은 연애를 가르치는 교과서와 마찬가지였다. 번역소설이 들려주는 사랑의 이국성은 낯선 삶의 풍경에 대한 호기심을 유발하고, 알고자 하는 욕망을 작동시켰다. 그리하여 연애를 학습하는 청년들의 머릿속에 자리잡은 것은 서구적인 삶의 풍경이었다. 김장로가 미국 유학을 조건으로 선형과의 혼약을 청할 때 이형식이 떠올리는 것은 피아노가 놓이고 바이올린이 걸린 깨끗한 양옥집에서 선형과 함께 사는 자신의 모습이었다. 이 사랑의 연상은 "두 음악가가 터—ㄱ 결혼을 해 가지고 양옥집 하나 족으마하게 짓고 조석으로 내외가 하나는 피아노 타고 하나는 사현금 타고 … 그런 팔자가 어대잇

나"(방정환, 「그날 밤」, 『개벽』 6호, 153쪽)라고 한탄하는 4년 후 한 소설 주인공의 소망과 놀라울 만큼 흡사하다. 연애를 열망하는 청년들이 소망했던 삶은 이처럼 유사한 이미지 틀 속으로 귀속되고 있었다. 이들이 바라는 미래는 깨끗한 양옥집 거실에서 피아노를 울리며 함께 웃는 가족의 모습을 찍은 서구적 가정의 선전 사진 한 컷과 같은 이미지 이상이 아니었다. 피아노를 갖춘 양옥의 스위트 홈(Sweet home)은 '연애'에 달린 부속품과 같은 것이었다. 이 같은 이미지는 제국주의의 문화, 경제적 침투를 용이하게 해주는 취향의 동질화를 야기시켰다. 달리 말하면 청년들은 연애의 이미지가 촉발하는 문명적 삶에 대한 동경 속에서 서구적인 물질문화가 제공하는 획일적인 기호들에 수동적으로 적응하고 있었다고도 할 것이다.

서구적 결혼 및 가정의 합리성은 전통에 대한 거의 저주에 가까울 만큼 강렬한 비판 위에서 강조되었다. 자유연애론을 집대성했던 춘원의 논설들에서 과거의 조선은 일고의 가치도 없는 야만의 사회로 전락한다. 춘원은 조혼의 관습이 "食, 色 중심의 야만적 인생관"에서 비롯된 것이라 분석하고, "조선 사회에 만반 현상이 此 食과 色을 중심으로 旋轉"(「조혼의 악습」, 『이광수전집 1』, 삼중당, 1961, 501쪽)한다고 규정했다. 그의 눈에 비친 "조선의 가정은 풍파와 적막과 반목과 悲愁와 죄악과 불행의 소굴"이었으며, "조선의 부부는 厭惡와 불화와 怨嗟와 고통의 집합"이었다. 조혼한 부부가 낳은 "조선의 아동은 정신상으로 대개 병신이외다"(「혼인론」, 『전집 17』, 140쪽) 쯤에 이르면 조선의 풍속에 대한 춘원의 자기 비하는 극에 달했다고 할 수 있다. 염상섭이 본 조선의 가정은 어떠했던가. "가장권의 전제, 횡포, 남용 위압과 이에 대한 노예적 굴종과, 塗糊的 타협과, 위선적 의리와, 형식적 허례와, 牢獄적 감금과, 질타, 罵詈, 오열, 怨嗟…… 等

모든 죄악의 소굴"(「地上善을 爲하야」,『염상섭 전집 12』, 민음사, 1987, 48쪽)이라는 횡보의 독설은 춘원의 그것과 그대로 닮아 있다. 가정이 이처럼 죄악의 소굴로 전락할 때, 입센의 인물 노라의 출분은 "地上善"의 영예를 얻을 수 있었다.

서구와 전통조선에 대한 극렬한 대조는 사랑을 해방하는 동시에 제약하는 결과를 빚었다. '연애' 라는 새로운 표상을 설립하는 일은 사랑에 관한 전통적인 관념의 권위를 해체할 수 있었던 만큼, 사랑이라는 문제를 근본적으로 새롭게 바라볼 수 있는 여건을 조성해 주었다. 그것은 전통 사회가 사랑에 요구했던 의무와 제약들을 되짚어보고, 현실 속에 숨어 있는 허위와 모순 및 가능성의 조건들을 성찰하며, 사랑을 어떤 결정적이고도 종국적인 단계까지 추적할 수 있는 새로운 접근을 요구하고 또 가능하게 하는 일이었다. 그런 의미에서 '연애' 는 인간의 욕망과 삶의 조건을 자유롭게 탐구하고 새로운 상상력을 펼쳐나갈 수 있는 하나의 가능성을 제공하는 표상이었다고 할 수 있다.

그러나 식민지 초기 한국 사회에서 '연애' 는 자유롭고 순수한 탐구 이전에, 서구 문명이 전달하는 선험적 개념들의 격자에 의해 미리 구획되고 구조화되는 특정한 인식 방법에 의해 접근되고 있었다. '신성한 연애' 의 의미는 우등한 서구문명과 열등한 전통 사회라는 우열의 논리에 의해 구획되고 있었으며, 현실적인 삶의 토대에 대한 고려 이전에 서구문명이 제공하는 이미지에 먼저 압도되고 있었다. 이국의 정서를 담은 새로운 사랑은 식민지 조선에 열광적으로 '적용' 되었고, 신교육을 수혜한 조선의 청년지식인들은 신문명의 언어에 재빨리 자신들을 '적응' 시켜 갔다. 이 '개조' 와 '이해' 의 과정은, 제국주의 세력과 결탁하기도 하고 그에 저항하기도 하는 싸움의 과정이었다고 할 수 있다. 분명한 것은, 이 과정 속에서, 전통 사회 안에 움트고 있던 자발적인 변화의 움직임은 그 스스로 발현되고 역사를 만들어나갈 수 있는 가능성을 빼앗겼다는 점이다. 이 잠재된 역사는 간과되고, 억압되고, 그리고 잊혀졌다.

4. 연애, 문학, 근대인

연애는 한국 근대 문학의 첫 관심의 대상이었다. 근대적인 문학 개념을 처음으로 도입했던 춘원 이광수는 자유연애 주창의 선두주자였고, 최초의 문학 동인지들에서는 연애에 대한 표현과 논의들이 초미의 관심사를 이루었다. 문학은 '연애'라는 새로운 사랑의 표상에 자극받았으며, 이 표상의 확산과 구체화에 능동적으로 기여했다. 연애의 형성과 근대 문학의 성립은, 감정과 의지를 지닌 주체로서 인간을 세계의 중심으로 상정하는 새로운 세계관의 설립이라는 동일한 맥락 위에서 펼쳐진 역사적 사건이었다. 사회적 의무에 의해 규정되는 인간에서 벗어나 주관적 욕망과 의지를 지닌 존재로서 인간을 바라보는 의식의 지각변동 위에서 근대문학과 연애는 동시적으로 공식화되었다.

춘원 이광수의 '정'의 논리는 연애와 문학이 어떠한 관점에서 동일한 원천을 지니며, 그것이 그가 생각했던 근대적 개인상과 어떻게 관련되는지를 함축적으로 드러낸다. 인간의 정신을 '지, 정, 의'의 세 영역으로 나누고, 문학을 '정'의 영역으로 분립시킴으로써, 춘원은 세계를 감각하고 만들어가는 주체로서 인간을 사고하고 언술하는 장으로 문학을 정립했다. 감각으로서의 '정'을 문학의 영역으로 이해하고, '정'이 추구하는 가치인 '미'의 실현을 문학의 목표로 규정함으로써, 춘원은 인간의 감각적 삶과 욕망에 의미를 부여했다. 그런데 이 '정'은 단일한 의미로 통합되지 않고 양가적인 특성을 보인다. 춘원은 '정'을 '계몽의 원천'이자 '계몽의 대상'이라는 이중의 차원에서 파악하고 있었다. 즉, 정은 인간 고유의 특질로서 인간이 무한히 발전하고 스스로를 고양시킬 수 있는 기초적 자격·조건을 가리키는 동시에, 개인의 성숙도를 표시하고 문명화의 정도를 분별하게 해주는 가치 판단의 지표였던 것이다. 즉자적인 욕구나 욕망으로부터 정신적이고 영적인 영역에 이르기까지 춘원의 '정'은 다양한 스펙트럼을 지니고 있었다.

독립적이지만 다양한 스펙트럼을 지닌 '정'의 영역으로 규정된 문학은 자율적이면서도 높고 숭고한 가치를 지향해야 했다. 문학은 세계를 감각하고 욕망하고 움직이는 존재로서 인간을 새롭게 발견했지만, 그 인간은 성숙하고 문명적인 감정의 소유자로 자신을 격앙하는 존재여야 했던 것이다. 같은 논리가 '연애'에도 그대로 적용된다. '연애'는 춘원이 생각했던 정의 스펙트럼 안에서 자발적인 감정이자 순도 높은 강렬성을 지니는 정념으로서 높은 위치를 점했다. 그러므로 연애를 자각하고 실천하는 일은 그 자체로서 계몽적 행위로 높이 평가될 수 있었다. 연애는 타율성을 거부하고 자신의 내부에서 행동의 지침을 찾아내는 근대적 자아의 발현을 의미함으로써 그 자체로서 가치 있는 일인 동시에, 더 높고 숭고한 본질을 관계 속에 구현할 수 있도록 단련되어야 하는 것이었다. 이 같은 '정'의 논리를 통해 춘원의 연애론과 문학론은 인간의 감각적, 정서적 욕망의 발현을 주창하면서도 그것을 다시 문명화된 삶의 도덕적 규율 안에 엄격하게 귀속시켰다.

여기서 문제적인 것은 높고 숭고한 '정'을 향해 자아를 격앙하고 도덕성을 부과하는 자기조정의 힘이 환경과 소통하는 자아의 내부로부터 기원하지 않았다는 사실이다. 이 힘은 자아의 외부로부터, 구체적으로는 추상적인 문명의 이미지로부터 부과되고 있었다. 『무정』은 이러한 문제점을 명확하게 드러내는 작품이다. "대체 주긔는 누구를 사랑흔 눈가 션형인가 영치인가"를 고민하는 이형식은 이론처럼 명확하게 규정하기 어려운 내면적 욕망의 문제에 부딪히고, 진정한 "주각흔 사람"에 이르지 못한 자신의 불완전성을 깨달을 수밖에 없었다. 그러나 그는 사랑의 갈등을 통해 깨닫게 된 자아의 결핍을 "올타 그럼으로 우리들은 비호로 간다"는 학업 의지를 통해 극복하고자 했다. "ᄉ랑에 디흔 틱도로 죡히 인싱에 대한 틱도를 결뎡홀 수 잇다고 밋눈" 신념의 소유자였던 그는, 자아와 환경을 조율하는 내면의 성숙이 아니라 '배움'을 통해서, '인싱에 대한 틱도를 결뎡' 할 수 있는 'ᄉ랑에 디흔 틱도'를 확립하고자 했던 것이다. 더구나 형식이 가르침을 구하는 배움의 출처는 '미국'이었다. 모순적인 자아의 욕망이 빚어내는 내면적 갈등을 외래적인 문명의 가르침 안에서 인위적으로 해소하려 할 때, 전근대적 삶의 질곡에서 벗어나고자 하는 모든 움직임들은 외적으로 강제된 위계질서 아래 일정한 모형으로 정형화될 수밖에 없었다.

이처럼 근대문학이 탄생하는 공간에서 '연애'는, 이론적으로 주창되었던 것과는 달리, 자아와 환경의 긴밀한 상호작용 속에 이루어지는 자아 발견의 통로로서 구현되지 못했다. 연애는 문명화된 삶의 이미지라는 자아의 외부로부터 그 실천의 힘을 얻는 이념화된 표상이었으며, 아직 생활의 구체 속에 정착하지 못한 하나의 추상이었다. 감정과 그것이 생성되는 사회적 맥락 사이에 균형 있는 관계가 형성되지 못한 상태에서, 연애의 문학화는 이상화된 이념의 인위적이고 의식적인 표출로 귀결되었다. 식민지 초기의 근대소설들에서 연애는 근대적 개인으로서의 자아를 '발견'하기

보다는 '선언' 하는 계기로 표현되고 있었다.

1920년대 전반까지 발표된 근대소설 가운데 가장 흔히 발견되는 서사의 유형은 (1) '조혼한 청년' 이 (2) '자신의 진보한 사상을 이해하는 이성' 과 만나 (3) '사랑에 빠짐' 으로써 (4) '조혼한 아내와의 이혼을 요구하' 면서 (5) '반대하는 부모와 투쟁' 하는 이야기이다. 이 때 '진보한 사상(2)' 이란 '예술에 대한 이해와 열정' 으로 설정되는 경우가 많았고, 경우에 따라서는 부모와 투쟁하는 이유가 '부모의 예술에 대한 몰이해' 로 나타나기도 했다. 사랑의 '발견' 이나 내면적 격정의 묘사는 오히려 드문 편이었다. 대부분의 소설에서 갈등의 중심은 (5)에 있었고, 연인들은 사랑 그 자체보다는 부모와의 대결을 통해 '연애' 를 이해하는 자신들의 정체성을 확인하려 했다. 신문명적 사랑과 근대인이라는 텅 빈 기표는 그것과 대척하는 전통과의 대립을 통해 동일성을 회복하고 있었던 것이다.

연애의 자유를 외치며 아버지와 투쟁했던 「황혼」의 주인공은 마침내 이혼하고 신여성과 결혼하지만 자살한 전처의 원혼 때문에 병들어 죽게 된다. 그러나 그는 죽음의 순간에도 모든 문제를 부모의 탓으로 돌린다. "내 병은 내가 맨든 것이 아니오…… 다른 사람이 만드럿서…… 다른 사람이…… 다른 사람이!…… 우리 아버지, 어머니가, …… 아니, 우리 사회가!…… 나는, 나는! 하로밧비, 저-리로…… 저-리로! 광명한 천당으로…… 광명한 천당으로" (『창조』 1호, 19쪽) 라는 것이 그의 유언. 청년은 전처를 죽음으로 몰고간 현실 모순의 일부를 이루고 있는 자신의 이념을 재고할 줄 모른다. 모든 것은 부모 세대의 책임일 뿐, 죽음의 순간에서조차 그는 오직 "광명한 천당", 완전한 사회를 꿈꾸는 데서 아버지와 다른 '자기' 를 찾으려 했다.

구체적인 생활 속에 스며들지 못한 연애의 외래성과 추상성은, 삶의 일반적인 경험 감각에 어긋나는 스토리나 과격하고 폭력적인 행위 속으로 빠져드는 문학작품들이 속출한 원인의 하나였다. 식민지 초기 근대소설에서 사랑은 상식적으로 이해하기 어려운 장면들을 자주 연출했다. 첩의 아들이라는 이유로 청혼을 거절당한 청년이 거절의 이유에 진심어린 경의를 표하기도 하고(이일, 「몽영의 비애」, 『창조』 4호), 신여성을 사랑하여 멀쩡한 아내가 죽기만을 기다리다가 정말로 아내가 죽었다는 전보를 받고 떨 듯이 기뻐하며 애인에게 달려가는 기혼남이 반어적 인물이 아니라 정당한 주인공으로 그려지기도 한다(백주, 「영생애」, 『조선문단』 7호). 『청춘』(나도향, 1922)의 주인공 일복은, 자살한 연적과 가족에 대한 의리를 지키기 위해 자기를 죽여 달라는 애인의 사랑에 감동하여, 실제로 그녀의 가슴을 칼로 찌른다. 이 살인의 순간에 그가 느끼는 것은 참사랑의 감격이었다.

　이 같은 이야기들의 부자연함은 소설의 미숙성 때문이기도 하지만 아직 체화되지 못한 연애라는 표상의 낯설음 때문이기도 했다. 현실적 삶의 토대 속에 사랑을 성찰하는 내면의 성숙이 아직 이루어지지 않은 상태에서, 연애를 갈망하는 인물들은 사랑에 대한 추상적이고 외부적인 '지식'을 생활 속에 그대로 적용하려 했고, 그 결과 일반적인 삶의 감각에 어긋나는 과도하고 부적절한 행위와 태도들이 양산되었던 것이다. 이는 연애가 서사적 상황과의 긴밀한 관련 속에 자유롭고 순수하게 실험되기보다는 서사 밖에서 미리 규격화되고 있던 인식의 방법에 의해 접근된 결과라고도 할 수 있다. 이와 같은 소설들에서 연애의 묘사는 사실상 '경험'의 문학화가 아니라 외적으로 주어지는 '지식' 혹은 '사상'의 문학화였다.

　신성한 연애의 표상에 의해 개발된 삶에 대한 과도한 기대 지평은 실질적인 현실의 경험 지평과 균형을 맞추지 못했다. 현실과 기대의 현격한 불일치 앞에서 청년들은 더욱더 강력한 열정을 통해 자아의 순수성을 확인하려 했다. 때문에 격앙된 기대와 격정은 자살이라는 과격한 행동주의로 쉽게 치달았다. 수많은 소설의 주인공들이 사랑 때문에 죽어갔다. 보답 받지 못하는 감정 때문에 죽고(이광수, 「윤광호」, 1916), 애인의 배신 때문에 죽고(방정환, 「그날 밤」, 1921), 잘못된 선택을 속죄하기 위해 죽고(나도향, 『환희』, 1922), 애인과 소식이 끊어져서 죽고(윤귀영, 「흰 달빛」, 1924), 애인이 몹쓸 병을 지닌 기생이라서 살아서는 육체적 관계를 나눌 수가 없어서도 죽었다(박종화, 「죽음보다 압흐다」, 1923). 죽음은 연애의 이상 앞에 자아의 절대적 순수성을 증명하는 방법인 한편, 역으로 이상과 현실의 불일치에 항거하는 강력한 저항의 표출이기도 했다. 완전한 사랑에 대한 믿음은 이론적 신념과는 너무나도 동떨어진 현실의 제 문제들과 부딪히면서 세계의 연속성에 대한 기본적 신뢰를 무너뜨렸고, 스스로를 지탱할 수 있는 힘을 다른 곳에서 찾을 수 없었던 청년들은 죽음이라는 왜곡된 형식으로 주체성의 절정을 맞았던 것이다. 이처럼 인위적이거나 극단적인 방식으로 '연애'라는 추상을 현실화하려 할 때, 자아와 환경을 균형 있게 조율할 수 있는 깊은 내면성의 형성은 불가능했다. 자기 자신을 돌아볼 수 있는 의식의 발달과 더불어 연애가 구체적인 삶의 현실 속으로 들어가기 위해서는 염상섭과 같은 리얼리스트의 냉철한 현실감각이 발현되기를 기다려야 했다.

사랑은 깊은 내면의 충동 속에서 아직 설명되지 않고 의미화되지 않은 삶의 진실들을 이끌어냄으로써 끊임없이 새롭게 자아를 발견하라고 명령한다. 감각과 욕망의 들끓는 충동 속에서 자아의 새로운 진실을 발견하고 그것을 더욱 깊은 내면성의 원리에 의해 삶의 표층과 화해시키는 일은 끊임없이 반복되어야 할 근대인의 영원한 숙제일는지도 모른다. 식민지 초기, 자유로운 사랑의 표상으로 등장했던 연애는 자아의 주체성을 표출하는 계기로서 열광적인 지지를 받았지만, 실질적으로 자아의 내면을 탐구하고 발현하는 계기로 구현되지 못했다. 서구 문명의 자극에서 촉발된 사랑의 추상적 이미지에 경도되면서, 연애는 구체적인 삶의 현장에서 '창조'되기보다는 삶에서 겉도는 하나의 이념으로 문학 속에 '인용'되고 '적용'되었다. 그런 의미에서 한국 근대문학에서 연애의 표현은 자기 발견이 아니라 자기 소외의 형식으로 출발했다고 할 수 있다. 추상적으로 겉도는 소문과 이미지의 지배 아래에서 연애의 주장은 식민지 중산계급의 세속적 이념과 취향 속으로 쉽게 빠져 들어갔다. 근대적인 성, 사랑, 결혼의 감각은 이와 같은 공간 속에서 움트고 있었다.

김지영 | 고려대 강사.

한국 대중음악에 나타난 대안적 여성성
— 언더그라운드 음악을 중심으로

박애경

1. 들어가는 말

"자신이 누구인지 알아내는 가장 간단한 방법 중의 하나는 자신이 홍얼거리는 노래의 의미와 사회적 맥락을 이해하는 것이다."[1] 이 말은 광범위한 대중이 즐기는 노래라는 차원을 넘어 일상의 일부가 되어버린 대중음악의 힘을 함축적으로 표현한 것이라 할 수 있다. 물론 그 힘의 상당 부분은 감정에 직접 호소할 수 있는 대중음악의 전달력과 정서적 파급력에서 찾아야 할 것이다. 그러나 정작 대중음악의 힘은 강렬한 정서적 파급력이 집단의 취향 나아가 가치의식을 반영하고, 이것이 타 집단과 구분되는 정체성을 형성한다는 데에서 발휘된다고 할 수 있다. 좋아하는 음악과 스타

---

1) 김지룡, 조선일보, 2001년 4월 7일자 문화면 서평.

를 공유한다는 사실만으로도 또래집단 사이에 끈끈한 내적 연대를 이루
어낼 수 있다는 것은 이미 잘 알려진 사실이다. 이렇게 해서 대중음악은
세대를 가르는 좌표가 되기도 하고, 시대와 사회를 인식하는 틀이 되기도
한다.

대중음악을 포함한 문화연구가 진지한 학술적 연구의 대상이 되면서,
대중음악의 미적·문화적 가치 평가의 문제 역시 다양한 각도에서 제기되
고 있다. 이에 따라 '노래따라 세월따라' 류의 야사나 세태를 비추는 만화
경 정도로만 다루어지던 대중음악에 대한 담론 역시 비약적으로 증가하게
되었다. 대중음악을 진지한 분석의 대상으로 삼을 때 특히 문제가 되는 것
은 단연 후자, 즉 대중음악의 문화적 가치라고 할 수 있다. 여기에는 대중
음악이 어떤 기능을 수행하는가? 즉 어떤 정체성을 형성하고, 드러내는가?
대중음악을 포함한 대중예술에서 취향이란 어떤 의미를 갖는가? 특정 스
타일은 어떠한 속성을 매개하는가의 문제에 이르기까지 다양한 질문을 망
라하고 있다. 또한 이러한 질문의 바탕에는 대중음악을 포함한 문화는 자
기표현의 장이며, 취향의 경계를 드러내는 장이라는 공감대가 전제되어
있다고 할 수 있다.

2. 대중음악의 정체성 형성 기능

대중음악이 문화·예술의 다른 분야와 마찬가지로 계급, 인종, 성, 세대
에 따른 정체성을 형성한다는 논의는 꾸준히 제기되어 왔다. 문화·예술
의 취향과 구분에 대한 논의에서 삐에르 부르디(Pierre Bourdieu)를 거론하
지 않고 진행하기는 어려울 것이다. 부르디외는 재즈와 샹송 등 대중음악

을 포함한 음악 역시 학력자본과 계급에 의해 뚜렷이 구분된다는 사실을 음악 작품에 대한 계급적 선호도를 통해 증명하고자 하였다.[2] 정통적 취향, 중간적 취향, 대중적 취향이라는 부르디외의 삼분법의 이면에는 정통적 고급문화 대 통속적 하위문화의 구도, 예술적 욕망이나 전망이 부재한 대중음악에 대한 불신 등이 암암리에 깔려 있다는 점에서 대중음악의 미적 가치에 대해 지극히 회의적이었던 아도르노의 견해와 일맥상통하는 면을 보이고 있다.

영국 출신의 음악사회학자인 사이먼 프리스(S. Frith)는 대중음악을 문화적 가치라는 틀로 바라봄으로써 대중음악을 미학적 잣대로 판단하고, 이에 대해 비관적 견해를 편 아도르노와는 방향을 달리하고 있다. 아울러 그는 음악적 취향의 동이가 집단문화를 이루고, 이것이 계급과 세대를 나누는 분기점이 될 수 있다는 점에는 동의하지만, 더 많은 문화적 지식이 곧 고급문화의 수용을 담보한다는 부르디외의 엘리티즘과도 선을 그었다.[3] 그는 대중음악의 기능으로 1)정체성의 창조 2)감정의 관리 3)시간의 조직 4)취향의 소유를 통한 자기 규정을 들어, 대중음악이 정체성을 형성하는 데 중요한 역할을 담당한다는 점을 강조하였다.[4] 즉 음악을 통해 세대와 계급과 인종과 성별을 자연스럽게 정의하는 만큼 음악이라는 것은 또래 집단 구조의 한 측면이라는 것이다. 우리가 10대 소녀와 팬덤(fandom) 문화를, 힙합(hiphop)과 흑인 뒷골목 문화를 자연스럽게 연결하고, 〈가요무

---

2) 삐에르 부르디외, 『구별짓기: 문화와 취향의 사회학』, 상권 pp.37-42.
3) 대중음악의 문화적 가치에 대한 논의는 S. Frith, "Performing Rites: On the Value of Popular Music", Havard University Press, 1998에서 집중 거론하고 있다.
4) 대중음악의 정체성 형성이 사회적 함의를 가질 수 있다는 것을 이론적으로 피력한 논의는 사이먼 프리스 저, 권영성·김공수 역, 『사운드의 힘』(한나래)과 Keith Negus, "Popular Music in Theory-An Introduction" (Wesleyan Universty Press)을 참조할 것.

대)와 주말의 〈음악캠프〉와 〈수요예술무대〉 간의 차이를 인지하는 것은 의식 혹은 무의식적으로 특정한 집단적 정체성을 상정해 놓았기 때문일 것이다. 혹은 글램록에 심취한 청년들의 성장기를 그린 영화 〈Velvet Goldmine〉을 보면, 음악이 또래 집단들을 어떤 방향으로 조직화하는지 눈으로 확인할 수 있고, 흑인들 사이에 내재한 구술문화의 전통을 그대로 보여준 영화 〈Slam〉에서는 랩이 대중음악의 한 조류이기 이전에 흑인들의 자기표현의 방식임을 자연스럽게 알 수 있을 것이다.

프리스는 대중음악이 취향과 계급에 따라 구획되는 현상을 대표적으로 팝과 록의 이분법으로 설명하고 있다. 즉 대중음악의 한 조류였던 록은 1970년대 들어 심미화하면서, 〈롤링스톤(Rolling Stone)〉을 읽는 중산층의 록 문화/〈롤링스톤〉을 읽지 않는 노동계급의 팝문화로 구분된다는 것이다.[5] 물론 여기에는 나이와 성별 등 다른 부가적 요소들이 개입하기도 한다. 여기서 그가 주시한 것은 주로 영국의 사례이고, 미국의 경우는 계급에 따른 분화가 영국만큼 명백하지 않아, 팝과 록의 경계가 모호하다고 지적하고 있다. 같은 영국 출신의 학자이지만 미국음악에 대한 실물 경험이 보다 풍부한 Keith Negus는 음악이 정체성 형성에 적극 개입한다는 것을 인정하면서, 흑인음악과 백인음악의 차이를 결정적인 이항으로 설정하고 있다는 점에서 프리스와는 차이를 보이고 있다.[6]

흑백 음악의 차이는 인종의 문제지만 내부를 들여다보면 계급의 문제와 긴밀하게 얽혀 있다(프리스의 견해는 힙합 씬이 폭발하기 전의 상황이다).

---

5) 프리스, 앞의 책, pp.270-271. 프리스는 1980년대 이후, 팝과 록의 구분을 스스로 철회하였다. 그의 견해 수정의 배경으로는 록이 1970년대 이후 거대 음악 산업에 포섭되었던 현실과 1980년대 이후 댄스홀 음악이 음악의 혁신을 주도했던 경험이 반영되어 있다고 할 수 있다.
6) Keith Negus, ibid 4장. 프리스는 흑인음악의 경우 백인 주도의 마케팅에 완벽하게 포섭되었다는 점에서 흑·백의 이항대립 설정에 회의적이다.

더구나 팝의 시대라는 1980년대, 미 대학가를 중심으로 전개된 얼터너티브 문화가 1990년대 대중음악의 조류로 자리잡았고, 음악적 태도를 기준으로 얼터너티브와 팝의 구분을 고수하고 있는 취향집단이 존재한다는 점도 주시할 필요가 있다. 그 구분에 의하면 '팔아치우는(selling out) 도식적 음악인 팝'과 '팝의 도식성을 거부하는 자기표현의 수단으로서의 음악'이라는 경계가 생기는 셈이다. 아울러 한때(그리고 아직까지도) 전 세계 젊은이들의 문화적 코드였던 'Nirvana'와 'alternative'가 실은 백인, 중산층, 대도시, 남성, 지식층의 정체성의 표현이었다는 심증을 뒷받침한다고 할 수 있다.[7] 이렇게 본다면 대중음악은 또래집단 구조의 한 측면이고, 이들은 또래집단 속에서 성적인 아이덴티티와 사회적 지위를 발전시킨다는 것이다.[8] 대중음악을 정체성의 구성과 표현으로 본 이들의 견해는 대중음악의 소비자인 대중이 분화 양상뿐 아니라 대중의 능동성과 행위의 정치성까지 포괄하는 것이다.

취향에 따라 대중음악의 수용 집단을 위계화하려는 시도는 그러나 통념처럼 굳어진 대중음악의 좌표에 대한 수정을 요한다는 점에서 그리 간단치만은 않다는 점을 밝혀야 할 듯하다. 일반적으로 대중음악을 정의할 때에는 대략 네 가지 분석틀을 제시한다. 첫째 규범적 의미로는 하위 장르, 둘째 부정적 의미로는 예술로서의 음악이 아니며 민속음악 Folk이 아닌 것, 셋째 사회적 의미로는 특수한 사회집단(대중)에 의한 그리고 그를 위한 것, 넷째 경제적으로는 매스미디어나 음반 산업에 의해 유통되는 음악이 곧 대중음악이라는 것이다.[9]

---

7) 이밖에 미국은 동부/서부 혹은 남부/북부라는 지역적 차이 역시 중요한 변수가 된다.
8) 프리스, 앞의 책, p.274.
9) Richard Middleton, "Studying Popular Music", Philadelpia : Open University Press, 1990, pp.1-19.

이 말을 간단하게 표현하면, '대중음악은 평균적인 감수성을 지닌 불특정 다수를 상대로 대량으로 보급되는 음악'으로 요약해볼 수 있다. 더구나 세대와 계급을 초월한 '국민가수'의 신화가 강하게 남아 있는 우리나라에서는 계급에 따른 취향의 세분화라는 말이 아직은 낯설게 들릴지도 모른다. 그러나 조금만 세밀하게 들여다보면 이야기는 달라진다. '청바지, 통기타, 생맥주'라는 청년문화의 표상이 패션을 넘어 이데올로기까지 승화되었다는 점, 서태지의 등장이 세대 논쟁을 촉발했다는 점은 순화되면서도 무난한 음악을 선호하는 듯 보이는 우리나라 대중음악 수용층 내부에서도 상이한 취향집단이 존재하고 있다는 것을 의미한다. 또한 민중문화가 대안적 문화로 기능하던 1980년대에는 상류층 중심, 제도권 교육기관을 통해 보급되는 고급음악, 비판적 지식 대중의 민중가요, 평균적 감수성을 지닌 불특정 다수의 대중가요라는 삼분법 역시 굳건하게 지켜졌다는 사실을 기억할 필요가 있다.[10] 1990년대 중반 이후 대중음악의 새로운 가능성으로 부상한 인디(indie) 음악이 서울, 엘리트 취향의 중산층 청년의 음악이었다는 것은 이제 공공연한 사실로 알려지고 있다.[11] 즉 우리는 알게 모르게 숱한 취향의 경계 위에서 선택을 해왔던 것이다. 대중음악은 이를 매개하는 강력한 좌표라 할 수 있다.

---

10) 물론 민중문화를 넓은 의미의 대중문화로 편입하는 것에 대해선 반론도 존재한다. 이 글에서는 민중문화가 대중문화와 기존의 고급문화와는 다른 정체성을 형성하고 표현했다는 것에 초점을 맞추고자 한다.
11) 1990년대 중·후반 컬리지 록밴드 활동이 가장 활발했던 곳이 서울대학교라는 사실은 시사하는 바가 크다고 할 수 있다.

3. 대중음악과 성 정체성

음악을 통해 특정 집단의 정체성을 드러내고 형성하는 방식은 가사와 음악적 스타일에서부터 연주 방식, 무대 매너, 패션, 뮤직 비디오 심지어는 앨범의 표지 디자인에 이르는 다양한 층위에 걸쳐 작동되고 또한 실현되고 있다. 대중음악의 정체성 형성 기능은 특정 장르나 스타일의 관습에 이르면 한결 선명하게 드러난다. 음악사회학자 프리스는 대중음악을 통해 남성의 우월성을 과시하고 여성을 성적인 대상으로 규정하는 일련의 성적 정체성 형성 과정을 록(Rock) 음악의 대조적인 두 스타일 즉 남근 록(cock rock)과 10대 위주의 말랑말랑한 음악(teeny bop)을 통해 밝혀내고 있다. 록 음악의 하위 장르로 보면 헤비 메탈(heavy metal) 혹은 하드 록(hard rock)이 전자에 해당되고, 부드러운 발라드 음악이 후자에 해당된다.

남성적인 음악에서, 남근 록(cock-rock) 공연은 분명하고, 거칠며 '가부장적인 관능성의 표현'을 의미한다. 남근 록 공연자들은 공격적이고, 자부심에 넘쳐 있고, 그들의 비범한 기교와 통제력으로 청중의 주의를 끊임없이 이끈다. 그들의 몸은 전면에 보여지고, 마이크와 기타들은 남근의 상징이며, 음악은 소리가 크고 그 리듬이 서로 맞지 않고, 흥분과 방출의 기교를 중심으로 구성된다. 가사들은 단언적이고, 오만하지만, 가사의 의미가 중요하다기 보다는 그 가사에 관련되는 날카로운 외침과 비명과 같은 보컬 스타일이 중요하다. 이러한 '하드록 쇼'에서 진행되는 것은 남근의 힘을 자위하며 예찬하는 일이다. 소녀들은 구조적으로 록 경험으로부터 배제되어 있다. 록 경험은 남성적인 관능성의 영역을 '드러내고 말하는 것'이다.

여성적인 음악, 즉 티니 봅은 대조적으로 내면적이고 개인적인 담론이다. 여성 음악은 "관능성에 대한 '숨겨진 진실'이 밝혀지는 것을 암시하는 가수와 청취자 간의 관계"를 확립한다. 티니 봅의 우상들이 갖는 호소력은 자기 연민, 나약함, 그리고 무엇인가를 필요로 하고 있다는 점이다. 그 이미지는 옆집에 사는 슬프고, 생각에 잠겨 있고, 예쁘게 생긴 이상적인 소년이다. 티니 봅의 노래들은 고독과 좌절의 주변에 있다. 티니 봅 음악은 남근 록보다는 덜 육체적이고 보다 오래되고, 낭만적이며 발라드한 관습에 이끌려 있다. 만일 남근 록이 동물적인 것으로서의 남성적인 성의 관습의 개념을 이용한다면, 피상적이고 단지 그 순간만을 위하는 티니 봅은 심각하고, 말 많은, 전적으로 정서적인 전념을 암시하는 것으로서의 여성적인 성의 관념을 '이용한다'.[12]

대중음악의 특정 장르나 스타일 즉 음악적 정체성이 성적 정체성을 조직하고 형성한다는 이 주장은 눈으로 금세 확인할 수 있는 록 밴드의 무대 매너와 스타일을 보면 쉽게 확인할 수 있다. 몸에 꼭 맞는 가죽 재킷과 스판텍스 하의는 한때 록밴드의 유니폼이었다. 스판텍스 바지를 입고, 갈기머리를 날리며 무대 위를 덤블링하듯 활보하는 엑슬 로즈,[13] 헤드뱅잉, 포고, 스테이지 다이빙 등의 과격한 무대매너는 강력한 남성성의 가시적 표현이었다. 아울러 내성적인 표정의 귀공자 가수 김동율과 성시경과 토이가 어떻게 여성 팬의 열광과 지지를 이끌어내었는지, 어떤 환상을 주입했는지 반추해보면 티니 봅의 지향이 어디에 있는지 확인할 수 있을 것이다. 음악 안으로 들여다보아도 사정은 크게 다르지 않다. 록음악의 직진하는

---

12) 사이먼 프리스, 위의 책, pp. 286-288.
13) 미국의 메탈밴드 건앤로지즈(GUN' N' ROSES)의 보컬.

리프와 전자 기타는 흔히 남근의 표상으로 알려져 왔다. 반면 티니 봅의 내밀한 감성과 사적인 속삭임은 여성성과 은밀히 조응한다는 것이다.

철두철미하게 이성애적인 주의나 태도(heterosexual behaviour)에 기반했다는 비판[14]이 제기되기도 하였지만, 프리스의 문제 제기가 대중음악과 성적 정체성에 관한 전범을 제시하고, 여성을 어떤 방식으로 원천적으로 소외시키는지 진지하고 치밀하게 성찰했다는 점은 부인하기 어려울 것이다. 특히 대중음악에서 여성이 개입하는 방식이 실은 남성성의 다른 이름이었다는 점은 시사하는 바가 크다고 할 수 있다. 이것은 사랑을 갈구하는 소녀 그룹이 유포하는 여성 이미지와 동전의 앞·뒷면처럼 한 짝을 이룬다고 할 수 있다. 말하자면 남성(창자)를 통해 유포하는 관습적 여성성, 여성(창자)를 통해 되풀이하는 역설적 남성성이 굳건히 결합하고 있는 것이다. 이는 여성의 타자성을 조장하고 고정하는 전략, 남성 안에 탑재한 욕망을 자극하는 전략이라는 말로 각각 바꾸어도 무방하다.

대중음악에서 여성은 어떤 방식으로든 개입해 왔지만 여성성을 집어내어 거론하기 어려운 이유는 이렇듯 여성성 혹은 남성성의 문제가 노래하고 연주하는 이 즉 넓은 의미의 음악 생산자의 성별에 결정적으로 좌우되지 않고, 심층에서는 이미 상당 부분 착종되어 나타나기 때문일 것이다.

이는 사정을 우리의 음악으로 돌려보아도 크게 다르지 않다. 과연 우리의 대중음악은 여성의 정체성을 어떤 방식으로 조직화하였는가? 그리고 대중음악을 통해 끊임없이 주입되는 관습적 여성성을 넘어서려는 움직임은 전무했는가? 이 글의 초점은 당연히 여기에 맞추어 진행될 것이다.

---

14) Keith Negus, "Popular Music in Theory -An Introduction", Wesleyan Universty Press, 1997, p.133.

3-1 대중음악에서 여성이 개입하고 드러나는 방식

주지하다시피 여성문화에 대한 논의는 1990년대를 거치며 비약적으로 증가하였다. 그러나 이 말을 지금, 이 순간 우리의 일상에 가장 깊숙하게 개입하고 있는 대중음악 쪽으로 던져보면 허망하기 그지없다는 것을 느끼게 된다. 문학, 미술, 영화 등 다른 예술 분야에서는 '여류(女流)' 라는 말이 그 안에 담고 있는 일말의 부정적 의미에도 불구하고 거역할 수 없는 흐름으로 자리잡았고, 여성적 정체성이 드러나는 방식에 대한 탐구도 심도 있게 논의되는 것에 비하면, 대중음악계의 초라한 실상은 개탄을 넘어 의아할 정도라고 말할 수 있다. 왜냐하면 적어도 근대적 의미의 작가주의가 본격 유입되기 이전까지는 노래란 여성에게 가장 익숙한 자기표현의 방식이었기 때문이다.[15]

대중음악에서 여성적 정체성에 대한 논의가 빈약한 원인은 일차적으로 여성문화의 집중 탐구 대상이 주로 '작가로서의 여성'에 맞추어져 있다는 점에서 찾아야 할 듯하다. 그러나 근대 이후 대중음악사에서 여성의 역할은 주로 창자나 팬덤의 일원으로 고정되곤 했다. 따라서 여성이 주로 창자나 팬덤의 일원으로 참여한 근대 이후의 대중음악계는 기억할만한 '여성작가'를 가지기도, 발굴하기도 어려운 토양이었다. 사정이 이렇다보니 1990년대 이후 본격적으로 전개된 대중음악에 대한 담론은 주로 록과 같은 특정 스타일의 신비화, 여성 가수에 대한 무관심, 여성 팬덤에 대한 적

---

15) 작가주의의 도입에 의한 여성의 소외는 물론 시와 가의 분리, 미디어의 변화와 같은 시대적, 역사적 맥락이 개입하고 있지만, 아직까지 대중음악 안에서 여성의 입지를 좁히는 변수임에는 틀림없다.

대감만 지속적으로 재생산해 내었다.

또 하나의 이유로는 주류 대중음악의 진부한 관습과 '여성적인 것'이라 범주화된 특성들이 분리되기 어려울 정도로 착종되었다는 점을 꼽을 수 있다. 나아가 대중음악에서 여성이 드러나는 방식이 사회적 타자로서 부과된 여성성에서 자유로운가라는 질문을 던져보았을 때에는 한결 부정적인 대답이 나올 수밖에 없다.

여성 가수들이 입을 모아 내뱉는 기다림, 호소, 애원, 눈물, 지고지순한 사랑은 쉽사리 '여성의 감성에 호소하는'이라는 말로 묶이고, 이것은 '사랑에 울고, 기다림에 지친' 영원한 주변인으로서의 여성을 정서적으로 드러내는 방식으로 이용되곤 했다. 편향된 성 정체성은 귀공자와 미소년들의 노래에도 어김없이 나타난다. 그들은 무력감, 정서적 공황을 가장 쉽게 드러내기 위한 방식으로 '여성적'이라고 불리는 감성과 어법에 쉽사리 의지하려는 경향을 보이는 것이다.[16] 대중음악에서 표상하는 성 정체성이 창자의 성별에 전적으로 좌우되지 않는다는 것을 여기에서도 확인할 수 있다.

주류 가요의 판에 박힌 어법이 주 소비자인 주로 여성 수용자, 특히 문화에 대한 구매력이 가장 왕성한 20대 여성을 겨냥한 포즈라는 것은 두말할 필요가 없다. 또한 지속적으로 유포되는 이러한 류의 노래들이 여성에 대한 인상을 편의대로 재단하고 결과적으로 여성 정체성의 왜곡에 기여하고 있다는 것도 지적해두고 싶다. 문제는 여기에서 그치지 않는다. 과장된 센

---

16) 남성창자에 의해 재현되는 소위 '여성적 정감'은 우리나라의 시 전통, 나아가 동양 시의 전통과도 관련해 생각해볼 수 있다. 굴원의 〈초사〉, 송강가사로 대표되는 남성에 의한 여성정감의 재현에서는 군신 간의 관계에서 소외된 자의 내면적 공황을 여성의 목소리로 드러내는 것을 볼 수 있다. 여기에서 화자의 성별은 권력관계에 의해 취사선택된다는 것을 알 수 있다.

티멘탈리즘은 쉽게 '여성적'이라 불리는 감성에 의탁하고 이것은 어느새 관습적인 히트의 공식이 되어 버린다는 것이다. '소녀 취향의 노래', '여성의 감성에 호소하는'이라는 수사는 대개 그 음악이 얼마나 진부하고 안이한가를 알려주는 척도가 되어 버렸다. 뿐만 아니라 대중음악의 한 주체라 할 수 있는 팬덤은 대중음악의 하향 평준화를 유도하는 필요악으로 규정받은 지 이미 오래다. 성인 여성 팬들의 편애를 받는 가수가 여성 취향으로 흐르는 대중문화가 가요계를 왜곡한다는 말을 공공연하게 하는 역설은 대중음악과 여성의 부적절한 공존을 반영하는 씁쓸한 자화상이라 할 수 있다. 요컨대 실체는 보이고 존재감은 느끼나 인정은 받지 못하는 어정쩡한 상태가 대중음악 안의 여성의 위치라 할 수 있다.

3-2 언더그라운드를 주목하는 이유

대중음악에서 여성이 처한 위상은 주류 가요와 어느 정도 거리를 둔 소위 '대안적(alternative)' 음악을 추구하는 장(scene)이라는 언더그라운드 음악[17] 씬 내부에서도 근본적으로 달라지지 않는다. 라이브(live)에서의 무대 운용 능력, 탁월한 보컬 능력으로 '라이브의 여왕'으로 인정받는 이른바 디바(Diva)들은 창작력이 부재하다는 이유로 '아티스트'의 대열에서 열외로 취급되고 있다. 작가주의가 여성을 지속적으로 소외해 왔던 역사는 아직 진행 중인 것이다. 반대로 창작력과 연주력을 겸비한 여성 음악인은 이

---

17) 여기에서 언더그라운드 음악이란 주류(mainstream)에 대한 대립항으로 대안적인 성향의 음악을 폭넓게 지칭하는 개념이라 할 수 있다. 따라서 '대자본과 주류 미디어를 배제한 독자적 제작, 유통 방식'과 같이 주로 시스템의 차이에서 개념이 유래한 인디(indie) 음악과는 내포에 있어 약간의 차이를 드러낸다 할 수 있다. 물론 주류 미디어를 거부하는(혹은 의식하지 않는) 활동 방식이나 스타덤에 대한 반감을 공공연히 드러내는 인디 음악의 태도는 궁극적 지향에서 언더그라운드 음악과 합치되는 지점이 분명히 있다고 할 수 있다.

번에는 '자의식 과잉'이라는 혐의를 감수해야 한다. 그나마 주류 음악의 공식에서 벗어난 여성 가수는 수적으로도 열세이다 보니 예외적이고 신기한 존재로 취급되거나 무성성(asexuality)의 소유자로 취급받기도 한다.

이는 시선을 팬덤으로 돌려보아도 크게 다르지 않다. 여성 팬덤은 빠순이, 혹은 그루피(Groupie)[18]라는 말로 경멸과 조롱의 대상이 되고 있다. 뿐만 아니라 이들은 대중음악을 왜곡하고 질적 하락을 불러온 주범으로 치부되기도 한다. 따라서 여성 팬이 엘리트 취향의 마니아 즉 선택된 소수자의 집단으로 진입할 때에는 혹독한 경계와 의혹의 눈초리를 감내해야 한다. 따라서 마니아 집단의 승인을 거치기 위해선 자신이 얼마나 여성의 감성과 여성의 생활세계에서 벗어나 있는지, 남성의 시선과 가까운지를 증명해야 한다.[19]

이러한 사정은 여성이 쇼 비즈니스의 논리, 작가주의 이데올로기의 양면으로 교묘하게 소외되어 있는 현실을 반영하고 있다고 할 수 있다. 특히 여성 음악인에게는 제작자들과 작곡가들이(주로 남성)이 주도하는 시장의 논리에 따라 이왕에 유포된 관습적 여성의 이미지를 재확인하거나, 최대한 남성(혹은 남성적 세계)과 가까워지려는 양자택일만이 남게 되는 것이다.

그렇다면 무수한 중간항, 말하자면 자신이 여성임을 부인하지 않으면서도 관습적으로 부과된 여성의 모습을 넘어서는 모습은 어디서, 어떠한 방식으로 존재하고 있을까? 이 질문 안에는 대중음악을 통해 여성적 정체성

---

18) 여성 팬덤을 경멸적으로 지칭하는 말. 이들은 스타에게 성적 판타지를 주입하고 그들의 공연에 참여하여 상상적 합일을 꿈꾸는 존재로 묘사된다.
19) 이러한 모습은 여성 록커나 여성 록 마니아들 사이에서 흔히 나타난다. 이들은 남성 주도의 록 문화에 편승하여, 이들을 흉내내고, 남성 우월과 여성 혐오의 감성을 내면화한 소위 '마초 걸(macho girl)'로 치부된다.

을 재정의하려는 노력이 어떤 방식으로 이루어지고 있는지 확인하고, 그동안 시선이 닿지 않았던 대중음악의 틈새를 복원하려는 의도도 포함되어 있다. 물론 여기에는 여성적 정체성이란 주입된 것이 아니라 '형성되어가는 것'이라는 믿음이 전제되어 있다.

여성적 정체성을 형성하고, 그것을 드러내는 다양한 방식을 찾기 위한 방법의 하나로 일단 언더그라운드로 시선을 돌릴 필요가 있다. 물론 언더그라운드를 대상으로 하기 위해선 약간의 해명이 따라야 할 듯하다. 왜 굳이 언더그라운드인가? 이 말 속에는 음악적 대안이 곧 성적 정체성 구현의 다름을 보장해주는 것은 아니라는 의구심이 은연중 담겨 있다. 더구나 앞서 언급하였다시피 대안적 음악의 장에서도 여성에 대한 시선은 그다지 우호적이지 않았다는 지적도 당연히 따를 수 있다. 이러한 구구한 의혹에 대해서는 "언더그라운드 음악이 상대적으로 자유로운 자기표현이 가능하고, 그만큼 자기 가치와 정체성의 표현이 솔직하게 이루어질 가능성이 높기 때문"이라는 말로 대답을 대신할 수 있을 듯하다. '솔직한 자기표현'이라는 의미 속에는 내·외적 환경을 구성하는 일체의 요소가 포함되고 그 안에는 당연히 성적인 정체성 또한 포함되게 마련이다. 물론 언더그라운드 음악이라고 해서 주류 대중음악에 대한 거부감만큼 주입된 여성성에 대한 반감이 비중 있게 다루어지지 않는다. 혹은 앞서 잠시 시사했듯이 미디어에 의해 반복적으로 유포되는 관습적 여성에 대한 거부감이 생물학적 성, 자기 안의 여성을 거부하는 경우도 충분히 예상할 수 경우다. 그러나 언더그라운드의 여성 음악인들이 결과적으로 자신의 속한 영토의 음악적 토양을 풍부하게 가꾸고, 그 안에서 여성으로서 생존하는 방식을 제시했다는 것을 부인하기는 어려울 것이다. 바로 이 점만으로도 언더그라운드 여성 음악인의 계보와 면면을 따져가며, 이들이 어떤 성 정체성을 형성하고 표현했는지 짚어보는 과정은 충분히 가치 있는 것이라 할 수 있다. 더구나 이 과정에서 '호명된' 여성을 넘어서는 전략을 찾아내고, 이것이 '여성적'이라는 말로 어설프게 묶인 주류 가요의 진부함을 넘어서는 노력과 조우할 가능성을 완전히 배제할 수는 없다. 언더그라운드에서 생존한 여성 음악인에 대한 응시는 바로 이러한 가능성에 대한 탐색의 시작인 셈이다.

이 글이 언더그라운드 여성 가수들의 면면과 계보를 살피면서 그들이 취했던 스타일, 그들이 행했던 방식(혹은 전략)에 주목하는 이유도 성 정체성이 드러나는 경로는 음악적 스타일에서부터 가사, 의상, 무대 매너 등 다양하다는 점에 주목한 것이다.

4. 대중음악의 대안적 스타일과 대안적 여성성의 계보

4-1 포크(folk) 음악과 전복 그리고 전복의 전복

한국에서 포크는 주류에 반열까지 올랐던 최초의 대안적 음악이었다. 일종의 이식 문화였던 포크는 이 땅에 상륙하는 순간부터 트로트의 해독제였다. 한국적(?) 정한(情恨)이 범람하는 트로트에 비해 포크는 한결 지적인 음악으로 보였고, 서양 추종적인 음악으로 비춰졌다. 실제로 포크는 오랫동안 세련된 도회적 감성을 표현하는 통로로 기능해 왔다. 동시에 포크는 미8군을 중심으로 보급된 록에 비해 여성의 순조로운 참여를 보장하는 음악이기도 했다. 그러나 여성의 참여가 곧 여성적 정체성의 순조로운 형성을 보장해주지는 않는다. 이를 확인하기 위해 포크가 이 땅에 상륙한 과정과 포크사의 계보에 동참한 여성가수들의 면면을 확인해보기로 하자.

1960년대 말 이 땅에 상륙한 포크는 바로 대학가로 유입되어 엘리트 음악의 계보를 형성하였다. 당시 명동과 종로의 통기타 클럽, 교회와 회관에서 노래하던 포크 가수들은 대부분 명문대에 재학 중인 소위 학사가수들이었다.[20] 록이 노동계급의 음악이라면 포크는 지식층의 음악이라는 지론을 유감없이 증명해보인 것이다. 대학가로 흘러간 포크가 '청바지, 통기타, 생맥주'라는 상징을 만들고 포크 공동체를 일구면서 청년문화의 개화에 크게 기여했다는 것은 잘 알려진 사실이다. 청자와 창자를 구분하지 않는 포크의 공동체적인 태도는 함께 노래를 따라 부르는 싱어롱과 같은 방식으로 가시화되었다. 따라서 포크를 함께 부르는 장 내부에서는 뚜렷한 성차가 드러나지 않았고 그만큼 성 정체성은 모호했다.

포크의 모호한 성 정체성은 이렇듯 포크 본래의 엘리티즘, 유토피아적 공동체를 지향하는 포크 이데올로기에 상당 부분 기인한다고 할 수 있다. 포크는 한국에서나, 본산지인 미국에서나 정치 운동과 결합한 엘리트 취향의 음악이었고, 당연히 메시지를 중시했으며, 또 그만큼 사변적이었다. 이것은 록의 뚜렷한 육체적 질감과 확연히 구분되는 부분이라 할 수 있다. 원만구족한 생김새의 통기타, 나직하게 공명하는 기타의 음색 역시 성차를 무력화하는데 일조하였다고 볼 수 있다.

포크의 이러한 속성은 초창기 활동하던 여성 가수들의 면모에서도 확인해볼 수 있다. 포크의 전성기였던 1970년대 초 대표적 여성 포크 가수로는

---

20) 포크가수 중 특히 여성 가수들이 주로 미션 스쿨 출신이고(이화여고, 정신여고), 경동 교회와 기독회관 등을 공연장으로 주로 택했던 것도 주목할 부분이라 할 수 있다. 이는 포크로 대표되는 1960년대 말, 70년대 초 청년문화와 기독교 간의 친연관계를 드러내는 것이라 할 수 있다. 이에 대한 자세한 논의는 별고로 미루고자 한다.

양희은, 방의경, 최영희, 이연실, 은희 등이 있었다. 청바지와 통기타라는 남녀 공통의 코드로 무장한 이들은 여성이 아닌 청년의 이미지로 다가왔다. 바로 동시대, TV쇼 프로그램에서는 여성 록커 김추자와 김정미, 펄시스터즈가 아찔할 정도의 여성적 관능을 뿜어내고 있었고, 이미자가 한 많은 조선 여인네들의 연대기를 풀어내고 있었다. 이들에 비하면 통기타를 들고, 긴 머리를 늘어뜨린 여성 포크 가수들의 모습은 무성적 존재에 가까웠다고 할 수 있다. 여성 포크 가수들은 김민기, 이정선이 그랬듯이 평화를 노래하고, 유토피아를 꿈꾸고, 한점 오점 없는 자연을 동경했다. 이들이 지향하는 정신세계, 감정을 최대한 억제하는 이들의 정서적 태도는 구체적인 여성 경험과는 그다지 상관이 없어 보였고 실제로 그들은 '여성'이라는 자각을 그다지 심각하게 하지 않았던 것 같다. 대신 그들은 인류애, 평화라는 포크의 이데올로기를 차용했다. 때때로 이들은 존 바에즈(Joan Baez)를 비롯한 여성 싱어 송라이터(singer songwriter)의 곡을 번안해 불렀는데, 이것은 여성 선배음악인에 대한 예우라기보다는 서양에 대한 동경, 그 이상은 아니었다. 그들은 여성이기 이전에 '청년' 이었고 자의든 타의든 이를 수용했던 것이다. 이러한 면모는 현재 여성 포크 가수의 계보를 잇고 있는 장필순과 황보령, 오소영 최근의 손지연에게도 거의 유사하게 나타나곤 한다.[21]

---

21) 물론 소녀 취향의 포크도 존재했다. 포크가 1970년대 중반을 기점으로 주류 미디어로 진출하고, 대학생을 동경하는 10대들이 대거 수용층에 가담하면서 어니언스, 김세환, 사월과 오월로 대표되는 '소녀 취향의 포크' 가 생겨나기 시작했다. 포크의 변화는 1975년 유신 정권 치하에서 취해진 이른바 '가요 정화 조치' 로 인해 가속화되었다. 그 결과 미디어 지향적인 포크와 언더그라운드로 잠복한 포크가 분리되는 계기가 마련되었다.
22) 한영애는 블루스와 록, 테크노를 음악적 혁신의 방식으로 받아들였지만 '태도' 로 수용하지는 않은 듯하다. 실제로 그는 자신의 음악에 수용된 블루스, 록, 테크노를 '노래의 옷을 바꿔 입는 것' 으로 표현했다. 이 글에서 한영애의 변신을 '록 씬으로의 이주' 로 보지 않고 '포크 씬 내부의 전복' 으로 본 이유는 음악에 대하는 그의 태도, 최종적으로 드러내는 이미지를 중시했기 때문이다. 2000년 5월 인터뷰 중.

포크의 모호한 성적 정체성은 혼성 포크 그룹 '해바라기'에서 출발하여 블루스(blues), 록(rock), 테크노(techno)로 음악적 외연을 끊임없이 확장한 언더그라운드의 대모 한영애에 의해 결정적으로 전복되었다.[22] 해바라기 시절의 한영애는 1970년대 여성 포키들의 전형에서 벗어나지 않은 모습이었다. 그러나 1986년의 솔로 데뷔와 함께 블루스와 록으로 음악의 지평을 넓힌 그는 동시에 여성 포키의 전형에서도 탈피하였다. 귀기(鬼氣)마저 감도는 그의 무대에는 '주술적인', '카리스마 충만한' 그리고 '관능적인'이라는 말이 어김없이 따라다닌다. 그의 노래에 일관되게 나타나는 자연 친화적 메시지, 세상을 섬세하게 응시하는 따뜻한 시선은 포크 공동체의 이데올로기와 대지모(大地母)다운 상상력과의 접점을 보여준다고 할 수 있다. 공연의 마지막을 인상적으로 장식하는 〈조율〉은 차이를 넘어 화해로 나아가는 넉넉함을 보여준 곡으로 그의 음악적 방향과 가장 잘 합치되는 곡이라 할 수 있다. 한영애는 이렇듯 온유한 대지모의 이미지와 자신의 섹슈얼리티를 결합함으로써, 관습적인 여성의 덫을 벗어난 '다른' 형태의 여성성을 표현할 수 있었다.[23] 그는 '대지의 모성(Great Mother Earth)'이라고 불리는 여성성을 체현했지만 감정을 극도로 억압하는 독백적 포즈를 취했던 1970년대 영미의 싱어송라이터[24]와는 확연히 다른 포즈를 취했다. 물론 한영애는 자신을 포크 가수로 한정하는 것에 대해 동의하지 않을지 모른다. 그러나 그가 포크 가수에서로 출발했고, 포크의 주의와 태도를 다양한 음악적 스타일로 드러내고 있으면서 여성가수의 새로운 전범을 제시하고 있다는 것을 부인하기는 어려울 것이다.

---

23) 박애경, 『가요, 어떻게 읽을 것인가?』 (책세상).
24) 신현준, 이정엽, 장호연 외 지음, 『얼트 문화와 록 음악』 2권 (한나래).

끊임없이 스타일의 혁신을 꾀하면서 여성을 재정의하는 한영애의 경우는 우리 포크의 역사에서 아주 예외적인 경우에 속한다. 따라서 언더그라운드 안에서 대안적 여성성을 찾아내려는 노력을 조금 더 다양하게 살피기 위해서는 1990년대 중반, 모던록[25] 씬의 형성 이후 부쩍 늘어난 여성 록 커들에게로 시선을 돌려볼 필요가 있다.

4-2 록(rock) 안의 여성들

4-2-1 모던록[26]과 여성

1997년 데뷔 당시의 자우림은 여러모로 충격적이었다. 인디 문화의 메카 홍대 앞 클럽에서 활동하던 밴드가 공중파 인기가요 방송에 등장하는 것부터가 일반인의 상식과는 거리가 멀었다. 더욱 놀라운 것은 민트색 전자 기타를 메고, 슬립 드레스를 입은 보컬 김윤아의 모습이었다. 이것은 지금까지는 찾아볼 수 없는 광경이었다. 홀(Hole)의 커트니 러브(Coutney Love)가 연상된다는 지적도 있었지만 주눅 들지 않고 무대를 장악하는 김윤아의 카리스마와 요기마저 감도는 보컬은 구구한 이견을 불문에 부치게 만들었다. 노래에서 표현하는 메시지 역시 첫 인상 만큼이나 낯설었다. 획일적으로 규정된 남성성/여성성을 맘껏 조롱한 〈격주 코믹스〉, 낭만적 사

---

25) 넓게는 1980년대 뉴웨이브(New Wave)의 도래 이후 등장한 록의 새로운 경향 (얼터너티브, 테크노, 브릿팝, 인디팝 등) 일체를 가리키는 말이나 좁게는 기타를 전면에 앞세우고 멜로디를 강조하는 록의 새로운 경향 (소위 기타 팝)과 동의어로 쓰이기도 한다. 모던록 논의에서 주목할 만한 점은 팝 음악과 록 음악의 경계가 무의미해졌다는 것과 테크놀로지를 음악에 적극적으로 도입한 결과 진정성과 인위성의 구분이 호모해졌다는 것이다.
26) 모던록에 대한 정의 역시 완전히 합의되지는 않았다. 좁게는 전자기타를 전면에 내세우며 멜로디를 강조하는 소위 기타 팝과 동의어로 쓰이기도 하고, 넓게는 1970년대까지의 클래식록과 구분하여, 1980년대 펑크와 뉴웨이브 이후 나타난 록의 하위 스타일을 아우르는 말로도 쓰인다.

랑의 신화를 부숴버린 〈밀랍천사〉는 〈Violent violet〉의 그윽한 어두움과 어울리면서 '아주 다른' 여성의 감성을 제시했다.

이웃집 학생 같은 천진함과 팜프 파탈(femme fatale)의 면모를 동시에 지니면서 밴드의 음악을 확실히 장악하는 록커 김윤아의 존재는 1990년대 전 세계적으로 록 씬에 불어닥친 변화의 기운이 이 땅에 유입되었다는 가시적 징후로 보였다. 록 음악과 여성을 이야기하면서 자우림의 등장을 화제로 꺼낸 것은 이 때문이다.

앞서 이야기하였듯이 록 음악은 철저히 남성에 의한, 남성의 음악으로 계보를 이어왔다. 따라서 이전에 록 음악에서 여성 개입할 수 있는 영역이란 '그루피(grouppy)' 일원이 되는 길밖에 없었다. 록 음악 안에서 여성의 지위는 얼터너티브(Altrenative) 록의 폭발 이후 록의 주류가 바뀌기 시작하면서 조금씩 달라지기 시작했다. 얼터너티브 록커들은 록 음악의 구석구석에 스민 마초이즘(Machoism)과 서서히 결별하기 시작했다. 그들은 꼭 끼는 가죽 재킷과 스판덱스 바지를 벗어 던졌고, 헤드뱅잉을 하지 않았고, 땅바닥을 내려다보며(shoe gazing) 기타를 쳤다. 낙오자들의 정서를 내면화한 그들은 남근의 표상인 직진하는 호쾌한 리프 대신 일그러진 그런지(grunge)의 파열음으로 혼돈스러운 내면을 표현하였다. 얼터너티브가 백인, 중산층, 남성, 대도시 위주의 음악이라는 혐의를 받고 있음에도 불구하고, 이러한 일련의 변화로 인해 여성이 음악적 생산자로서 순조롭게 록 씬에 진입하는 호조건을 마련했다는 점은 부인하기 어려울 것이다.

여성의 진입은 라이엇 걸(Riot girl)이라 불리는 일군의 여성 전위들이 록

---

27) 여성 뮤지션의 역할을 제시함으로써 관습적으로 규정된 여성성을 거부하고, 남성의 지배와 시선에서 자유로운 여성 주체적인 문화공간을 창출하는 것을 목표로 했다. 소닉 유스(Sonic Youth)의 킴 고든(Kim Gordon), 여성 펑크 밴드 홀(Hole)이 대표적이다.

음악의 성 정치를 적극적으로 구현하면서 가속도가 붙었다.[27] 이들은 여성을 주변인으로 치부하는 남성 록커에 맞서 독립적인 문화 주체로 거듭날 것을 촉구하는 한편, 여성이나 신체적 약자에게 위해 요인이 되는 스테이지 다이빙(stage diving)이나 슬램(slam)에 대해 부정적 태도를 분명히 하는 등 남성중심적 록 문화에 대해 문제를 제기하였다. 이처럼 록 씬 내부에서 여성들의 참여가 많아지고 그들의 목소리가 높아지면서 눈에 띄는 변화가 나타나기 시작했다. 여성 보컬을 프론트로 하는 모던록 밴드가 트렌드를 형성할 정도로 많이 생겨났고, 여성이 연주의 핵을 담당하거나[28] 전원 여성으로 이루어진 밴드가 만들어지기 시작하였다. 따라서 록 음악에서 여성이 차지하는 입지는 넓어지고 음악적 장악력도 증가하기 시작했다.

자우림의 성공은 영·미 모던록의 흐름이 약간의 시차를 두고 이곳에서 재현된 것이라 볼 수 있다. 삐삐밴드와 자우림의 성공 이후 주류에서는 주주클럽, 줄리엣, 더더가, 언더그라운드에서는 체리필터와 삼호선버터플라이, 롤로코스터, 스웨터가 대표적으로 '여성이 보컬인 밴드'의 계보를 형성하였다. 그 중 체리필터의 조유선, 롤로코스터의 조원선은 탁월한 라이브 능력과 음악적 감각을 인정받으며 모던록의 차세대로 주목받고 있다. 모던록의 음악적 관습 예컨대 리프보다는 멜로디를 내세우는 음악 구성과

---

28) 스매싱 퍼프킨스(Smashing Pumpkins)의 베이시스트인 다시(Darcy)와 소닉 유스(Sonic Youth)의 기타리스트인 킴 고든(Kim gordon)이 대표적이다.
29) 그러나 록과 여성의 만남에는 한계가 있다는 점 역시 분명히 지적해두고 싶다. 그 첫 번째 징후는 자우림의 성공 이후 우추죽순으로 등장했다가 사라진 아류 밴드의 존재를 들 수 있다. 즉 여성과 록이 한때의 트렌드를 넘어 록 씬에서 여성이 살아나는 방법에 대한 의미 있는 결론에까지 이르지 못했다는 의미도 된다. 두 번째로는 체리필터와 같이 청년, 반항, 일탈이라는 전통적 록의 틀을 버리지 못하고 있는 밴드나 삼호선버터플라이처럼 전위와 실험을 최우선 가치로 두는 밴드 역시 여성이 보컬이라는 이유로 '모던록과 여성'이라는 틀에서 다루는 것이 합당한 것인가의 문제가 해결되지 않았다는 점이다. 마지막으로 자우림 김윤아의 최근 행보를 덧붙일 수 있다. 솔로 음반에서 그는 자우림에서 미처 다 표현하지 못했던 자신의 여성성을 한껏 드러내었지만, 밴드의 틀을 버렸고, 록이라는 스타일을 버렸다.

단촐한 코드, 오밀조밀한 일상에서부터 엽기적 상상력까지 자유롭게 끄집어낼 수 있는 유연한 감각은 소녀들의 일상, 그들의 감성과 순조롭게 공존할 수 있었다.[29]

모던록의 부상은 여성 팬덤에도 의미 있는 변화를 선사하였다. 이것은 어쩌면 가장 의미심장한 변화라 할 수 있다. 주지하다시피 애초에 모던록 수용의 중심은 거대 미디어나 음반사로부터 비교적 자유로운 소규모 클럽이나 인터넷 등 대안적 미디어였다. 그런데 모던록 씬에 여성들의 참여가 활발해지면서 자연스럽게 클럽을 찾고, 록에 관심을 갖게 된 여성들이 늘어가기 시작했다. 뿐만 아니라 이들은 단순한 수용자에 만족하지 않고, 직접 악기를 배우고 소녀 밴드를 결성하는 D.I.Y 정신까지 보여주고 있다. 모던록의 시조였던 펑크가 그러했듯이 이들은 '스스로 연주하고 즐기는' 모습을 보여주고 있다. 여성 록커의 자연스러운 성장은 이러한 환경 위에 가능했던 것이다.

4-2-2 사운드에서 노이즈로, 말씀에서 이미지로

이펙트가 심하게 걸린 기타는 징징거리며 불길한 불협화음을 방사해내고, 드럼은 규칙적인 비트를 찍어내지 않고 둥둥거리며 포말처럼 부유한다. 그 가운데 몽롱하게 유영하는 보컬은 들리는 듯하다가 이내 소리에 묻혀 버린다. 읊조림에 가까운 보컬은 때로는 천상의 소리와 닮아 있는 듯 영적인(spiritual) 주문처럼 들린다. 이런 음악에서 멜로디를 찾아내고, 가사에 귀를 기울인다는 것은 무모하거나 무용한 일이다. 물론 인상적인 리듬도 둔탁한 리프도 존재하지 않는다. 기타와 베이스, 드럼이라는 록 음악의 정형화된 패턴을 해체하는 노이즈(noise) 록을 구사하는 옐로키친의 음악은 이처럼 모호함으로 가득 차 있다.

음악은 소통 불능의 상태인 듯 어떠한 메시지도 전달하지 않는 것처럼 들린다. 그러나 낯설음이 가시면서 차차 노이즈에 익숙해질 무렵, 소리가 만들어내는 풍경 그 풍부한 공간감이 보이기 시작할 것이다. 이 음악의 유일한 메시지는 바로 이것이다. 소리의 파편, 그것들이 부딪히면서 만들어내는 이미지(image)를 응시하라!

소리의 혁신을 통해 소통과 단절의 경계를 표현하는 옐로키친은 원래 벨벳언더그라운드(Velvetunderground) 풍의 아방가르드 펑크를 구사하던 드럭[30] 밴드였다. 그러나 보컬 겸 기타리스트 도순주가 가입하면서 어둡지만 한결 이미지가 풍부한 영적인 음악이 탄생하였다. 록의 구조를 해체하는 연주, 노래의 구조를 해체하는 웅얼거림, 음표 위를 미끄러지는 듯 부유하는 소리의 잔향은 모든 고정된 것, 경계를 해체하려는 자유로운 기술은 '여성적'이라는 말로 범주화할 수 있다.[31] 옐로키친에게 노이즈(noise)와 그것이 만들어내는 이미지(image)는 규범, 문법, 틀, 서사, 단단함, 말씀으로 구획된 세계에 대응하는 여성적 주체화의 한 방식이라 할 수 있다. 몽환적 사운드와 유려한 멜로디 감각을 결합한 네스티요나 역시 기존 음악의 문법을 부단히 해체하면서 여성적 음악의 가능성을 보여주고 있다.

모던록의 흐름에서는 일견 비껴난 듯 보이지만, 이상은의 지속적인 작업 역시 '여성적인 것에 대한 모색'이라는 관점으로 볼 때 주목할 만하다고 할 수 있다. 끊임없이 유영하는 듯, 잡히지 않는 멜로디는 도입과 절정으로 뚜렷이 구획된 익숙한 선율구조를 거부하고, 이미지의 흐름에 따라 기술되는 언어는 규범과 문법의 틀로부터 멀찍이 벗어나 있다. 여기에 음

---

30) 홍대 앞 최초의 펑크 공동체. 대표 밴드는 크라잉넛이다.
31) 실제로 리프는 남근, 노이즈(noise)는 질에 비유되기도 한다. 노이즈와 탈영토화에 대해서는 신현준, 들뢰즈, 「가타리와 팝 음악:불가능한 접속」, 『탈주의 공간을 위하여』(푸른숲) 참조.

악적 스타일과 장르를 구분할 수 없는 그의 음악, 그의 음악에서 자연스럽게 드러나는 다국적 정체성은 '모호함'으로 표상되는 그의 음악적 지향과 부합하고 있다.[32]

4-3 라이엇 걸(Riot Girls)과 성 정치

페미니스트 음악인 1세대에 해당되는 안혜경과 최근 전방위로 활동 영역을 넓히고 있는 페미니스트 가수 지현은 대중음악에서 대안적 여성성을 거론할 때 반드시 거론해야 할 음악인이라 할 수 있다. 이들은 대중음악이라는 자장 안에서 성 정치를 구현해냈던 팝음악의 전사들 즉 서구의 라이엇 걸(riot girls)과 유사한 역할을 지금, 이곳에서 수행해 왔고, 하고 있다고 볼 수 있다. 그러나 안혜경과 지현이 음대안적 여성의 방향은 제시했지만 이왕에 형성된 음악 씬과의 접점이 부재했다는 한계 역시 지적하지 않을 수 없다. 즉 그들의 성 정치는 음악이 아니라 직설적으로 전달하는 메시지에 머물러 있다고 할 수 있다. 물론 민중가요권에서 성장한 안혜경에게는 전 세대 포크 가수의 영향이 남아 있기는 하지만 이것이 현재 진행형 흐름을 반영하지는 않는 듯하다.

페미니스트 밴드 마고에서 출발하여 스타일의 외연을 넓히고 있는 지현은 여성문화계의 차세대로 주목 받고 있다. 쉽사리 드러낼 수 없었던 여성의 욕망, 마초적 남성상에 대한 분노를 담고 있는 그의 음악은 대중음악을 통해 유포된 여성 이미지를 가장 급진적이고 극적으로 전복했다고 할 만

---

32) 코스모폴리탄을 암암리에 표방하는 그의 음악은 '스스로 오리엔탈리즘을 내면화하는 방식으로 독창성을 획득하는 것'이라는 비판에 직면할 수도 있다. 그러나 이러한 방식이 한국 대중음악계에서 다중의 소수자인 그의 음악 세계를 표출하는 유효한 전략이라는 것은 부인할 수 없을 듯하다.

하다. 남성적 음악이었던 록과 남성적 연대의 상징인 밴드를 성적 소수자의 언어로 전유한 점 역시 지현의 음악에서 주목할 부분이라 할 수 있다.

그렇지만 안혜경과 지현의 성장에서 가장 의미심장한 대목이라면 그들의 성취가 여성 팬덤의 적극적인 지지를 배경으로 하고 있다는 점이다. 여성 음악인과 여성 팬덤의 연대와 공감을 이루어내었다는 점만으로도 이 두 여성 가수의 행보는 주목할 가치가 있다.

5. 나오는 말

지금까지 주로 언더그라운드 여성 음악인을 중심으로 한국 대중음악에서 대안적 여성성이 어떤 방식으로 구현되었는지 살펴보았다. 언더그라운드 음악 혹은 얼터너티브 음악은 소수의 숙련된 청중을 겨냥한 선택된(?) 마이너리티의 장이면서 보통의 여성에게 쉽사리 접근을 불허하는 '닫힌 문'과 같은 공간이었다. 닫힌 문을 연 여성들은 호명된 여성을 거부하고 음악을 통해 여성적 정체성에 대한 질문을 끊임없이 던지면서 결과적으로 자신의 음악적 영역을 확장하고 있다. 혹은 음악적 스타일의 혁신을 통해 '여성' 혹은 '여성적인 것'을 재정의하기도 한다. 이 과정은 주류 가요의 진부함을 넘어서려는 노력과 어느 지점에서 합치되기도 한다.[33] 마이러티 안에서 마이너리티에 불과한 이들의 행보에 주목하는 이유는 바로 여기에 있다.

이 글은 대중음악의 성 정체성을 다루며 주로 음악 생산 주체, 이들이 택

---

33) 박애경, 앞의 책. p.120.

한 스타일과 태도에 초점을 맞추었다. 그러다보니 대중음악의 수용층이라 할 수 있는 팬덤에 대한 고찰은 소략하거나 소홀했다는 한계를 고백해야 겠다. '여성 팬덤이 어떤 정체성을 표현하고, 형성하고 재정의하는가? 또한 이들은 팬덤을 통해 어떤 판타지를 유포하는가? 이들은 대중음악의 변화에 어떤 방식으로 개입하는가'는 지속적인 관심의 대상이라는 말을 덧붙이는 것으로 변을 대신하려 한다. 아울러 (생물학적) 여성이 마니아라는 소수 엘리트 취향의 (남성적인) 집단에 편입되었을 때, 여성 팬덤에 대해 가지는 경멸과 적대적인 태도를 어떻게 설명할지도 관심의 대상이라는 점도 밝히고자 한다.

박애경 | 연세대 강사.